Frank Sieren
Geldmacht China

Frank Sieren

GELDMACHT CHINA

Wie der Aufstieg des Yuan
Euro und Dollar schwächt

HANSER

Bibliografische Information der Deutschen Nationalbibliothek
Die Deutsche Nationalbibliothek verzeichnet diese Publikation in der
Deutschen Nationalbibliografie; detaillierte bibliografische Daten
sind im Internet über http://dnb.d-nb.de abrufbar.

Dieses Werk ist urheberrechtlich geschützt.
Alle Rechte, auch die der Übersetzung, des Nachdruckes und der
Vervielfältigung des Buches oder von Teilen daraus, vorbehalten. Kein
Teil des Werkes darf ohne schriftliche Genehmigung des Verlages in
irgendeiner Form (Fotokopie, Mikrofilm oder ein anderes Verfahren),
auch nicht für Zwecke der Unterrichtsgestaltung – mit Ausnahme der in
den §§ 53, 54 URG genannten Sonderfälle –, reproduziert oder unter
Verwendung elektronischer Systeme verarbeitet, vervielfältigt oder
verbreitet werden.

1 2 3 4 5   17 16 15 14 13

© 2013 Carl Hanser Verlag München
Internet: http://www.hanser-literaturverlage.de
Lektorat: Martin Janik
Herstellung: Andrea Stolz
Umschlaggestaltung und Motiv: Hauptmann & Kompanie Werbeagentur,
Zürich, Dominic Wilhelm
Satz: Kösel, Krugzell
Druck und Bindung: Friedrich Pustet, Regensburg
Printed in Germany
ISBN 978-3-446-43487-5
E-Book-ISBN 978-3-446-43490-5

*Für
Anke.*

*Für
Leo und Tim,
geboren im April 2012 in Hongkong, die sich
als Erwachsene eine Welt ohne Yuan gar nicht
vorstellen können.*

*Für
Peter Seidlitz,
gestorben im Januar 2012, der die Stärken des
Yuan als einer der ersten Wirtschaftsjournalisten
erkannt hat.*

INHALT

Vorwort 11

1 Währung als Wachstumsmotor 23
Vier gewinnt – Die Grundlagen des chinesischen
Wirtschaftswunders 25
Stabilität, Stabilität, Stabilität 30
China profitiert, die USA verlieren 35
Die Schattenseiten des Erfolgs 39
Vorbilder Japan und Deutschland 43
Der Druck in China steigt 46
Peking zögert – Aber wie lange noch? 48

**2 Eine verhängnisvolle Affäre:
Wie der Silberdollar China in die Krise stürzt** 53
Irrtum Nummer eins: China glaubt, einseitig vom
Welthandel profitieren zu können, Globalisierung lässt
sich aussperren 54
Irrtum Nummer zwei: Die Unabhängigkeitsillusion ... 59
Irrtum Nummer drei: Es geht immer so weiter 63
Irrtum Nummer vier: Krieg ist die Lösung 66

Irrtum Nummer fünf: Ein glimpfliches Ende 70
Was China aus seiner Geschichte lernt 71

3 Eine kurze Geschichte der Weltwährungen **75**
Rule Britannia – Das Pfund Sterling wird Weltwährung 77
Der Erste Weltkrieg, Teil I: Der Anfang vom Ende
der britischen Vormachtstellung 83
Der lange Weg des US-Dollar zu einer modernen
Währung 87
Der Erste Weltkrieg, Teil II: Steigbügelhalter für
den Dollar 93
Weltwirtschaftskrise, Zweiter Weltkrieg,
Bretton Woods – Der Dreisprung des Dollar
an die Weltspitze 98
Der Fehler im System und der Aufstand der Europäer . 109
Bretton Woods scheitert, der Dollar überlebt 112
Die Dollarrenaissance – Ein Comeback auf Zeit 116

4 Die Geburt einer neuen Weltwährung **121**
Das Geld der Kommunisten 121
Trügerische Einfachheit: Das Monobankensystem 122
Die Reanimierung der Geschäftsbanken 126
Von der Inflation zum Tian'anmen-Massaker 130
Der Geldpolitikprofi 141
Das wundersame »Fremdengeld« der Ausländer 145
Im Tsunami der Asienkrise 149
Ruhiges Fahrwasser 161

5 Weltwährung im Aufbau **165**
Die Immobilienblase in den USA als Startschuss 166
Der Yuan als Handelswährung 171
Finanzmarktreform, Teil I: Erste kleine Schritte 176
Finanzmarktreform, Teil II: Große Aufgaben 184
Die Königsdisziplin: Wachsende Flexibilität 195

6 Die Währungskrise des Westens ... 199
Weltwährung auf dem Abstieg – Die Krise der USA ... 200
Die Blase bläht sich auf ... 202
Eine unheilvolle Komplizenschaft ... 206
Entfesselte Schuldenpolitik ... 209
Konkurrenz aus Europa ... 212
Die Währungsvision wird zum Albtraum ... 215
Gebrochene Regeln und verlorenes Vertrauen ... 218
Die Rettung des Euro ... 221
Des einen Leid 225
China zieht seine Schlüsse ... 228

7 Das Weltwährungssystem der Zukunft ... 233
Gold – Die Mutter aller Währungen ... 236
Sonderziehungsrechte – Das Geld des IWF ... 239
Chinas Chance – Vom Wirtschaftsboom zur Weltwährung ... 244
Ein moderner Finanzmarkt für Wirtschaftsaufschwung und Währungsambitionen ... 249
Effizientes Kapital – Der Abschied vom Sozialismus ... 253
Finanzmarktreform – Ein attraktiver Weg für Chinas Politiker? ... 255
Der Yuan als Weltwährung ... 257

Zusammenfassung ... 263

Dank ... 277

Literatur ... 279
Bücher ... 279
Studien und Zeitschriftenaufsätze ... 280

Register ... 281

VORWORT

Die neue politische Dekade Chinas begann mit einem Blick auf eine Armbanduhr. Der Blick kam von dem Mann, der auf dem wichtigsten Platz saß, den es auf dem XVIII. Parteitag der Kommunistischen Partei Chinas im November 2012 zu vergeben gab. Fast gelangweilt thronte er zwischen Staats- und Parteichef Hu Jintao und Premierminister Wen Jiabao in der ersten Reihe auf der Bühne der Pekinger Großen Halle des Volkes. Da, wo die mächtigsten Männer Chinas sitzen, die Mitglieder des Ständigen Ausschusses des Politbüros. Der Mann konnte es sich als einziger leisten, eine Strickjacke unter dem offenen Anzug zu tragen und eine schwarze Ledermappe vor sich auf dem Tisch liegen zu haben. Alle anderen auf der Bühne hatten nur die Parteitagsrede vor sich, die Parteichef Hu Jintao derweil monoton herunterbetete. Immer wenn der Redner am Ende einer Seite angelangt war, blätterten alle 2200 Delegierten im Saal synchron um. Auch die wichtigen Männer auf der Bühne. Das Geräusch, das dabei im Saal entstand, werde ich nie mehr vergessen.

Der einzige Mann, der es nicht nötig hatte, gleichzeitig umzublättern, war der Mann in der Strickjacke: Jiang Zemin, der Vorgänger des amtierenden Staatspräsidenten. Für alle Delegierten war offensichtlich: Dies ist der mächtigste Mann im Saal. Auch den mehreren hundert Millionen Menschen, die die Eröffnungszeremonie im Fernsehen verfolgten, war das klar.

Wer wie ich mit im Saal saß, oben in der Empore über den Köpfen der Delegierten, konnte noch mehr sehen als die Fernsehzuschauer. Während der 90-minütigen Rede von Präsident Hu Jintao blickte Jiang mehrfach auf die Uhr. Die Geste war eindeutig: Hu spielt keine Rolle mehr. Und tatsächlich: Im Laufe des Parteitages stellte sich heraus, dass Hu, anders als sein Vorgänger Jiang, nicht über seine Amtszeit hinaus noch zwei Jahre der Vorsitzende der Zentralen Militärkommission bleiben würde, informell die wichtigste Position im Land. Hu hatte zwar keine großen Fehler gemacht, und das ist schon viel in diesen turbulenten Zeiten. Seine Reaktion auf die Krise 2008 war sogar ein Meisterstück. Damals reagierte Chinas Führung mit einem großzügigen Konjunkturprogramm, das auch der Weltwirtschaft aus der Patsche half. Große Reformen hatte Hu allerdings nicht angestoßen. Er hatte eher ausbalanciert, »die Harmonie bewahrt«, wie er selbst sagen würde. Doch die Zeit der vornehmen Zurückhaltung ist nun vorbei. Auch das sagte der ungeduldige Blick des 86-jährigen Patriarchen Jiang auf seine Armbanduhr: Es wird höchste Zeit, zu handeln. Auf Hu müssen Politiker folgen, die den Willen haben, vor allem die Wirtschaftsreformen anzupacken.

Im Parteitagsbericht, auf den sich die Führung in zähem Ringen geeinigt hatte, stand denn auch: »Mit vereinten Kräften sollen wir die verschiedenen Träger des Marktes dazu bringen, unserer Entwicklung neue Vitalität zu geben.« Das vorzulesen musste bitter für Hu sein. Hatte er doch genau dies vermieden. Dazu gehöre, fuhr er fort, vor allem die stärkere »Öffnung der Wirtschaft nach außen« mit dem Ziel, die »Nachfrage im Konsumbereich anzukurbeln«. Nur wenige Zeilen später wurde Hu noch konkreter. Eine Passage, die so wichtig für China und die Welt war, dass es sich lohnt, sie in voller Länge zu zitieren, auch wenn sie ein wenig hölzern daherkommt: »Es gilt, die Reformen des Finanzwesens zu vertiefen, ein modernes Finanzsystem zu entwickeln, das die makroökonomische Stabilität fördert und der Entwicklung der Realwirtschaft nützt, einen vielschichtigen Kapitalmarkt zu entwickeln, marktorientierte Reformen des Zinssatzes und des Wechselkurses festen Schrittes voranzutreiben und die Konvertierbarkeit des RMB schrittweise zu verwirklichen.«

Was Hu fast gleichgültig vortrug, ist, wenn es Wirklichkeit wird, nicht weniger als eine Sensation:

Eine neue Weltwährung entsteht. Der Yuan.

Das hat es seit 100 Jahren nicht mehr gegeben. Den Japanern ist es auf dem Höhepunkt ihres Booms in den 80ern des vergangenen Jahrhunderts nicht gelungen, den Yen zur Weltwährung zu machen. Auch die Europäer schafften es in der ersten Dekade des 21. Jahrhunderts nur ansatzweise und sind heute weiter davon entfernt denn je. Nun versuchen es die Chinesen, und die Chancen stehen gut. Allerdings will die Führung offensichtlich nichts überstürzen: Zwar sollen »private Finanzinstitutionen beschleunigt entwickelt werden«, berichtete Hu dem Parteitag, aber gleichzeitig sollen auch »die Kontrolle und die Verwaltung des Finanzsystems verbessert werden«.

Peking versucht also, seine Währung der Welt zu öffnen, ohne das Land den Risiken von unkalkulierbaren Währungsschwankungen auszusetzen: »Das Finanzsystem soll erneuert und gleichzeitig dessen Stabilität gewahrt werden.« Dennoch ist die Entwicklungsrichtung eindeutig: Internationaler soll das Finanzsystem werden, man kann auch sagen: westlicher. Marktwirtschaftlicher Wettbewerb soll dabei eine zentrale Rolle spielen. Das ist, nur kurz zur

Erinnerung, die Position der Führung der mächtigsten Kommunistischen Partei der Welt. Chinas Kommunisten wollen also nunmehr ein marktwirtschaftliches, eng mit der Realwirtschaft verbundenes Finanzsystem, dessen strenge und klare Spielregeln die Stabilität der Wirtschaft unter keinen Umständen aufs Spiel setzen. Investieren ja, maßlos spekulieren nein, lautet die Devise. Ein Programm, das jeder deutsche Mittelständler sofort unterschreiben und das selbst für US-Präsident Barack Obama gut als Hausaufgabe für seine letzte Amtszeit taugen würde.

Die Bedeutung der Finanzreformen für die neue Führung könnte nicht größer sein. Sie hat es auf einen Spitzenplatz der Aufgaben geschafft, die sich die Partei gesetzt hat, während der Aufbau der Armee etwa erst auf Platz sieben in der Prioritätenliste rangiert. Die Reform wird die Aufgabe sein, an der Hus Nachfolger, Staats- und Parteichef Xi Jinping, sich in den kommenden zehn Jahren messen lassen muss. Bis er dann, wie sein Vorgänger Hu, die Macht an den Nächsten abgibt. Eines ist klar: Ohne die Internationalisierung des Yuan wird die Partei ihr Ziel, das Pro-Kopf-Einkommen der Chinesen bis 2020 zu verdoppeln, nicht erreichen. China wird zur Geldmacht. Dabei verändert das Reich der Mitte nicht nur sich, sondern auch die Welt. Genau darum geht es in diesem Buch.

Personell scheint die neue Führung recht gut vorbereitet. Die Mitglieder des neuen Ständigen Ausschusses haben fast alle Reformerfahrung in Chinas Boomprovinzen. Staats- und Parteichef Xi selbst hat der Kontakt zum Westen geprägt wie keinen zweiten chinesischen Spitzenpolitiker. Bereits Mitte der 1980er-Jahre reiste er erstmals in die USA. Seine Tochter studiert heute in Harvard. Seine Schwester lebt in Kanada. In seiner Karriere diente er unter anderem als Gouverneur der wirtschaftlich mächtigen Provinz Fujian, gegenüber von Taiwan, und als Parteichef von Schanghai, bevor er 2007 Vizepräsident und zum Nachfolger Hu Jintaos auserkoren wurde. Xi, 1953 als

Sohn eines ehemaligen Vizepräsidenten und engen Gefolgsmannes Maos geboren, gilt zwar nicht als Wirtschaftsfachmann, aber doch als weltoffener Reformer. Ab 2007 war er im Ständigen Ausschuss für Hongkong zuständig. In dieser Funktion hat er die Öffnung Hongkongs für den internationalen Yuanmarkt vorangetrieben. Sein politischer Habitus ist im Vergleich zu seinem Vorgänger geradezu salopp.

Li Keqiang, der neue Premierminister, geboren 1955, ist ein promovierter, Englisch sprechender, schlagfertiger Ökonom, der ab 2004 als Provinzgouverneur die boomende Nordprovinz Liaoning noch enger an die Welt anschloss und seither als Vizepremier die schwerfällige Regierungsbürokratie effizienter gemacht hat. Li gilt als ausgemachter Wirtschaftsreformer, der sich sehr für die Reform der Finanzindustrie einsetzen wird.

Zum neuen Parlamentschef und damit zur faktischen Nummer drei im Machtgefüge ist 2012 der bisherige Vizepremier Zhang Dejiang (68) aufgestiegen. Er hatte 2012 von dem ehemaligen Spitzenpolitiker Bo Xilai, der über den Mordfall seiner Frau an einem Engländer gestürzt war, den Posten des Parteichefs von Chongqing übernommen, der größten Stadt der Welt, tief im Westen Chinas. Der Sohn eines Luftwaffengenerals war Parteichef der Provinzen Zhejiang, Jilin und der Südprovinz Guangdong, der wirtschaftlich fortschrittlichsten Provinz des Landes. Zhang gilt als zupackend und vorsichtig reformorientiert. Der profilierteste Wirtschaftsreformer des Ständigen Ausschusses des Politbüros ist Vizepremier Wang Qishan (64). Er ist nun der Chef der mächtigen Disziplinkommission der Partei. Davor war der ehemalige Staatsbanker ebenfalls als Vizepremier zuständig für die Finanzpolitik und in dieser Funktion bei internationalen Investoren sehr beliebt. Er leitete lange den amerikanisch-chinesischen Regierungsdialog. Auch er spricht gut Englisch. Man muss davon ausgehen, dass der Schwiegersohn eines ehemaligen Vizepremiers und Politbüromitglieds eher diejenigen disziplinieren wird, die die Reformen nicht schnell genug anpacken oder Geld für den Aufbau veruntreuen. Bekannt und beliebt wurde er als Bürgermeister von Peking. 1997 schickte ihn der damalige Premierminister Zhu Rongji während der Asienkrise in die Südprovinz Guangdong, um die dortige Finanzkrise zu lösen, was ihm bestens gelang.

Der neue Chef der Konsultativkonferenz Yu Zhengshen (67), ein Raketenbauingenieur, gilt zumindest als weltoffen. Er war von 2007 bis 2012 Parteichef in Schanghai, der fortschrittlichsten Stadt Chinas. In dieser Zeit hat er auch die Weltausstellung betreut, die als großer Erfolg gilt, nicht zuletzt auch, weil Yu hier im Umweltbereich selbstkritische Themenpavillons zugelassen hat. Yu ist ebenfalls ein Sprössling des kommunistischen Klüngels. Sein Großonkel war noch Verteidigungsminister in Chiang Kai-sheks Nationalregierung. Sein Vater war einst mit Jiang Qing verheiratet, der späteren Frau von Mao Zedong, die nach dessen Tod als Mitglied der Viererbande verurteilt wurde. Der Vater seiner Frau wiederum war Generalleutnant der Volksarmee. Sein Bruder lebt in den USA. Seine Domäne, die Konsultativkonferenz, ist ein Gremium, das den Nationalen Volkskongress, Chinas Pendant zu einem Parlament, beraten soll und sich aus Vertretern von ethnischen Minderheiten und Persönlichkeiten außerhalb der Kommunistischen Partei zusammensetzt. Die Konsultativkonferenz gilt als machtlos, aber durchaus fortschrittlich.

Auch Zhang Gaoli (66) zählt eher zu den Wirtschaftsreformern. Bevor er 2012 in den Ständigen Ausschuss gewählt wurde, war er Parteichef von Tianjin, einer der am schnellsten wachsenden Wirtschaftszonen und Heimatstadt des ehemaligen Regierungschefs Wen Jiabao. Er begann seine Karriere in der Ölindustrie und arbeitete danach überwiegend in den südlichen Boomprovinzen, darunter auch in

Shenzhen, der Grenzstadt zu Hongkong. Zhang ist nun für Polizei und Justiz zuständig und spielt damit eine Schlüsselrolle, denn ein transparentes Rechtssystem ist entscheidend für eine Finanzreform.

Der Einzige, der offensichtlich zu den Bremsern der Reformen gehört, ist Liu Yunshan (65), zuständig für Propaganda und damit auch für die Zensur des Medien-, Internet- und Kulturbereichs. Er hat seine Karriere fast ausschließlich in der wirtschaftlich rückständigen Inneren Mongolei gemacht und gilt als nicht sehr weltläufig. Insgesamt jedoch ist die neue Führung ganz gut aufgestellt.

Den Zeitpunkt, ihre Währung ins Licht der Weltöffentlichkeit zu stellen, haben Chinas Kommunisten nicht ganz freiwillig gewählt. Die enorme Verschuldung der Amerikaner und die Krise in Europa zwingen sie, Tempo zu machen. Sie wollen, ja sie können sich auf den Westen nicht mehr verlassen. Jiang Zemins Blick auf die Uhr ist auch das Ergebnis der Schwäche des Westens. Eine Schwäche, deren Ende nicht absehbar ist. Nun muss die Führung in Peking handeln, obwohl sie sich lieber noch Zeit lassen würde.

Wie funktioniert der Aufbau einer Weltwährung? Was werden die Chinesen anders machen als ihre beiden Vorgänger, die Amerikaner und die Engländer? Was bedeutet die neue Weltwährung für unser Finanzsystem? Und vor allem: Was ändert sich für uns? Wichtige Fragen, die dieses Buch beantwortet.

China spielt bereits in den freien Raum, während wir im Westen noch unsere Abwehr sortieren. Der Aufstieg des chinesischen Yuan begann von einem so niedrigen Niveau, dass wir geneigt sind, ihn zu unterschätzen. Aber er vollzieht sich rasend schnell. Die Währung ist noch nicht einmal frei handelbar, da kann man bei der Galerie Lafayette in Paris oder in Thailand am Strand schon mit Yuan bezahlen. Immer mehr Handelsgeschäfte werden direkt in Yuan abgewickelt, weil Asiaten, Afrikaner oder Südamerikaner keine Lust mehr haben, ihr Geld erst umständlich in US-Dollar zu tauschen.

Das Zentrum der Weltfinanzen verschiebt sich langsam, aber stetig von New York in Richtung Hongkong. Die meisten Börsengänge finden inzwischen in Asien und nicht mehr in Amerika statt. Und selbst Japan, die drittgrößte Volkswirtschaft der Welt und einer der größten politischen Widersacher Chinas, hält bereits Yuan als Währungsreserve. Für uns Europäer ist eigentlich heute schon wichtiger, was China mit seiner Währung macht, als die Frage, ob die Griechen nun doch wieder härter arbeiten.

Entsprechend wächst das Selbstbewusstsein der Chinesen. »Der Dollar hat als Leitwährung ausgedient«, sagte der ehemalige Staatspräsident Hu Jintao bereits Anfang 2011 vor seiner letzten US-Reise. Das dollardominierte internationale Währungssystem sei ein »Produkt der Vergangenheit«.

Damals wurde Hu von vielen an der Wall Street noch belächelt. Inzwischen ist ihnen das Lachen vergangen, und sie versuchen, ein Stück des Kuchens abzubekommen. Nicht umsonst wurde London das erste internationale Renminbizentrum nach Hongkong und Singapur.

Die neue Währung kommt gut an: Vor allem für den deutschen Mittelstand ist die Möglichkeit, mit Yuan zu arbeiten, sehr interessant. Viele kaufen Teile in China, aus denen sie Produkte herstellen, die sie wieder in China verkaufen. Da ist der Umweg über den US-Dollar umständlich und teuer. Die neue Führung hat dies verstanden und verbündet sich mit den ausländischen Kunden. Langsam, aber stetig setzen sie den US-Dollar unter Druck und leiten damit nicht weniger als einen epochalen Wandel ein. Schon jetzt ist absehbar, dass eines Tages selbst das Ölförderkartell OPEC den Ölpreis nicht mehr in US-Dollar, sondern in Yuan festlegen wird, der Währung seines größten Kunden.

Eine wirkliche Weltwährung wird der Yuan jedoch erst, wenn auch wir in Deutschland selbstverständlich darüber reden, dass Siemens in den USA zehn Milliarden Yuan investiert und wir eine Vorstellung davon haben, wie viel Geld das ist. Oder wenn die Schweizer UBS in Frankfurt einem deutschen Unternehmen selbstverständlich einen Yuankredit gibt.

Lange, zu lange hat die Regierung in Peking Schutzwälle um ihre Währung gebaut, so, wie die Kaiser von China einst die Große Mauer zum Schutz vor Eindringlingen errichten ließen. China wollte und will verhindern, dass Ausländer das Land durch kurzfristige Kauf- oder Verkaufsbewegungen in eine Schieflage bringen wie Thailand und Südkorea Ende der 1990er während der Asienkrise. Die wichtigste Spielregel lautete bisher deshalb: Der Yuan ist nicht international handelbar. Wenn man am Frankfurter Flughafen mit Yuan an den Bankschalter geht, bekommt man dafür keine Euros oder US-Dollars. Auch an den internationalen Börsen kann man keine Yuan kaufen oder verkaufen. Der Wert ist fest an einen Währungskorb gekoppelt, in dem der US-Dollar den größten Anteil ausmacht, dessen genaue Zusammensetzung die Regierung jedoch nicht verrät. Peking bestimmt allein, wie viele Dollars, Euros oder Yen es für einen Yuan gibt. In den vergangenen Jahren sollte das möglichst wenig sein. Das Kalkül: Eine günstige Währung macht die eigenen Produkte im Ausland billiger. Deshalb ist jetzt China und nicht mehr Deutschland Exportweltmeister.

Doch in diese Große Mauer um die Währung bauen die Chinesen nun immer mehr Durchgänge. Bereits im Jahr 2015, so schätzt die altehrwürdige britische Hongkong and Shanghai Banking Corporation (HSBC), könnte die Hälfte der chinesischen Handelstransaktionen direkt in Yuan abgewickelt werden.

Wie wird sich Washington gegen den Machtverlust wehren? Mit Protektionismus? Oder gar mit militärischen

Drohgebärden? Wie werden die Chinesen von der Schwäche des Westens profitieren? So, wie die Amerikaner während des Zweiten Weltkrieges die Schwäche der Briten knallhart ausgenutzt haben? Mit ihrem Vordenker John Maynard Keynes hatten die Briten von einer transnationalen Weltwährung mit ihren Spielregeln geträumt. Doch durch den Krieg waren sie fast zahlungsunfähig. Um an amerikanische Kredite zu gelangen, mussten sie im Gegenzug das Abkommen von Bretton Woods unterzeichnen. Der Vertrag bescherte den Amerikanern große Vorteile und besiegelte das Ende der einstigen europäischen Weltmacht und des britischen Pfundes. Welches internationale Abkommen wird die Dominanz des chinesischen Yuan über den Dollar besiegeln?

Eines ist jetzt schon klar: Der Westen wird sich gründlich umstellen müssen. Das finanzpolitische Laisser-faire der Amerikaner wird es mit Peking wohl nicht mehr geben. Währungsgeschäfte werden sich wieder enger an der Realwirtschaft orientieren müssen. Und China wird, wie gesagt, die Verantwortung auf mehrere Schultern verteilen – unter seiner Führung selbstverständlich. Der Greenback wird etwas romantisch Verstaubtes haben gegenüber dem Redback, wie der Yuan inzwischen genannt wird. Der Euro ist dann bestenfalls ein Achtungserfolg, der russische Rubel, der brasilianische Real und die indische Rupie werden in einer multipolaren Finanzordnung auch eine Rolle spielen, aber längst nicht in Augenhöhe mit dem Yuan.

Und man wird sich eines Tages wundern über die Naivität, mit der Amerika Ende des 20. Jahrhunderts die Zügel des Weltfinanzsystems lockerte. Wie konnte man nur glauben, man kann es sich erlauben, einen Markt ohne Spielregeln gewähren zu lassen? Nun ist das Gejammer des Zauberlehrlings groß und hat eines der größten Abenteuer in der Finanzgeschichte ermöglicht, viel eher, als es notwendig gewesen wäre.

Zum ersten Mal kommt eine neue Weltwährung nicht mehr aus dem Westen, sondern aus der Weltregion, wo sie eigentlich hingehört. Aus Asien, der Region mit der höchsten Wirtschaftskraft und den meisten Menschen.

Frank Sieren, Januar 2013

1 WÄHRUNG ALS WACHSTUMSMOTOR

Währungspolitik – das klingt abstrakt, das klingt nach schwer verständlichen, nicht durchschaubaren Strategien in den Hinterzimmern von Notenbanken und Regierungen, die wiederum von Spekulanten durchkreuzt werden. Vor allem aber klingt es weit weg von unserem Alltag. In Wirklichkeit bestimmt Währungspolitik einen Großteil unseres Lebens. Egal ob wir Obst im Supermarkt kaufen oder ein neues Auto auf Raten: Die Währungspolitik beeinflusst die Preise unserer Produkte und die Zinsen, die wir bezahlen müssen, wenn wir uns Geld leihen. Währungspolitik bestimmt maßgeblich mit, wie gut es uns geht.

Währungspolitik hat mehr mit der Kultur und mit den guten oder schlechten Erfahrungen eines Landes zu tun, als man auf den ersten Blick glaubt. Betreibt man sie richtig, schafft und sichert sie Wohlstand. Betreibt man sie falsch, führt sie ganze Nationen in den Ruin. Bei ihrer Gestaltung spielen die jeweiligen Eigenheiten einer Nation wie Bevölkerungszahl, geografische Lage und wirtschaftlicher Entwicklungsstand eine große Rolle. Gleichzeitig ist Währungspolitik eine Waffe im internationalen Machtkampf. Geldpolitische Theorien, die all das nicht berücksichtigen, haben große Schwierigkeiten, sich in der Praxis zu bewähren. Dennoch ist dies erstaunlich häufig der Fall. Die Zentralbanker der etablierten Staaten neigen dazu, alles über den Kamm ihrer geldpolitischen Theorie zu scheren. Das gibt vermeintlich Halt. Die Aufsteiger hingegen orientieren sich eher an der bunten Praxis.

Für China heißt das: Die Chinesen nutzen die Schwächen der Etablierten, um ihrer Wirtschaft mit geschickter Währungspolitik Vorteile zu verschaffen. Während man im Westen noch diskutiert, ob ein Schachzug theoretisch überhaupt möglich sein kann, haben die Chinesen schon in den freien Raum gespielt und ihre Position verbessert. Die Währungspolitik wird gezielt eingesetzt, um das Wachstum in der Volksrepublik zu befeuern. Pekings Finanzplaner weichen in vielen Punkten von der Lehrbuchmeinung und den etablierten Vorstellungen aus dem Westen ab – trotzdem, oder vielleicht gerade deshalb, haben sie Erfolg.

Ob es dem Westen passt oder nicht – China sitzt inzwischen mit am Tisch, wenn es um das internationale Währungssystem geht. Dabei schart es nicht nur in Asien immer mehr Alliierte um sich, die froh über eine Alternative zum Westen sind, der sie lange genug gegängelt hat. Das missfällt vor allem einem Land: den USA.

Das Fundament der chinesischen Währungspolitik heute ist die feste Kopplung an den US-Dollar. Sehr zum Ärger der Amerikaner. Sie unterstellen den Chinesen – und ganz falsch liegen sie damit nicht –, zu schummeln und den Yuan deutlich zu niedrig zu bewerten. Immer wieder verlangen sie eine Aufwertung. China, so der Vorwurf, mache seine Waren künstlich billig und vernichte dadurch amerikanische Arbeitsplätze. Und in der Tat: Die Chinesen wollen so viel Wohlstand wie möglich für ihre noch arme Bevölkerung und lassen nichts unversucht, um möglichst viel made in China in der Welt zu verkaufen. Niemand kann das Land mehr daran hindern. Ein Hoffnungsschimmer zeichnet sich allerdings für den Westen, allen voran für Amerika ab. Eine Aufwertung des Yuan könnte, wie wir im Laufe des Buches noch sehen werden, in nicht allzu ferner Zukunft durchaus auch aus binnenwirtschaftlichen Erwägungen im Interesse Pekings sein. Aber so weit ist es noch nicht. Und das Wichtigste: Es wird nur passieren, wenn die Chinesen es selbst wollen.

Vier gewinnt – Die Grundlagen des chinesischen Wirtschaftswunders

Wer die Währungspolitik Pekings verstehen will, muss zunächst die Grundlagen des chinesischen Wirtschaftswunders begreifen, das Geflecht aus niedrigen Löhnen, einem gigantischen Binnenmarkt, einer moderaten, strikt auf Infrastruktur- und Bildungsinvestitionen angelegten Haushaltspolitik sowie einer ungewöhnlich langfristig angelegten Wirtschaftsplanung.

Im Westen nimmt man gerne die niedrigen chinesischen Löhne als Ausgangspunkt für die Analyse der Lage. »Lohndumping« ist das Schimpfwort. Die Logik der Industrieländer: Weil in China so viele Menschen Arbeit suchten, könne man zu so niedrigen Löhnen produzieren, bei denen die internationalen Wettbewerber nicht mithalten können. Ein weiterer typischer Vorwurf lautet, dass die korrupte Elite des Landes dabei das meiste einstecke. Sie beute die wehrlose Bevölkerung aus, indem sie zu lokalen Preisen herstellen lasse und zu internationalen Preisen verkaufe. Wenn sie dann noch die Währung künstlich niedrig halte, sei das doppelt unfair im internationalen Wettbewerb.

Die Wirklichkeit ist natürlich differenzierter. Weil der Westen so viel kauft und die Chinesen selbst immer mehr konsumieren, werden Arbeitskräfte in der Volksrepublik allmählich knapp. Der Staat erhöht regelmäßig die Mindestlöhne, die internationale Wettbewerbsfähigkeit Chinas gefährdet das nicht ernsthaft. Im Perlflussdelta, einem der wichtigsten Industriestandorte für die Exportproduktion, stiegen die Löhne für ungelernte Industriearbeiter seit 2002 von 50 auf über 250 US-Dollar. Das ist mehr als doppelt so viel wie etwa im Nachbarland Vietnam.

Wenn trotzdem immer mehr in China produziert wird, dann hat das viel mit den Problemen des Westens zu tun, die den Chinesen in die Hände spielen. Die Märkte in den Industrieländern sind gesättigt, die Menschen besitzen schon alles. Längst geht es nicht mehr darum, den Kunden etwas zu verkaufen, was sie noch nicht haben. Vielmehr stehen die Verkäufer im Wettbewerb, den Menschen ein neues Gerät oder Kleidungsstück zu verkaufen, obwohl sie schon eines besitzen. Sie können die zögerlichen Kunden mit neuer Technik überzeugen, mit neuem Design, vor allem aber mit einem günstigen Preis. Darauf basiert der Erfolg von Aldi und Co. und von Saturn, das seinen Durchbruch mit seiner »Geiz ist geil«-Marketingstrategie erzielte.

Die westliche Preisspirale nach unten nutzen die Chinesen aus. Sie sind trotz der steigenden Löhne in der Lage, große Stückzahlen verlässlich, günstig und pünktlich herzustellen, wie kaum ein anderes Land. Ganze Industriezweige sind daher aus entwickelten Hochlohnländern nach China abgewandert. Das Land stellt mittlerweile über 37 Prozent der weltweiten Textilproduktion. Aber auch die modernsten technischen Produkte wie iPhone und iPad werden ausschließlich dort gefertigt.

Der Trend der Produktionsverlagerung mag sich inzwischen verlangsamt haben. Nichtsdestotrotz bleibt China für viele Firmen unerlässlich. Zum einen deshalb, weil viele Konzerne ungern lange aufgebaute Geschäftsbeziehungen ersetzen. Zum anderen, weil China – und hier kommt der zweite Faktor des chinesischen Erfolgs ins Spiel – den anderen Entwicklungsländern etwas voraushat: den kundenreichsten Binnenmarkt der Welt. Viele Hersteller bedienen inzwischen mit ihren in der Volksrepublik hergestellten Produkten nicht nur den internationalen Markt, sondern auch den lokalen. Eine Bevölkerung von 1,3 Milliarden und eine Mittelschicht von mittlerweile rund mindestens 160 Millionen Menschen sind ein attraktiver Absatzmarkt, der schon jetzt doppelt so groß ist wie der in Deutschland.

Dass die Märkte im Westen gleichzeitig stagnieren und der Konsum in anderen aufstrebenden Ländern wie Indien sich nicht annähernd so gut entwickelt, stärkt die Position der Chinesen zusätzlich. Sie können Eintrittsgeld verlangen. Was meist so aussieht, dass westliche Unternehmen den Chinesen Teile ihrer Technologie übergeben und ausschließlich lokale Zulieferer benutzen müssen. In vielen Bereichen dürfen die Ausländer in den chinesisch-westlichen Gemeinschaftsunternehmen keine Mehrheiten haben, und bisweilen entscheiden die chinesischen Behörden sogar, wo die neue Produktion angesiedelt wird. Da es sich trotz der ungünstigen Bedingungen lohnt, in China zu investieren, nehmen die meisten diese Einschränkungen in Kauf.

Die langfristigen Folgen dieser auf kurzfristige Gewinnmaximierung angelegten Strategie blenden sie aus: Der Westen zieht sich seine eigene Konkurrenz heran, indem er Technologie- und Managementwissen nach China transferiert. Dass die ausgebufften Vorreiter des Kapitalismus dabei dennoch mitspielen, unterstreicht die Bedeutung des chinesischen Marktes. Kein Unternehmen von Weltrang kann es sich leisten, auf die Millionen potenzieller Neukunden zu verzichten. Die Chinesen schlagen uns also mit unseren eigenen Mitteln: dem marktwirtschaftlichen Wettbewerb.

So kurzfristig, wie die westlichen Konzerne denken, weil sie täglich auf den Aktienkurs schielen müssen – so langfristig denkt und handelt erstaunlicherweise die chinesische Regierung. Sie verprasst den ins Land schwappenden Wohlstand nicht, sie hortet die Einnahmen für schlechte Zeiten und leiht sich international so wenig Geld wie möglich, um nicht ihrerseits wieder abhängig zu werden. Lieber gehen die Chinesen etwas langsamer. Das gilt für den Staat ebenso wie für die einzelnen Familien. Nirgends auf der Welt sind die Sparraten der Familien vergleichbar hoch, von jedem verdienten Yuan werden je nach Berechnungsart zwischen 30 und 50 Prozent zurückgelegt.

Ebenso sorgfältig geht der Staat mit dem Geld um. Einnahmen werden genutzt, um Infrastruktur aufzubauen und damit die Wettbewerbsfähigkeit Chinas weiter zu stärken. 1990 gab es erst knapp 2000 Kilometer Autobahn, inzwischen sind es über 65 000. Das Schienennetz ist im gleichen Zeitraum von 53 400 Kilometer auf 120 000 Kilometer gewachsen, allein zwischen 2008 und 2012 wurden 33 neue Flughäfen gebaut (heute sind es 180 Flughäfen im Vergleich zu 39 in Deutschland). Viele Häfen, wie zum Beispiel in Schanghai, Tianjin und Ningbo, wurden für den internationalen Seehandel ausgebaut. Derzeit entsteht in der Hafenstadt Qingdao der größte Hafen der Welt. Infrastrukturprojekte wie der neue Großflughafen in Peking, der mit 130 Millionen Passagieren jährlich fast doppelt so viele Passagiere wie Europas größter Flughafen Heathrow abfertigen wird, brauchen von der Planung bis zur Eröffnung kaum länger als vier Jahre. Zwar wird auch einiges an Infrastruktur in den Sand gesetzt. Das allermeiste jedoch nutzt dem Wachstum der Wirtschaft.

Die Regierung investiert zudem in Bildung, die in alter konfuzianischer Tradition einen hohen Stellenwert hat. Es herrscht Schulpflicht bis zur neunten Klasse, über 80 Prozent der Schüler setzen ihre Schulausbildung darüber hinaus fort. In China selbst gibt es über 18 Millionen Studenten, weitere 340 000 verteilen sich auf ausländische Universitäten. Allein an der Eliteschmiede Harvard beträgt ihr Anteil zehn Prozent. Die Analphabetenrate ist mit 4 Prozent für ein Entwicklungsland sensationell gering, in Indien beträgt sie noch rund 26 Prozent.

Die auf stetigen Aufschwung angelegte Haushalts- und Investitionspolitik hängt unmittelbar zusammen mit dem Faktor vier des chinesischen Aufstiegs: der Kultur der politischen Stabilität. Im Gegensatz zu westlichen Politikern, die häufig nur bis zur nächsten Wahl vorausschauen können, plant die chinesische Führung in langen Zeiträumen, oft über mehrere Dekaden hinweg. Dieses Denken in langen Linien entspringt zwar der klassischen, chinesischen Militärphilosophie, ist aber auch in der Kommunistischen Partei fest verankert. Der Schweizer Sinologe und Jura-Professor Harro von Senger spricht in diesem Zusammenhang von »Supraplanung«. Es geht um Ziele, die durch sorgfältige Planung erst in mehreren Jahrzehnten oder noch später erreicht werden sollen. Auch kurzfristige Entscheidungen müssen stets im Einklang mit diesen langfristigen Zielen der Partei stehen.

In den letzten 30 Jahren war wirtschaftliches Wachstum das oberste, sogar in der Verfassung festgeschriebene Ziel. Um dieses Über-Ziel zu erreichen, ist die chinesische Führung sehr pragmatisch, flexibel und erfinderisch. Geschickt nutzt sie marktwirtschaftliche Reformen und die Konkurrenz aus dem Ausland, um die eigenen Betriebe zu modernisieren und konkurrenzfähig zu machen.

Eine Win-win-Situation: Die Wirtschaft ist so erfolgreich, weil die Politik langfristig angelegt ist, und weil die Wirtschaft so erfolgreich ist, können die Politiker es sich auch weiterhin leisten, langfristig zu denken, was wiederum dem Wirtschaftswachstum zugutekommt. Für Entwicklungsländer ist das eher ungewöhnlich, wie man in Indien sieht. Aber auch in Lateinamerika und Afrika leiden die Menschen in vielen Staaten unter unsicheren Herrschaftsverhältnissen und häufigem Politikwechsel.

Stabilität, Stabilität, Stabilität

Der harte Wettbewerb im Westen, der verlockende chinesische Binnenmarkt, die traditionelle Weitsicht der Chinesen – all das bestimmt auch die Währungspolitik der chinesischen Zentralbank. Ebenso wie eine tief in der Geschichte verwurzelte Sehnsucht nach Stabilität. Nach chaotischen und zerstörerischen Zeiten in der Vergangenheit setzen die Chinesen alles daran, so etwas in Zukunft zu vermeiden. Stabilität und Berechenbarkeit sind oberstes Ziel und damit auch wichtigste Maxime in Sachen Geld- und Währungspolitik, einem Gebiet, auf dem die Volksrepublik in der Vergangenheit aus Schaden klug geworden ist, litt doch das Land im 19. und 20. Jahrhundert unter großen Wellen von Unruhen.

Im Taiping-Aufstand Mitte des 19. Jahrhunderts – der im Übrigen seinen Ausgang auch in einer Währungskrise nahm, nämlich der des Silberdollar – kämpften christliche Rebellen gegen die herrschende Qing-Dynastie für einen Gottesstaat. Es ist bis heute der Bürgerkrieg mit den meisten Opfern in der Geschichte der Menschheit, rund 20 Millionen Menschen starben. Die Folgen der Revolution von 1911, bei der die Qing-Dynastie schließlich gestürzt wurde, lähmten das Land für fast 40 Jahre. Es herrschten brutale Regionalfürsten, die sich um die Menschen nicht einen Deut scherten. Zwar wurden die Nationalisten in den 1920er- und 1930er-Jahren als Zentralregierung immer einflussreicher, aber China war weiterhin so zerrissen, dass die japanischen Invasoren während des Zweiten Weltkrieges leichtes Spiel hatten.

Nach dem Sieg der Kommunisten über die Nationalisten 1949 brachte Mao Zedong das Land unter seine Kontrolle. Die Gefahr, dass China auseinanderbricht, wurde geringer. Die Menschen jedoch litten weiter. Politische Kampagnen, wie der Große Sprung nach vorn oder die Kulturrevolution, mit denen Mao den Rückstand Chinas zum Westen aufholen wollte, kosteten Millionen von Menschen das Leben. China war wieder einmal paralysiert.

Mit dem Tod Maos kam die Wende. Der zuvor als kapitalistischer Verschwörer verunglimpfte Deng Xiaoping leitete Reformen ein und öffnete das Land dem Westen. Zunächst ging es nur bergauf. Doch die chinesischen Politiker hatten noch wenig Ahnung von Geldpolitik. In der zweiten Hälfte der 1980er-Jahre kauften sie mehr der verlockenden Produkte im Westen ein, als sie ihrerseits verkaufen konnten. Ein Handelsbilanzdefizit entstand. Darüber machte man sich in der Führung zunächst wenig Sorgen. Um noch mehr kaufen zu können, druckten sie einfach mehr Geld. Die Inflation galoppierte, 1988 lag sie bei 18,5 Prozent. Die Menschen bekamen Angst. Sie fürchteten, dass ihre in den 1980er-Jahren erarbeiteten Ersparnisse ihren Wert verlieren könnten. Es kam zu Massendemonstrationen, eine Demokratiebewegung entstand, die 1989 blutig niedergeschlagen wurde.

Erst in den 1990er-Jahren wurde der Führung klar, dass sie eine stabilitätsorientierte Geldpolitik brauchte. Eine Geldpolitik, die wie überall auf der Welt von den eigenen, schlechten Erfahrungen geprägt sein sollte. Ähnlich wie bei den Deutschen, bei denen noch heute eine große Angst vor Inflation herrscht, weil das Chaos der Hyperinflation von 1923 nachklingt, obwohl kaum noch jemand lebt, der sie miterlebt hat.

Bei den Chinesen lautet die Lehre aus der Vergangenheit: Entwicklung ja, aber bitte in kleinen Schritten und ohne großes Risiko. Auch die schlechten Erfahrungen anderer Emerging Markets fließen in diese Strategie ein. Die ehemaligen Ostblockstaaten, die teilweise noch heute darunter leiden, dass sie den Kapitalismus überstürzt eingeführt hatten, werden den Hasardeuren unter den chinesischen Politikern immer wieder als warnendes Beispiel genannt.

Der geldpolitische Kurs, den die Chinesen angesichts ihrer historischen Erfahrungen und mit Blick auf die Fehlentwicklungen in anderen Staaten einschlagen, ist überraschend konservativ, nachgerade altmodisch. Sie greifen auf ein international altbewährtes Konzept zurück, allerdings eins, von dem die meisten westlichen Politiker nichts mehr wissen wollen, obwohl sich auch ihre Vorgänger vor einigen Dekaden noch sehr dafür starkgemacht haben: Mithilfe eines relativ festen Wechselkurses koppeln die Chinesen den Wert des Yuan an den Wert des Dollar. Das mag von gestern sein, schafft aber genau die Stabilität und Verlässlichkeit, die sich die Chinesen wünschen. Dass sie sich im Rest der Welt damit unbeliebt machen, liegt auf der Hand, denn statt der festen Wechselkurssysteme vergangener Zeiten herrscht im Zeitalter der Turboglobalisierung auf dem Devisenmarkt wie auf allen anderen Märkten auch: freie Marktwirtschaft – was, wie wir gleich sehen werden, im Fall einer Währung unkalkulierbare Risiken birgt, die sich die Chinesen gern ersparen wollen.

Die meisten Währungen werden heute wie andere Waren und Dienstleistungen auf einem Markt gehandelt, Angebot und Nachfrage bestimmen den Preis. Währungen sind mithin mal billiger, mal teurer. Wenn gerade mehr Käufer US-Dollars erwerben wollen, als auf dem Markt angeboten werden, dann wird der US-Dollar teurer und umgekehrt. Der Preis einer ausländischen Währung in Einheiten der inländischen Währung ist der Wechselkurs. Steigt die Nachfrage nach Euro im Vergleich zum Dollar, so steigt auch der Preis des Euro im Vergleich zum Dollar.

Freie Marktwirtschaft – allerdings mit Einschränkungen. Die Staaten überlassen die Währung in der Regel nicht völlig dem freien Markt. Stattdessen greifen sie indirekt ein, wenn sie die Leitzinsen für das Geld des Landes anheben oder senken. Der Leitzins ist der Preis, den die Banken bezahlen müssen, wenn sie sich beim Staat Geld leihen. Steigen die Zinsen zum Beispiel in den USA, legen mehr Investoren ihr Geld im Dollarraum an. Dann werden Milliarden aus anderen Währungen in den US-Dollar getauscht. So viel, dass der US-Dollar aufwertet. Und weil er die internationale Leitwährung ist, hat das nicht nur Einfluss auf den Dollar selbst, sondern auch auf viele andere Währungen, denen die Investoren dann nicht mehr so viel Geld leihen und deren Kurs damit fällt. Sind umgekehrt die Zinsen in den USA niedrig, fließt weniger Anlagekapital in die Vereinigten Staaten. Im Gegenteil, dann kann es sogar günstiger sein, sich das Geld billig in US-Dollar zu leihen und es gewinnbringend in anderen Währungen zu investieren. Es ist ein beliebtes Spiel von Geldhändlern, sich zum Beispiel Geld in den USA für zwei Prozent Zinsen zu leihen und es für vier Prozent Zinsen in brasilianischen Real anzulegen. Gewinn: zwei Prozent.

Lukrative Geschäfte, wie sie jede Sekunde rund um den Globus von Devisenhändlern in aller Welt getätigt werden. Lukrativ, aber auch riskant. Erstens kann die Zentralbank jederzeit die Zinsen senken, etwa dann, wenn es ihr wichtiger ist, die heimische Wirtschaft mit günstigen Krediten zu versorgen, als internationale Investoren mit hohen Zinsen anzulocken. Vor allem in Wirtschaftskrisen werfen die Zentralbanken gern billiges Geld auf den Markt, so die etwas flapsig-journalistische Formulierung. Die Firmen können sich dann zu niedrigeren Zinsen Geld leihen und verdienen schon bei kleineren Gewinnspannen Geld. Gleichzeitig schmilzt aber auch die Gewinnspanne der ausländischen Investoren dahin. Sie müssen aus der Währung aussteigen, denn der Zinsunterschied arbeitet jetzt gegen sie. Dabei verlieren sie Geld, denn durch den Kapitalabfluss verliert die Währung an Wert, der Wechselkurs verschiebt sich.

Höher als das Risiko für die Händler durch die Zentralbank ist allerdings das Risiko durch die Händler selbst. Denn die Gefahr von Zinserhöhungen oder -senkungen ist verhältnismäßig gering und zu Teilen auch berechenbar. Notenbanken drehen nicht ständig an der Zinsschraube, und in den seltensten Fällen kommen Zinsschritte für die Märkte überraschend. Wenn die Händler aber, aus welchen Gründen auch immer, beschließen, eine Währung zu verkaufen, sinkt der Kurs dieser Währung blitzartig. Andere Investoren müssen gezwungenermaßen nachziehen, denn je länger sie in einer Währung bleiben, die nunmehr im freien Fall ist, desto mehr verlieren sie. Solche Kursrutsche verstärken sich selbst und können ganze Volkswirtschaften in die Enge treiben. Bekanntestes Beispiel ist die Asienkrise 1997, bei der internationale Geldgeber nach Jahren stabilen Wachstums urplötzlich einer ganzen Region das Vertrauen und damit das Kapital entzogen.

Solchen Spekulationen und Machenschaften wollen die Chinesen ihre Währung nicht aussetzen. Die Zentralbank hat den Wechselkurs des Yuan zum Dollar auf einen bestimmten Wert festgelegt. Sie garantiert, dass man für seine US-Dollars stets einen bestimmten Wert an Yuan bekommt. Was allerdings umgekehrt auch heißt, dass die Zentralbank genug Dollars in Reserve haben muss, um flüssig zu bleiben, wenn plötzlich sehr viele Ausländer ihr Geld wieder aus dem Yuan in US-Dollar tauschen wollen. Damit sie nicht in Zahlungsschwierigkeiten kommt, schränken strikte Kapitalverkehrskontrollen die Möglichkeiten von Ausländern stark ein, in China Geld anzulegen.

Die Gesetze des Marktes, sprich Nachfrage und Angebot, können allerdings trotz der Fixierung die Währung unter Druck setzen, denn für den Handel mit dem Ausland müssen Yuan in ausländische Währungen gewechselt werden und umgekehrt. Wenn Amerikas Konsumenten viele chinesische Güter kaufen wollen, müssen ihre Dollars in Yuan umgetauscht werden. Die chinesischen Produzenten können ihre Mitarbeiter nur in Yuan, und nicht in Dollar bezahlen. Das bedeutet, die Nachfrage nach Yuan steigt, während die Nachfrage nach Dollars sinkt. Ginge es nach der Marktlogik, müsste der Yuan aufwerten, er gerät unter Druck, sagen Fachleute dazu. Die chinesische Notenbank jedoch hat Mittel und Wege, diesen Druck wieder abzubauen. Droht der Yuan vom festgelegten Kurs abzuweichen, gleichen die Notenbanker Angebot und Nachfrage aus, indem sie entsprechend Dollarreserven verkaufen oder kaufen. Die Notenbank kann so ihr Versprechen des festen Wechselkurses halten, sammelt allerdings Unmengen an US-Dollarreserven an.

Nichtsdestotrotz, die Politik des festen Wechselkurses schafft Stabilität: Ein chinesischer Exporteur kann verlässlich planen, weil er weiß, wie viele Yuan er für seine Dollareinnahmen bekommt. Das gilt nicht nur für Lieferungen in die USA. Weil auch andere asiatische Nationen ihre Währung mehr oder weniger stark an den Dollar binden, wird der Handel innerhalb Asiens stabilisiert. Und beim Einkauf bringt die Dollarbindung den chinesischen Konzernen Investitionssicherheit, weil die Preise für die wichtigsten Rohstoffe wie Öl und Gas in Dollar notiert sind. Die chinesische Volkswirtschaft kann so zwar keine noch größeren Sprünge machen, ist dafür aber geringeren Schwankungen ausgesetzt. Ein großer Vorteil, wenn eine Wirtschaft im Aufbau ist. Und genau das war ursprünglich der Hauptgrund für die chinesische Regierung, sich für diese Strategie zu entscheiden.

China profitiert, die USA verlieren

Mit der Zeit stellte sich ein angenehmer ungeplanter Nebeneffekt ein. Es zeigte sich, dass die Politik des festen Wechselkurses einen entscheidenden Vorteil hat, der das chinesische Wirtschaftswunder noch mehr anheizt. Durch die Kursbindung ist der Yuan billiger, als er ohne Eingriff der Chinesischen Volksbank wäre. Der Yuan galt im Vergleich zum US-Dollar lange als zwischen fünf und 50 Prozent unterbewertet. Was sich natürlich auf den internationalen Handel auswirkt. Ausländische Produkte werden in China teurer, als sie sein müssten, wenn der Yuan frei handelbar wäre. Umgekehrt werden chinesische Produkte, die der Welt verkauft werden, viel billiger, als sie es bei einem freien Yuan sein könnten. Das iPhone 5 etwa, das in Südchina hergestellt wird, wäre auch in Deutschland deutlich teurer, wenn der Yuan nicht an den US-Dollar gekoppelt wäre, und würde womöglich sogar woanders hergestellt. Der niedrige Wechselkurs wirkt wie eine indirekte staatliche Subvention für die chinesischen Hersteller und wie ein Einfuhrzoll für die internationalen Anbieter. Um diesen Wettbewerbsdruck auszuhalten, sind immer mehr westliche Unternehmen gezwungen, in China zu produzieren.

So einfach: Weil in ihrer jüngsten Geschichte viel schiefging, haben sich die Chinesen eine stabile Währungspolitik gewünscht, und gleichsam als Nebeneffekt ist China zur Fabrik der Welt geworden. Noch Anfang der 1990er-Jahre war es undenkbar sowohl für die Chinesen als auch für den Westen, dass die Volksrepublik in diesem Ausmaß die Welt mit Produkten versorgen würde. Heute ist die moderne Exportbranche der Wachstumsmotor des ganzen Landes und ein Garant dafür, dass die Menschen in Europa und den USA auch in schlechten Zeiten konsumieren können. Das Nachsehen haben allerdings viele Industriebetriebe und -arbeiter im Westen, deren Arbeitsplätze nach China verlagert werden. Aber auch viele Entwicklungsländer können mit ihren eigenen Produkten kaum mit China konkurrieren. Das gilt in vielen Branchen selbst für Indien.

Besonders leiden jedoch die USA inzwischen unter einer regelrechten Deindustrialisierung. Schon Ende der 1990er-Jahre glaubten die Amerikaner, sie könnten es sich leisten, nichts mehr selbst herzustellen und sich stattdessen ganz auf den Dienstleistungssektor zu konzentrieren, darunter auch die Finanzindustrie an der Wall Street. Die

Europäer hingegen, allen voran die Deutschen, stellten weiter Maschinen, Autos und andere hoch spezialisierte Produkte her. Weniger aus strategischer Klugheit, sondern mehr, weil sie das traditionell am besten konnten.

Spätestens in der Krise 2008 zeigte sich, dass eine Volkswirtschaft stabiler ist, die überwiegend auf eigener, hochwertiger Produktion und Innovation basiert. Das gilt umso mehr in einer globalen Entwicklungsphase, in der Asien viel kauft, aber in den meisten Bereichen noch nicht selbst in der Lage ist, die Produkte in der nötigen Qualität herzustellen. Die Amerikaner haben das unterschätzt und sogar aktiv Industrien nach Asien verlagert. Die größten Gewinner der amerikanischen Selbstüberschätzung waren die Chinesen.

Die Amerikaner gingen dabei von folgender Annahme aus: Die US-Wirtschaft verdiene mehr, wenn sich die Binnenwirtschaft auf Service und Innovation konzentriere, wenn die Produkte anderswo billig hergestellt würden. Die Rechnung ging nicht auf. Es ist nicht so einfach, die Wirtschaft eines ganzen Landes so aufzubauen, wie Apple organisiert ist. Die Serviceindustrie schaffte nicht ausreichend Arbeitsplätze. Viele, vor allem ältere Arbeiter, verloren ihren Job in der Produktion, ohne eine gleich gut bezahlte Stelle im Dienstleistungssektor zu finden. Viele junge Menschen kamen gar nicht erst unter. Weil sie so wenig Geld verdienten, konnten sie keine Steuern zahlen und waren zudem immer mehr auf billige Produkte angewiesen – aus China.

China, auf der anderen Seite, zog seine Wettbewerbsvorteile mittlerweile nicht mehr nur aus dem günstigen Wechselkurs, sondern auch aus einer effizienter werdenden Logistik. Es gelang zunehmend besser, Rohstoffe und Bauteile anzuliefern und fertige Produkte abzutransportieren; die Produktivität der Fabriken stieg. Mit dem gleichen Aufwand an Mitteln produzieren die Chinesen immer mehr, und sie können immer höhere Stückzahlen eines

Produktes herstellen, was den Preis pro Stück sinken lässt. Die größeren Mengen lassen sich beliebig absetzen, sowohl im Westen als auch in China selbst, wo inzwischen viele genug Geld verdienen, um sich die eigenen Produkte leisten zu können.

Die Mischung aus fehlender amerikanischer Produktion und der Not, billiger einkaufen zu müssen, auf der einen Seite und aus höherer Produktivität sowie besserer Logistik Chinas auf der anderen Seite führte dazu, dass die Amerikaner deutlich mehr in China kauften, als sie nach China verkauften. Ihre Bilanz im Chinahandel wurde über die Jahre immer unerfreulicher. Es entstand ein sogenanntes Leistungsbilanzdefizit, im Jahr 2011 belief es sich auf 202 Milliarden US-Dollar. Will heißen: China hat Waren und Dienstleistungen im Wert von 202 Milliarden Dollar mehr an die USA geliefert als umgekehrt.

Auch von dieser Seite steht der Yuan unter Aufwertungsdruck. Denn wäre er im Vergleich zum US-Dollar frei handelbar, würde der Dollar bei so einem gigantischen Leistungsbilanzdefizit im Vergleich zum Yuan an Wert verlieren. Amerikanische Waren würden damit wieder wettbewerbsfähiger und die Handelsungleichgewichte könnten sich theoretisch mit der Zeit ausgleichen. Die chinesische Wechselkursbindung verhindert dies jedoch. Und es kommt noch schlimmer. Weil die Einnahmen der Amerikaner noch nicht einmal reichen, um sich chinesische Produkte zu kaufen, leihen sie sich immer mehr Geld bei den Banken. Die wiederum versorgen sich beim Staat, der immer mehr Geld druckt. In der zweiten Hälfte der 1990er-Jahre fingen dann sogar die Chinesen an, den Amerikanern Geld zu leihen, damit diese weiter in der Lage sein würden, chinesische Produkte zu kaufen. Sie investierten in US-Staatsanleihen, seit 2007 sind sie sogar der größte Gläubiger der Amerikaner. Eine Konstellation, die schlicht unvorstellbar war, als Amerika und China Ende der 1970er-Jahre diplomatische Beziehungen aufnahmen.

Von welcher Seite die Amerikaner ihre Beziehungen zu China auch immer betrachten, am Ende sehen sie den festen Yuan-Dollar-Wechselkurs als Ursache aller Ärgernisse. Seit geraumer Zeit setzen sie Chinas Führung unter Druck, die feste Bindung aufzugeben und mit einer starken Aufwertung dafür zu sorgen, dass US-Produkte wieder wettbewerbsfähiger werden. Die Chinesen lassen sich jedoch nicht beirren. Sie haben bei einer raschen Aufwertung viel zu verlieren: Ihre Produkte würden teurer und weniger gekauft. Millionen von Arbeitern könnten ihren Job verlieren. Das wäre den Amerikanern egal, wenn es ihrer eigenen Volkswirtschaft dann wieder besser ginge. Aber sie haben offensichtlich nicht mehr die Macht, in dieser Frage ihre Interessen durchzusetzen. Ein deutliches Zeichen des Abstiegs. Die Chinesen haben zudem ein moralisches Argument auf ihrer Seite. Nachdem der Westen lange von China und anderen armen Ländern profitiert, sie zuweilen sogar ausgebeutet hat, kann nun eine Weltlage, in der nunmehr die armen Menschen im Vorteil sind, so falsch nicht sein.

Die Schattenseiten des Erfolgs

Ein fester Wechselkurs, und alles ist gut – ganz so einfach ist die Rechnung dann aber doch nicht. Die Konstruktion stößt allmählich an ihre Grenzen. Langfristig birgt die Yuan-Dollar-Kopplung auch für China steigende Kosten. Die Devisenreserven des Landes türmen sich immer höher, zuletzt auf 3,2 Billionen Dollar. Zwar kann ein gut gefülltes Sparbuch nie schaden, aber die Verzinsung ist schlecht. Um ihr Versprechen halten zu können, US-Dollars zu einem festen Kurs in Yuan zu tauschen, muss die Chinesische Volksbank große Dollarmengen aufkaufen. Diese hält sie allerdings nicht in der Form von Banknoten im Tresor, sie legt das Geld an, vor allem in den USA. Sie gibt staatlichen und halbstaatlichen US-Institutionen Kredite und bekommt dafür sogenannte Schatzpapiere mit fester Verzinsung und fester Laufzeit. Die Chinesen – die Banker Amerikas. Doch für die Zinsen lohnt sich das Geschäft nicht. Die Verzinsung der Kredite ist äußerst niedrig, 2012 lag sie für amerikanische Staatsanleihen mit einem Jahr Laufzeit bei gerade 0,1 bis 0,22 Prozent. Da aber die Amerikaner mit dem Geld chinesische Produkte kaufen, sieht die volkswirtschaftliche Rendite schon besser aus. Es ist fast ein wenig so, als ob der Drogendealer dem Abhängigen Geld leiht, damit er neue Drogen kaufen kann. Problematisch wird es nur, wenn der Abhängige die Schulden nicht zurückbezahlt.

Damit kommen wir zum zweiten Problem der starken Handelsüberschüsse: dem Wert der Reserven. Verfällt der Wert des Dollar, dann wären natürlich auch die Währungsreserven Chinas schlagartig weniger wert. China hätte den USA einen Teil der gelieferten Waren quasi geschenkt. Kein angenehmer Gedanke für Chinas Politiker, die sich dann gegenüber der Bevölkerung dafür rechtfertigen müssen. Doch das ist eben der Preis, der für eine erfolgreiche Exportstrategie gezahlt werden muss. Der Vorteil ist immerhin, dass die Kosten bestenfalls erst anfallen, wenn Chinas Wirtschaft kräftig genug ist, die Folgen besser abzufangen.

Der dritte und wohl gravierendste Nachteil für China ist eine höhere Inflationsrate. Der Mechanismus: Die Volksbank tauscht die Dollars, welche die chinesischen Exporteure für ihre Waren bekommen, in Yuan um. Da die Exporteure sehr viel verkaufen, muss die Zentralbank ständig neue Yuanscheine drucken lassen. Und je mehr es von etwas gibt, desto weniger ist es wert. Steigt die Geldmenge schneller als die Menge der in China angebotenen Waren und Dienstleistungen, werden die Waren teurer. Weil es mehr Geld gibt, braucht man mehr Geld, um eine Ware kaufen zu können. So entsteht Inflation.

Die chinesische Zentralbank steuert mittels verzinster Wertpapiere gegen. Die Exporteure, die ihre US-Dollars in Yuan getauscht haben, bringen einen Teil des Geldes auf die Bank. Die chinesischen Banken kaufen mit diesem Geld die Wertpapiere der Zentralbank. Dadurch fließt ein Teil des Geldes zurück an die Volksbank, die Geldmenge wird wieder kleiner. Ein Spiel, das die Zentralbank aber nicht ewig weitertreiben kann. Die Einnahmen der Exportindustrie steigen schneller, als die Banken die Wertpapiere der Zentralbank kaufen wollen und können. Und auch die Exporteure wollen mit ihren Gewinnen Besseres tun, als es bei der Bank anzulegen, etwa mit Aktien spekulieren. Das bedeutet: Je mehr Produkte die Chinesen im Ausland verkaufen, desto größer wird der Druck, den Yuan aufzuwerten, und desto schwieriger wird es, die feste Bindung an den US-Dollar zu garantieren.

Das ist kein ungewöhnliches Problem für ein Entwicklungsland mit stark regulierten Finanzmärkten. Einzigartig ist jedoch die globale Dimension dieses Phänomens durch China. Bisher hat es noch kein anderes Entwicklungsland geschafft, zum größten Gläubiger der Amerikaner zu werden. Selbst die Japaner waren in den 1980er-Jahren weit davon entfernt. Dass China bereits so weit ist, erstaunt umso mehr, weil die Produktivität der Chinesen noch viel niedriger ist als in den USA. Noch leistet ein Amerikaner im Durchschnitt so viel wie neun Chinesen. Denn die Amerikaner haben einen erheblichen Know-how-Vorsprung gegenüber China, sowohl im technischen wie auch im Managementbereich. Dementsprechend liegt das Durchschnittsgehalt eines Amerikaners weit höher. Die Chinesen haben also noch viel Spielraum, die Herstellung ihrer Produkte zu optimieren und damit ihre Machtposition auszubauen. Das bedeutet zumindest: gleiche Margen trotz niedrigerer Preise.

Allerdings, und hier wird am Ende die größte Sprengkraft für das System des festen Wechselkurses liegen: Je produktiver die Chinesen werden, desto anspruchsvoller werden sie auch. Sie wollen selbst mehr konsumieren und ärgern sich über die hohen Preise der Importprodukte. Theoretisch gibt es zwei Möglichkeiten, diesen wachsenden Ansprüchen gerecht zu werden. Der einfachste Weg wäre es, den Yuan aufzuwerten, womit die meisten ausländischen Produkte billiger würden. Wird diese Aufwertung aber durch eine feste Wechselkursbindung verhindert, gibt es nur einen anderen Weg, der einfach klingt, aber weitaus komplizierter ist: Die Chinesen müssen mehr verdienen. Und genau diesen Kurs hat Peking bis jetzt eingeschlagen. Der Staat achtet genau darauf, dass die gesetzlichen Mindestlöhne regelmäßig und zweistellig steigen. Dies hat aber wiederum einen Nachteil: Steigt die Nachfrage, steigen die Preise. Die Inflation nimmt zu und frisst einen Teil der Lohnerhöhung wieder auf. Ein gefährliches Phänomen. Nun muss der Staat auch bei den Preisen eingreifen, was er sehr viel vorsichtiger und selektiver als bei den Löhnen macht. Bei Grundnahrungsmitteln kommt das immer wieder vor, bei Strom und Benzin ist es noch die Regel. Wenn der Staat nicht vorsichtig ist, kommt es zu einer Spirale von Lohnerhöhungen und staatlichen Preissenkungen in der Klammer des fixen Wechselkurses, nur um die Inflation im Griff zu behalten. Denn mit steigender Inflation steigt auch die Unzufriedenheit in der Bevölkerung. Das zeigte sich zuletzt, als die Preise für Lebensmittel um 10,5 Prozent stiegen. In Peking nimmt daher die Angst vor Unruhen zu.

Der feste Wechselkurs in Kombination mit Lohnerhöhungen ist natürlich nicht die einzige Ursache für Inflation. Ein anderer Faktor ist, dass die Regierung, wie nach der Krise 2008, Geld für ein Konjunkturprogramm druckt, weil international plötzlich weit weniger Made-in-China-Produkte gekauft werden. Maßnahmen wie diese führten unter anderem dazu, dass die Verbraucherpreise in der ersten Jahreshälfte 2012 um 4,5 Prozent kletterten. Das ist nicht wirklich bedrohlich, wenn man dies mit Inflationsraten von Indien (8,1 Prozent) und Argentinien (zehn Prozent) vergleicht. Aber es ist dennoch ein Warnzeichen. 2006 war die Inflation mit 1,4 Prozent noch niedriger als in den USA.

Vorbilder Japan und Deutschland

Mittelfristig kann die Inflation die Rolle Chinas als Fabrik der Welt untergraben. Doch bis jetzt hielten sich Pekings Politiker lieber an die Devise »Never change a winning team«. Wie Erfolg versprechend die bisherige währungspolitische Strategie sein kann, zeigt das in dieser Frage heimliche Vorbild Chinas auf der anderen Seite des Ostchinesischen Meeres: Japan. Bis 2011 die zweitgrößte Volkswirtschaft der Welt und die größte Volkswirtschaft Asiens. Nach dem verlorenen Weltkrieg lag die japanische Wirtschaft am Boden. Aber als einziges asiatisches Land gelang es Japan innerhalb nur weniger Jahrzehnte, in der Produktivität und der wirtschaftlichen Leistung pro Kopf mit den USA gleichzuziehen und sie teilweise sogar zu übertrumpfen. So sehr, dass in den 1980er-Jahren viele damit rechneten, Japan würde in nicht allzu ferner Zeit die schwächelnden USA überholen, die sich inzwischen von einem Exportland zu einem Importland entwickelt hatten. Der Markt für Wirtschaftssachbücher jedenfalls, welche die Überlegenheit des japanischen Modells priesen, boomte.

Ein zentraler Punkt des japanischen Erfolgs war, wie bei China heute, eine künstliche Unterbewertung des Wechselkurses. Zunächst hatte Japan 1949 seine Währung wie die meisten anderen Länder der kapitalistischen Welt fest an den Dollar gekoppelt. Anfang der 1970er-Jahre zerbrach das damalige System fester Wechselkurse, weil die Amerikaner den US-Dollar abwerten lassen wollten, um, ähnlich wie sie es heute mit den Chinesen versuchen, die

Wettbewerbsfähigkeit ihrer heimischen Wirtschaft wiederherzustellen. Als Folge wertete der Yen erstmals auf. Um zu verhindern, dass Japans Unternehmen wie Toyota, Mitsubishi und Sony nun viel weniger international absetzen, weil die Produkte in Dollar viel teurer werden, griff die japanische Notenbank immer wieder auf dem Devisenmarkt ein. Sie hielt den Kurs so wie die Chinesen derzeit künstlich niedrig. Mit Erfolg. Die Exporte wuchsen ständig weiter. Besonders Anfang der 1980er-Jahre wurden die Produkte amerikanischer Produzenten durch eine stetige Aufwertung des Dollar immer teurer und entsprechend weniger gekauft. Die Folge: Wie im Fall Chinas kauften die Amerikaner viel mehr in Japan ein als umgekehrt.

Japan ist nicht das einzige Beispiel für eine solche Politik. Auch die Deutschen haben sich nach dem Krieg durch eine fest gekoppelte D-Mark an die Spitze der Weltwirtschaft emporgearbeitet. Zwar spielten auch andere Faktoren bei diesem Erfolg eine Rolle. Aber sicher ist, ohne einen festen Wechselkurs hätte der Aufstieg für Deutschland deutlich länger gedauert. Und vielleicht wären die Deutschen nie so erfolgreich geworden, wie sie es heute sind.

Mitte der 1980er-Jahre ging es den Handelspartnern der Japaner und der Deutschen, allen voran den USA, dann zu weit. Die Amerikaner waren nicht mehr bereit, die großen Handelsungleichgewichte hinzunehmen. Im September 1985 zwangen sie Japaner und Deutsche im sogenannten Plaza-Abkommen zur Aufwertung ihrer Währungen gegenüber dem Dollar. Beim Treffen der G-5-Staaten Deutschland, Japan, Frankreich, Großbritannien und USA im New Yorker Plaza-Hotel waren Amerikas Drohungen mit protektionistischen Maßnahmen überzeugend genug, eine Aufwertung von Yen und Deutscher Mark zum Dollar durchzusetzen.

Anders als heute im Falle Chinas waren die Amerikaner damals noch einflussreich genug, sodass der führenden asiatischen und der führenden europäischen Volkswirtschaft nichts anderes übrig blieb, als einzulenken. Deutschland konnte damit besser umgehen als die Japaner, für die das Plaza-Abkommen desaströse Folgen haben sollte. Die Finanzwelt rechnete mit einer Aufwertung des Yen. Wer seine US-Dollars in Yen tauschte, konnte damit rechnen, in zwei Jahren viel mehr US-Dollars zurückzubekommen. Wenn man die Yen dann in der Zeit obendrein noch in ein gewinnbringendes Geschäft investierte, würde man noch mehr verdienen. Da es ausländischen Investoren, wie heute in China, bis Anfang der 1980er-Jahre nur sehr begrenzt möglich war, in Japan zu investieren, bestand großer Nachholbedarf. Doch es wurde zu viel, zu schnell und zu unbedacht investiert. 1989 platzte die Blase. Seitdem stagniert Japan, wenn auch auf hohem Niveau. Das Land hat inzwischen mit 238 Prozent des BIPs eine der höchsten Verschuldungsquoten der Welt.

Mit Blick auf Japans Post-Plaza-Schicksal ist es wenig verwunderlich, dass die chinesische Führung einer Aufwertung ihrer Währung und einer Öffnung der Finanzmärkte für ausländisches Kapital kritisch gegenübersteht. Bloß nichts überstürzen, heißt die Devise. Die historischen Erfahrungen der Japaner aber auch der Deutschen sprechen für den chinesischen Weg.

Und da es weltweit niemanden mehr gibt, der mächtig genug wäre, die Chinesen zur Aufwertung zu zwingen, wird sich daran wohl auch nichts ändern. Denn so sehr der Ärger der Amerikaner über den unterbewerteten Yuan auch immer wieder hochkocht – die Chinesen verletzen mit ihrer indirekten Exportsubventionierung kaum internationale Verpflichtungen. Die Welthandelsorganisation (WTO), die eigentlich unfaire Subventionierungen heimischer Produkte unterbinden soll, sieht in ihren Statuten keine Einmischung in die Währungspolitik vor. Auch der Internationale Währungsfonds (IWF), der das internationale Finanzsystem überwacht, kann in dieser Frage wenig unternehmen. Er überlässt es seinen Mitgliedsländern traditionell selbst, ob sie ihre Wechselkurse fest binden oder frei fließen lassen. Schließlich war es ursprünglich sogar mal seine Aufgabe, dafür zu sorgen, dass das System fester Wechselkurse nach dem Zweiten Weltkrieg funktionierte. Den Chinesen, so scheint es, ist es mal wieder gelungen, durch das entscheidende, offene Hintertürchen zu schlüpfen.

Der Druck in China steigt

Nichtsdestotrotz zetteln amerikanische Politiker immer wieder eine politische Debatte mit den Chinesen an. Sie verläuft meist im Sande und ist mittlerweile wohl vor allem innenpolitisch motiviert: Die Botschaft an die Wähler lautet: Wir sind nicht schuld an der Misere, sondern die Chinesen. Gleichzeitig versuchen die USA, die noch immer den größten Anteil des IWF-Budgets zahlen und dementsprechend dort die meisten Stimmrechte genießen, Druck auf die Chinesen aufzubauen. Bisher allerdings mit wenig Erfolg. Zwar betonen IWF-Ökonomen immer wieder die schädlichen Auswirkungen der chinesischen Unterbewertung für das Weltwirtschaftssystem. Doch alle Aufforderungen, im globalen Team eine vernünftige Rolle zu spielen, prallen an den chinesischen Politikern ab, solange noch 200 bis 300 Millionen Menschen in China unter der Armutsgrenze leben, die von dem niedrigen Kurs profitieren sollen.

Der Anstoß zur Aufwertung dürfte eher aus einer ganz anderen Richtung kommen: So gleichgültig China sich gegenüber allen internationalen Anwürfen zeigt, so sensibel ist die Führung, was die binnenwirtschaftliche Entwicklung angeht. Der Druck, von dem starren Wechselkurs abzurücken und den Yuan aufzuwerten, steigt mehr und mehr auch in China selbst. Dreh- und Angelpunkt ist der

Binnenkonsum. Das oben beschriebene Spiel, die Löhne zu erhöhen, um den Chinesen mehr Konsum zu ermöglichen und gleichzeitig durch Zentralbankinterventionen die Inflation im Griff zu behalten – dieses Spiel lässt sich nicht unbegrenzt weiterspielen.

Eine Aufwertung des Yuan, und an dieser Stelle trifft der IWF mit seiner Kritik dann doch einen wunden Punkt, könnte dank der niedrigen Preise für importierte Rohstoffe, Vor- und Fertigprodukte den Binnenkonsum erhöhen und die chinesische Wirtschaft unabhängiger vom Export machen. Die internationale Finanzkrise hat den Chinesen schmerzlich vor Augen geführt, was es bedeutet, von der Nachfrage schwächelnder Industrienationen abhängig zu sein. Und die Lage in Amerika bleibt brenzlig, früher oder später werden die Amerikaner ihren Konsum dauerhaft zurückfahren müssen, um ihre extrem hohe private und staatliche Verschuldung abzubauen. Auch Europas Konsumenten haben, abgesehen von den Deutschen, immer weniger Geld. Aber auch die werden nicht mehr so viel einkaufen, wenn sie merken, dass sie die Zeche der Europäer bezahlen müssen. Die Euroschuldenkrise zwingt sie zum Sparen.

Die einfachste Lösung wäre: Die Chinesen kaufen die chinesischen Produkte selbst. Die Pekinger Führung hat denn auch die Förderung des Binnenkonsums im zwölften Fünfjahresplan verankert. Und damit sind wir wieder beim Thema Währungsaufwertung. Der IWF argumentiert, dass eine stärkere Binnennachfrage durch eine Währungsaufwertung schneller zu erreichen wäre. Dabei geht es um mehr als um bloßen Konsum. Die chinesische Gesellschaft würde auch ein Stück gerechter, denn bis jetzt profitieren die Beschäftigten in der Exportindustrie vom unflexiblen Wechselkurs, während die breite Masse unter der Inflation leidet, die das System mit sich bringt. So vergrößern sich die sozialen Unterschiede zwischen reichen Küsten- und armen Inlandsprovinzen, zwischen Stadt- und Landbewohnern, zwischen Auf- und Absteigern. Ein flexibler Wechselkurs könnte die sozialen Konflikte mildern.

Und noch einen Vorteil hätte die Flexibilisierung: Kapital, das bis jetzt in den aufgeblähten Exportsektor fließt, würde frei für Investitionen im unterentwickelten Dienstleistungssektor. Chinesische Hersteller könnten sich zudem über günstigere Rohstoffe und importierte Vorprodukte freuen. Der enorme Exportüberschuss würde langsam abschmelzen, die niedrig verzinsten Devisenreserven würden sich nicht weiter auftürmen. Das Geld, das China momentan den USA leiht – um es noch einmal zu sagen: zum unverantwortlichen Konsum –, stünde zur Entwicklung Chinas zur Verfügung.

Es fällt also nicht schwer, ein Plädoyer zu halten für eine Aufwertung des Yuan: Ein stärkerer Yuan würde sich der wachsenden Inflation weitaus wirksamer entgegenstellen als Zentralbankeingriffe, er würde die internationale Kaufkraft der Chinesen erhöhen, und die chinesische Zentralbank bräuchte nicht mehr derart umfangreiche niedrig verzinste Devisenreserven. Mehr noch, er könnte dazu beitragen, die Schere zwischen Arm und Reich zu verringern. Das Land wäre sozial stabiler und würde damit der wichtigsten Maxime der Kommunistischen Partei folgen: Machterhalt dank Wohlfahrtsgewinn.

Peking zögert – Aber wie lange noch?

Die Politik des festen, niedrig bewerteten Wechselkurses, der China seinen Boom verdankt, stößt immer mehr an ihre Grenzen, theoretisch macht eine Aufwertung durchaus Sinn – das weiß die Regierung in Peking, dazu muss nicht erst der IWF umfangreiche Studien vorlegen und Stellungnahmen verfassen.

Trotzdem zögern die Machthaber. Denn den Yuan aufzuwerten heißt zunächst einmal: chinesische Produkte zu verteuern. Die Exportindustrie, bis jetzt der Wachstumsmotor des chinesischen Wirtschaftswunders, geriete unter Druck, Fabriken müssten schließen. Es ist schwierig abzuschätzen, wie schnell die billigeren Produkte aus dem Ausland diesen Verlust an Kaufkraft der Fabrikbesitzer und ihrer Arbeiter wieder ausgleichen würden.

Das ist nicht das Einzige, was die Regierung in Peking zögern lässt, den Wechselkurs freizugeben. Zu frisch sind die Erinnerungen an die Asienkrise. Damals hatten sich viele der aufstrebenden Nationen Asiens wie Thailand, Indonesien und Südkorea mit hohen Beträgen im Ausland verschuldet. Die Investoren zogen dann während der Krise ihr Kapital ab und verschlimmerten damit einen Teufelskreis, der gleich mehrere der asiatischen Tigerstaaten in den Ruin trieb. Den Fehler, sich mit Auslandskrediten und einem freien Wechselkurs angreifbar zu machen, will die chinesische Führung heute um jeden Preis verhindern.

Schon 1997 blieben die Chinesen äußerst vorsichtig. Sie taten das genaue Gegenteil dessen, was der IWF vorschlug – und fuhren gut damit. Sie werteten nicht ab, öffneten ihre Wirtschaft nicht internationalen Investoren und bedienten ihre internationalen Gläubiger zuletzt und nur mit einem Bruchteil dessen, was sie ihnen schuldig waren. China hatte Glück. Dank des stabilen Wechselkurses kam das Vertrauen der internationalen Investoren bald zurück, und das, obwohl einige während der Asienkrise auch in China Geld verloren hatten.

Die Asienkrise ist nicht der einzige Punkt, in dem China entgegen der gängigen ökonomischen Theorie erfolgreich war und ist. Der Fall China widerspricht bis jetzt grundsätzlich dem, was sich Ökonomen unter einem optimalen Entwicklungsweg vorstellen. Der Theorie nach müsste China nämlich nicht den viel reicheren USA Geld leihen, damit diese chinesische Produkte kaufen, sondern umgekehrt. Denn bei den Chinesen ist wie in jedem Entwicklungsland Kapital relativ knapp, Arbeit und Arbeiter sind hingegen reichlich vorhanden. Der Theorie nach müssten die Industrienationen in China investieren und so das Wachstum dort ankurbeln. Die Praxis: Die armen Chinesen finanzieren den Konsum der reichen Amerikaner. Verkehrte Welt. Aber eine Welt, die erstaunlicherweise die Armut schneller und nachhaltiger beseitigt als der klassische Weg. Ökonomen erscheint dieser Kapitalfluss, der entgegen allen Regeln der Volkswirtschaft quasi bergauf fließt, geradezu pervers. Vergleicht man aber den Entwicklungserfolg Chinas, das einen Handelsbilanzüberschuss erzielt, mit dem von Indonesien oder den Philippinen, die regelmäßig Defizite einfahren, wird schnell klar: Da stimmt was nicht mit der Theorie. Kein Wunder, dass die Chinesen skeptisch sind, was die Modellrechnungen des IWF angeht.

Trotzdem zeichnet sich in jüngster Zeit mehr und mehr ein Umdenken ab. Peking geht die ersten, vorsichtigen Schritte in Richtung Flexibilisierung. War der Kurs zum Dollar bis vor Kurzem noch streng fixiert, darf der Yuan inzwischen täglich um bis zu ein Prozent um diesen Wert schwanken. Mit diesem »Wechselkursband« wird dem Yuan die Möglichkeit einer langfristigen und kontrollierten Aufwertung und damit einer Anpassung an den Marktwert zugestanden. Diese Politik ist nicht neu. Bereits von 2005 bis 2008 wurde dem Yuankurs eine Bandbreite von 0,5 Prozent zugestanden, wodurch er eine lange Phase der Aufwertung erlebte. Bis die chinesische Zentralbank infolge der Finanzkrise die Währung wieder fest an den Dollar band, hatte diese schon gut 20 Prozent an Wert gewonnen. Inzwischen wird diese Wechselkursflexibilisierung allerdings auch von einer Reihe weitergehender Finanzmarktreformen begleitet. Sollten sie Erfolg haben, wird sich der Yuan schon bald aus seiner Dollarfixierung lösen. Dann kann er einen neuen Weg einschlagen, einen Weg, den vor ihm schon Pfund, Euro und Dollar gegangen sind: den Aufstieg zur Weltwährung.

Den Yuan langsam und schrittweise konvertierbar werden zu lassen ist jedoch ein guter Mittelweg für China, sich unabhängiger von US-Dollar und Euro zu machen. Je konvertierbarer der Yuan ist, desto mehr Handel kann direkt abgewickelt werden, ohne Umweg über den US-Dollar. Und: Der Yuan könnte eine Reservewährung werden. Eine Währung also, in der man sein Geld für schlechtere Zeiten parkt. Ein wichtiger Schritt auf dem Weg zu einer Weltwährung. Die chinesischen Zentralbanker stehen nun vor der entscheidenden Frage, wie der Yuan diesen Status erlangen kann, ohne sich gleichzeitig die Risiken einer Konvertierbarkeit einzuhandeln. Eines ist sicher: Der Weg, den die Chinesen dabei finden, wird sehr ungewöhnlich sein.

2 EINE VERHÄNGNISVOLLE AFFÄRE: WIE DER SILBERDOLLAR CHINA IN DIE KRISE STÜRZT

Der Ärger im Westen darüber, dass die Chinesen weniger von uns kaufen als wir von ihnen, ist über 200 Jahre alt. Schon Anfang des 19. Jahrhunderts bestimmten weltumspannende Handelsströme die globale politische Lage. Und es gab sogar eine Art Weltwährung: den spanischen Silberdollar. Die Auswirkungen des Silberdollar auf China sind ein Lehrstück darüber, was einem Land passieren kann, das abhängig von einer Währung ist, deren Angebot es nicht kontrollieren kann. Diese Geschichte hat alles, was zu einem Drama von Aufstieg und Verfall nötig ist: verpasste Chancen, übersehene Risiken, Überschätzung der eigenen Position und nicht zuletzt eine gewisse Arroganz, Selbstzufriedenheit und Nachlässigkeit sowie die Illusion, autark zu sein und bleiben zu können. Am schlimmsten war jedoch der Irrglaube, die Globalisierung beherrschen, oder besser, sie ganz aussperren zu können.

Der Silberdollar verband um 1800 bereits so weit entfernte Städte wie Buenos Aires in Argentinien und Kanton in China. Drehscheibe für den Fluss des Silbers waren die europäischen Kolonialmächte. Das Edelmetall für die erste Weltwährung kam aus den spanischen Kolonien in Lateinamerika und gelangte auf den Gewürz- und Teeschiffen der Europäer in großen Mengen ins Reich der Mitte. Mit dem Silber kauften die »Ostindienfahrer« neben Tee vor allem Seide und Porzellan, die in Europa damals reißenden Absatz fanden. Doch der Handel brachte den Europäern nicht nur Vorteile, vor allem für die Engländer verliefen die Geschäfte mit den Chinesen damals mindestens ebenso ärgerlich wie heute für die Amerikaner. Sie selbst stellten kaum Produkte her, die die Chinesen interessierten. Europa kaufte in Asien ein, und so floss immer mehr lateinamerikanisches Silber ins Reich der Mitte. Das Handelsbilanzdefizit der europäischen Staaten mit dem Kaiserreich im Osten wuchs und wuchs. China auf der anderen Seite häufte immer mehr Silber an, fast so wie heute US-Dollarreserven. Ein auf den ersten Blick gigantischer Erfolg, doch am Ende erwies er sich als trügerisch, denn er barg den Keim für den wirtschaftlichen und politischen Niedergang Chinas im 19. Jahrhundert in sich. Was die chinesische Regierung erst realisierte, als es zu spät war – und was sie selbst dann noch nicht wahrhaben wollte.

Irrtum Nummer eins: China glaubt, einseitig vom Welthandel profitieren zu können, Globalisierung lässt sich aussperren

Über die Jahrhunderte, in denen die Chinesen mit der Außenwelt Handel betrieben, wähnten sie sich stets in der Position des Stärkeren. Sie waren sich zwar der Gefahr bewusst, die Kontrolle über ihr Land an fremde Mächte verlieren zu können, und standen deshalb traditionell ausländischem Einfluss, und sei es nur durch Handel, kritisch gegenüber. Sie waren aber überzeugt, diese Gefahr bannen zu können, einfach, indem sie sich hartnäckig weigerten, ihre Märkte für den Welthandel zu öffnen. Deshalb war über Jahrhunderte der Seehandel mit dem Ausland von den Herrschern immer wieder stark eingeschränkt worden. Im Jahr 1684 lockerte Kaiser Kangxi die strengen Vorschriften ein wenig und erlaubte den seefahrenden Nationen des Westens den Handel über vier chinesische Städte. Doch selbst diese Mini-Öffnung wurde bald wieder zurückgedreht, schon ab 1754 schränkte Kaiser Qianlong die Möglichkeiten wieder ein, den Chinesen etwas zu verkaufen. Seine Vorsicht vor einem zu engen Kontakt zum Westen war aus heutiger Perspektive nicht überzogen. In Indien hatten die muslimischen Mogulherrscher der Britischen Ostindien-Kompanie große Handelsfreiheiten eingeräumt. Die Inder wollten mitprofitieren, und die Briten wussten diese Gier zu ihren Gunsten zu nutzen. Die Mogulherrscher verdienten gut – und so fiel es ihnen nicht weiter auf, dass sie immer mehr politische Macht an die Briten verloren. Die hingegen machten nicht nur glänzende Geschäfte, sie freuten sich auch über die immer größere politische Macht.

Kaiser Qianlong wollte unter allen Umständen vermeiden, dass sich Ausländer in China breitmachten. Er ließ alle für den internationalen Handel offenen Häfen schließen, mit Ausnahme Kantons. Und selbst dort wurde der Warenaustausch von einer speziell vom Kaiser befugten Kaufmannsgilde streng beaufsichtigt und auf einen Bezirk außerhalb der Stadtmauern Kantons beschränkt. Die Handelsumschlagplätze waren als die 13 »Faktoreien« bekannt. Dort wurde nichts produziert, sondern lediglich an- und verkauft. Die ausländischen Kaufleute lebten während der Handelssaison abgeschirmt von der einheimischen Bevölkerung nahe den Faktoreien. Wohlfühlen sollten sie sich bei ihren Gastgebern nicht. Das machen die zahlreichen Bestimmungen deutlich, die sie in ihrem Alltag einschränkten: Sie durften ihre Familien nicht mitbringen, der direkte Kontakt zu normalen chinesischen Bürgern war ihnen verboten, sogar das Erlernen der chinesischen Sprache war ihnen untersagt. Außerhalb der von Oktober bis März dauernden Handelssaison mussten die westlichen Händler Kanton verlassen und sich in die 150 Kilometer entfernte Kolonie Macao zurückziehen, wo Portugal einen Stützpunkt unterhielt.

Das Misstrauen gegenüber Ausländern hatte in China eine lange Tradition. Die Kaiser befürchteten, Außenkontakt könne zu Unruhe im Reich führen. Vor allem die zum Teil aggressiv vorgehenden westlichen Missionare mit ihren seltsamen Ideen, fürchteten sie, könnten die Bevölkerung aufstacheln und zu einem Sittenverfall führen.

Zunächst blieb den westlichen Händlern nichts anderes übrig, als nach den strengen Regeln der Chinesen zu spielen und sich dem Monopol der chinesischen Kaufmannsgilde zu unterwerfen. Trotzdem blühte der Handel mit China, denn selbst unter den ungünstigen Bedingungen war das Geschäft lukrativ. Schon im 18. Jahrhundert war es also kaum anders als heute, wo sich die deutschen Manager über die Schwierigkeiten im chinesischen Markt beschweren, aber gleichzeitig weiter und weiter investieren. In den 40 Jahren von 1760 bis 1800 verzehnfachte sich das Volumen der gehandelten Waren zwischen Großbritannien und China. England, aus chinesischer Sicht nichts mehr als eine kleine, belanglose Insel in Nordeuropa, kontrollierte in der zweiten Hälfte des 18. Jahrhunderts fast 80 Prozent des Handels des damals schon bevölkerungsreichsten Landes der Welt. Die Engländer kauften Seide und Porzellan, vor allem aber Tee, der allein 60 Prozent des Handelsvolumens ausmachte. Die Chinesen ließen sich den Teebedarf der Briten teuer bezahlen. Nicht mit dem Austausch von Gütern – die Errungenschaften der frühen industriellen Revolution interessierten sie nicht –, sie wollten lieber harte Silberdollars. Und bekamen sie auch. Schiff auf Schiff voller Silber segelte von Europa und seinen Kolonien nach China. Es floss so viel Silber ab, dass Europas Wirtschaft allmählich Probleme bekam. Das Edelmetall wurde durch das Handelsdefizit immer knapper und damit teurer, Silbermünzen wurden rar.

Es gab nur eine Lösung: Irgendwie mussten die Chinesen gezwungen werden, mehr europäische Waren abzunehmen. Und je mächtiger die Briten und ihr Kolonialreich wurden, desto weniger waren sie bereit, nach den Regeln anderer zu spielen. 1759 begehrten sie das erste Mal auf und starteten einen Versuch, die Bedingungen zu ihren Gunsten zu verbessern. Die Britische Ostindien-Kompanie schickte den Kaufmann James Flint nach China, um mit Kaiser Qianlong über die schwierige Situation der westlichen Händler zu verhandeln. Die Mission scheiterte. Der Kaiser ließ nicht nur nicht mit sich reden, er verhaftete Flint und steckte ihn für drei Jahre ins Gefängnis.

Zu diesem Zeitpunkt hatte der Westen seine Macht noch überschätzt. Selbst die Engländer, gerade auf dem Weg zum mächtigsten Land der Welt, waren noch nicht stark genug, China zur Öffnung seiner Märkte zu zwingen.

Der nächste Versuch ließ über 30 Jahre auf sich warten. 1793 unternahmen die Engländer einen neuen Vorstoß, als König Georg III. den in Irland geborenen Adligen George Macartney an den chinesischen Kaiserhof entsandte. Der Auftrag: eine britische Botschaft in der chinesischen Hauptstadt Peking zu eröffnen und damit einen ständigen Verhandlungsführer für die britischen Interessen in China zu etablieren.

Für Kaiser Qianlong, zu dem Zeitpunkt bereits seit 58 Jahren auf dem Drachenthron, ein schlicht absurder Vorschlag. Schließlich betrachteten die Chinesen jene Langnasen von irgendeiner weit entfernten, kleinen Insel nach wie vor als Barbaren, deren König sich eigentlich dem chinesischen Kaiser zu unterwerfen und ihm Tribut zu zollen hatte. Eine britische Botschaft hätte bedeutet, dass diese Barbaren von nun an auf Augenhöhe mit ihm, dem Sohn des Himmels und Herrscher über die zivilisierte Welt, verkehren würden. Noch dazu wussten sich diese Engländer nicht einmal richtig zu benehmen. Sie erschienen den chinesischen Beamten geradezu ungehobelt. Denn Macartney begann seinen Besuch denkbar ungeschickt. Er konnte seinen Stolz nicht überwinden und weigerte sich, Kaiser Qianlong mit einem standesgemäßen Kotau, dem Standardgruß am Kaiserhof, den nötigen Respekt zu zollen. Dreimal auf den Boden knien und jeweils dreimal mit der Stirn den Boden berühren – Macartney, im Bewusstsein der Erfolge des britischen Imperiums, erschien dies eine zu große Demütigung. Nicht einmal aus taktischen Gründen konnte er sich dazu durchringen nachzugeben.

Ein Riesenfehler. Auf diese Weise sollten Vertreter des Landes, das den damaligen Welthandel kontrollierte, in China, dem größten Absatzmarkt der Welt, keinen Fuß in die Tür bekommen. Letztlich zeigte sich Kaiser Qianlong zwar diplomatisch und ließ sich herab, Macartney auch ohne Kotau zu empfangen. Auf seine Vorschläge ging er jedoch in keinem Punkt ein. Das Einzige, was Macartney in Peking bekam, war ein Brief für König Georg, in dem der Kaiser begründete, warum er kein Interesse hatte, enger mit den Briten zusammenzuarbeiten. Qianlong zeigte sich den Engländern gegenüber »nachsichtig«. Angesichts der »einsamen Abgeschiedenheit eures Landes, abgeschnitten von der Welt durch dazwischentretende Wassermassen«, könne man die Unwissenheit der »barbarischen Stämme« gegenüber den Gepflogenheiten des Reiches der Mitte nachvollziehen. Er weist in dem Brief auf seine Großzügigkeit hin, den »barbarischen Händlern« überhaupt Handel mit China zu erlauben, da Tee, Seide und Porzellan für die Länder Europas absolute Notwendigkeiten darstellten, während Chinas Wirtschaft keinerlei Nutzen für die Importe ausländischer Waren habe. Der Brief schließt mit der imperialen Standardformel an untergebene Herrscher: »Gehorche zitternd.«

Qianlongs Selbstüberschätzung verhinderte die Erkenntnis, dass die Engländer sehr wohl nützliche Waren anzubieten hatten und dass ein dauerhaftes Handelsungleichgewicht auf lange Sicht Probleme bereiten würde. Die Berater von Qianlong kamen auch nicht auf den Gedanken, dass den Engländern das Silber knapp werden könnte, und sie irgendwann nicht mehr in der Lage sein würden, zu zahlen. Letztlich verhinderte die unterschiedliche Weltsicht der ab- und der aufsteigenden Weltmacht jedweden Dialog über wirtschaftliche Fragen.

Und so floss das Silber weiter, bis die Lage in Großbritannien sich derart zugespitzt hatte, dass die Engländer keine Wahl hatten und den Handel mit China zwingend neu aufstellen mussten, ob nun mit oder ohne Kooperation der Chinesen. Den letzten Versuch einer friedlichen Einigung startete Großbritannien 1816 mit der Amherst-Mission, die sich den gleichen Zielen wie der zuvor so spektakulär gescheiterte Macartney verschrieben hatte. Doch auch diese diplomatische Offensive scheiterte am diplomatischen Ungeschick der Engländer, die erneut einen Kotau verweigerten, und der Arroganz des chinesischen Kaiserhofes, der sich noch immer in der überlegenen Position wähnte.

Irrtum Nummer zwei: Die Unabhängigkeitsillusion

Bei den Verhandlungsversuchen der Engländer mit China war davon noch wenig zu merken, doch die Machtverhältnisse hatten bereits begonnen, sich zu verschieben. Das kleine Königreich in der Nordsee hatte gegenüber China einen riesigen Vorteil gewonnen: Unter dem Wettbewerbsdruck der industriellen Revolution waren zahlreiche Technologien für Wirtschaft und Militär erfunden worden, England konnte viele neue Produkte mittlerweile sehr preiswert herstellen, die Produktivität des Landes hatte enorm zugenommen. China dagegen hatte seine Konkurrenz unterschätzt und die industrielle Revolution verschlafen. Die Zeit spielte nun für England. Chinas Ignoranz sollte der erste Fallstrick werden, über den die asiatische Hegemonialmacht stolpern würde.

Der zweite Fallstrick war die verdeckte Abhängigkeit vom Ausland, genau das also, was die chinesischen Herrscher mit allen Mitteln zu vermeiden versucht hatten. Die Chinesen hatten unterschätzt, wie sehr eine Währung den Aufstieg einer Weltmacht unterstützt und eine andere Weltmacht zu Fall bringen konnte. Schleichend waren sie mehr und mehr auf das Silber angewiesen, das in großen Mengen ins Land kam, im Tausch gegen Tee und Porzellan. Das Geld der Europäer avancierte zum wichtigsten chinesischen Zahlungsmittel.

Verlierer dieser Entwicklung war das Kupfergeld, das jahrtausendelang das chinesische Wirtschaftsleben bestimmt hatte. Die runden Münzen mit dem quadratischen Loch in der Mitte zirkulierten in China bereits vor der Reichseinigung durch die Qin-Dynastie im Jahr 221 vor Christus. Während westliche Münzen seit der Zeit der Griechen nach wie vor typischerweise menschliche Gesichter, Vögel oder Tiere abbildeten, waren die chinesischen Kupfermünzen bereits mit Schriftzeichen verziert. Seit der Song-Dynastie, die 1279 zu Ende ging, wurde zuweilen auch Silber als Zahlungsmittel benutzt. Doch die Kupfermünzen, die mit Schnüren zusammengehalten wurden, blieben allgemeines Zahlungsmittel auf lokaler Ebene. Über 2000 Jahre wurden diese Münzen benutzt. Noch 1911, als die Qing-Dynastie, Chinas letzte, zu Ende ging, waren die Münzen in Gebrauch.

Mit den Silberdollars aus den Englandgeschäften hatte das staatliche Geld ernst zu nehmende private Konkurrenz bekommen und verlor zusehends an Bedeutung. In der ersten großen Schwächephase der Qing-Dynastie zu Beginn des 19. Jahrhunderts wurde das Silber dann zu einem Problem. Bis dahin wurde das Geldangebot durch die staatlichen Münzanstalten reguliert, die die Münzen in Peking und in den Provinzen prägen ließen. Zwar wurden die Geldstücke in den kupferreichen Regionen Südwestchinas immer wieder gefälscht, dies gelang aber nur in so wenigen Fällen, dass damit kaum negative Auswirkungen auf den Wert des Kupfergeldes einhergingen.

Heikel wurde es, als das Silbergeld immer bedeutender wurde. Die chinesischen Händler erhielten immer größere Summen Silber von den ausländischen Käufern. Sie fingen an, das Geld in China für einheimische Waren auszugeben. Damit entstand eine private Alternative zum staatlichen Kupfergeld. Der Staat unternahm nichts gegen die neue Konkurrenz, im Gegenteil, er profitierte zunächst sogar davon. Das hochwertigere Silber war für große Transaktionen entschieden praktischer als Kupfer. Allein schon deshalb, weil man es nicht in Kisten herumschleppen musste, um hohe Beträge zu bezahlen, was besonders über lange Strecke mühsam war.

Selbst den staatlichen Steuereintreibern blieb schließlich nichts anderes übrig als Silber anzunehmen, mussten sie die Gelder doch über Tausende von Kilometern nach Peking transportieren. Bereits Anfang des 17. Jahrhunderts wurde nur noch ein halbes Prozent aller Steuern in Kupfer gezahlt, der Rest bereits in Silber. Dieses wurde dann wiederum für die Bezahlung der chinesischen Beamten verwendet, die das Reich verwalteten. Auf die Idee, dass diese finanztechnische Innovation als Folge des internationalen Handels dem chinesischen Staat später zum Verhängnis werden könnte, kam zunächst niemand.

Was die neue Währung zum Sprengstoff für das wirtschaftliche und damit letztlich politische Gefüge machte: Der Rohstoff Silber kam so gut wie nicht aus China selbst, das Geldangebot konnte mithin vom chinesischen Staat kaum kontrolliert werden. Zwar gab es einige Minen in den südwestchinesischen Provinzen Yunnan und Guangxi, doch das geförderte Silber reichte nicht einmal, um die beiden Provinzen mit Geld zu versorgen. Schon lange bevor Silber als Zahlungsmittel in Mode kam, importierte das Kaiserreich den Großteil. Zunächst kam das Silber meist aus den Nachbarländern und Tributstaaten. Japan, Burma und das heutige Vietnam waren traditionelle Lieferanten. Ab dem 16. Jahrhundert aber stammte es zunehmend auch aus Amerika. Mal waren es Barren, die aus den chinesischen oder westlichen Schiffen entladen wurden, oft aber Münzen aller Größen, mit verschiedenen Motiven und in unterschiedlicher Reinheit. Münzen wurden meist von den Chinesen eingeschmolzen und zu Kunstgegenständen weiterverarbeitet. Nur selten kursierten auch die Originalmünzen, damals eher Sammlerstücke denn Zahlungsmittel.

In der zweiten Hälfte des 18. Jahrhunderts änderte sich das. Der spanische Silberdollar tauchte auf. Die in Mexiko geprägten Münzen waren qualitativ hochwertiger als alle Vorgänger, der geriffelte Rand verhinderte Abrieb. Der kahle Kopf des spanischen Königs darauf ließ ihn Buddha ähnlich sehen, weshalb die Chinesen die Münzen als »Buddhaköpfe« bezeichneten.

Der relativ fälschungssichere Silberdollar war äußerst praktisch. Man musste nun nicht mehr verschiedene Münzen und Barren wiegen. Der Wert der Münze war eindeutig. Besonders im reichen Süden Chinas setzte sich der Dollar durch. Gleichzeitig jedoch konnte man für den täglichen Einkauf die Silberdollars in privaten Geldhäusern in Kupfermünzen umtauschen.

Ein System, das gut funktionierte, solange das Tauschverhältnis von Kupfer zu Silber stabil blieb. Schwankte der Kurs, gab es Probleme. Tauschten die Händler zum Beispiel plötzlich weniger Silber in den Geldhäusern, verknappten sie das Silberangebot. Dann stieg der Preis, und mit ihm stiegen die Steuern, deren Höhe nunmehr in Silber berechnet wurde. Doch das waren Schwankungen, die zunächst im Rahmen des Erträglichen blieben. So blieb die eigentliche Brisanz der Entwicklung lange unentdeckt: Das chinesische Steuersystem war vom internationalen Handel abhängig geworden. Ein Zusammenhang, der den Beamten erst vollends klar wurde, als Chinas Währung in der ersten Hälfte des 19. Jahrhunderts in die Stromschnellen der Globalisierung geriet.

Irrtum Nummer drei: Es geht immer so weiter

Der Auslöser der chinesischen Währungsmisere hat einen Namen, der damals wohl kaum jemandem in China etwas sagte: Napoleon. Dessen Angriff auf die Nachbarstaaten Frankreichs Anfang des 19. Jahrhunderts war indirekt auch ein Angriff auf die Stabilität der damaligen Weltwährung Silber. Die aggressive Politik des französischen Herrschers hatte tief greifende Folgen, von Südamerika bis China. Eines der Opfer Napoleons war Spanien, seit Kolumbus' Irrfahrt nach Amerika 1492 zum mächtigsten Kolonialimperium der Welt aufgestiegen. Anfangs unterstützten die unter spanischer Hoheit stehenden Länder wie Mexiko, Argentinien oder Peru ihr Mutterland. Als die spanischen Besatzer aber schwächer wurden, witterten die lokalen Eliten ihre Chance auf Unabhängigkeit, das Beispiel der Bürger Nordamerikas rund zwei Jahrzehnte zuvor klar vor Augen. Sie begehrten auf. Spanien, durch Napoleons wiederholte Angriffe in die Knie gezwungen, musste sich bis 1820 fast ganz aus Süd- und Mittelamerika zurückziehen.

Das Silber, das die Spanier bis dahin tonnenweise in den Minen Boliviens und Mexikos abgebaut hatten, gehörte nun den lokalen Herrschern. Doch durch die Wirren der Revolutionskriege wurde die Silberförderung über Jahre unterbrochen. Die spanische Schatzflotte, die jedes Jahr von Havanna das Geld nach Haus transportiert hatte, segelte nicht mehr, das Silberangebot auf dem Weltmarkt brach zusammen. Ohne Nachschub an Weltwährung und durch lange, teure Kriege erschöpft, war das einst stolze Imperium nur noch ein Schatten seiner selbst.

Mit Spanien war der erste Dominostein in der Weltwährungskette gefallen. Als Nächstes kippte England und zuletzt China, das noch immer seine Autarkie wie eine Monstranz vor sich hertrug.

Das knappe Silberangebot infolge der französischen Revolutionskriege und Napoleons Wüten ließ Silbermünzen in Großbritannien, dem Hauptgegner Frankreichs, nahezu verschwinden. Stattdessen florierten Papiergeld und lokale Geldeinheiten. 1816 musste die königliche Münzanstalt eingreifen. Sie limitierte das Silber für die Münzprägung auf kleinere Einheiten und erhöhte den Wert von Silbermünzen im Vergleich zu Gold.

Durch die Silberknappheit stieg der Druck, den Handel mit China neu aufzustellen, rapide an. Die gescheiterte Amherst-Mission machte deutlich, dass dem Problem mit diplomatischen Mitteln nicht beizukommen war. Die Not machte die Briten – womit die Chinesen nicht gerechnet hatten – erfinderisch. Anstatt sich in fernen Kriegen zu verstricken, verfielen sie auf eine List, die dem Silberabfluss nach China ein für alle Mal ein Ende setzen sollte. Eine List, die mit Finanzpolitik wenig zu tun hatte. Sie machten China drogenabhängig. England fing an, Opium in das Reich der Mitte zu liefern. Die Chinesen kauften mehr und mehr. Obwohl Opium in China illegal war, hatten die Briten endlich ein Produkt gefunden, das sie mit den Chinesen tauschen konnten. Ein Produkt zudem, das sie in Indien in fast beliebigen Mengen günstig herstellen konnten.

1817 begann die Ostindien-Kompanie, Opium aus Indien nach China zu verschiffen. Bis 1837 wuchs die Menge des importierten Gifts auf das Siebenfache, von 5000 auf 35 000 Kisten jährlich. In dem Maße, in dem sich die Sucht verbreitete, wandelte sich der traditionelle Handelsbilanzüberschuss der Chinesen in ein Defizit. Hatten die englischen Schiffe zwischen 1800 und 1830 noch zu 90 Prozent Silber geladen, waren sie danach voller Opium.

Der Silbernachschub blieb aus, und nun rächte sich, dass China nicht mehr wie zu früheren Zeiten Silber aus den umliegenden Ländern Burma, Vietnam und Japan, sondern schon seit Jahrzehnten fast ausschließlich aus Lateinamerika bezog. Kein anderes asiatisches Land war so sehr auf das westliche Silber angewiesen. Eine Abhängigkeit, die sich tief in das historische Gedächtnis der Chinesen eingraben sollte, zumal die Krise sich lange angekündigt hatte. Schon 1808, bevor das Opium zu einem immer größeren Problem wurde, war der Kurs angestiegen, zu dem die Geldhäuser das Kupfer in Silber tauschten, weil sich das Weltangebot an Silber durch Napoleons Krieg verknappte. Doch die Politik hatte es versäumt, zu handeln. In den 40 Jahren nach 1814 verlor China so fast 20 Prozent seiner Silberreserven ans Ausland.

Der Verlust war nicht nur ein finanztechnisches Phänomen der frühen Globalisierung, sondern hatte dramatische Folgen für die soziale Stabilität in China. Während die Bevölkerung wuchs, wurde das Silbergeld immer knapper. Die chinesische Wirtschaft stürzte in eine lange Rezession. Die Arbeitslosigkeit stieg, die Steuern stiegen ebenfalls. Die staatlichen Beamten trauten dem Hof in Peking nicht mehr zu, die Krise zu meistern. Bald darauf wurde auch die Bevölkerung unruhig. Die Menschen hatten immer weniger Geld zur Verfügung. Vor Beginn der Krise hatte der Preis eines *Liangs* Silber bei 800 *Wen* Kupfer gelegen. Der offizielle Tauschkurs jedoch betrug 1000 *Wen* für ein *Liang*. Trieb der örtliche Magistrat nun seine Steuern ein und tauschte die eingenommenen Kupfermünzen zum Marktpreis in Silber, blieben ihm 200 *Wen*

Kupfer Gewinn vor Ausgaben. Während der Krise erhöhte sich der Preis für ein *Liang* Silber allerdings auf 1500 bis zu 2500 *Wen* Kupfer. Es wurde also eine viel größere Menge Kupfermünzen fällig, um die Steuern zu begleichen. Der Magistrat, selbst vom Staat in Silber bezahlt, hatte unter diesen Umständen nur zwei Möglichkeiten: Er musste auf sein Privatvermögen zurückgreifen oder die Steuern erhöhen. Am Ende machte er beides.

Das Klima zwischen Bevölkerung und Bürokratie sowie zwischen Bürokraten und Zentralregierung verschlechterte sich zusehends. Auch die Loyalität der Soldaten, die die unruhige Bevölkerung unter Kontrolle halten sollten, schwand. Sie wurden in Kupfermünzen zum offiziellen Kurs bezahlt und verdienten de facto ebenfalls immer weniger.

Schon im 19. Jahrhundert beeinflusste – ohne dass man es in China bemerkt hätte – also ein französischer Kaiser – ohne dass er es geahnt hätte –, was ein chinesischer Soldat verdiente. Die weltweite Verflechtung hatte bereits eine unglaubliche Dichte und Intensität erreicht. Eine Verflechtung, die kaum einem Land so viele Probleme bereitete wie China. Ausgerechnet das Reich, das sich so unabhängig vom Weltgeschehen wähnte und außer Konkurrenz zu spielen schien, litt an dieser frühen Form der Globalisierung. Plötzlich ging es um nicht weniger als um die Zukunft des Reichs der Mitte. Denn Chinas Sturheit hatte die Kolonialmächte schon lange geärgert.

Irrtum Nummer vier: Krieg ist die Lösung

Die chinesische Führung verkannte auch weiterhin die realen Machtverhältnisse. Um den Silbermangel im Land zu lindern, ging sie auf Konfrontationskurs mit dem Westen. Die Ursachen für das knappe Silberangebot auf dem Weltmarkt selbst, die ja ihren Ursprung in Europa und

Südamerika hatten, konnten die Chinesen nicht bekämpfen. Sie konnten jedoch ihre Grenzen dichtmachen und die Händler unter Druck setzen. Und das taten sie.

Mit Zwangsmaßnahmen versuchten sie, den Silberabfluss durch Opiumhandel zu unterbinden. Ähnlich wie in Teilen Europas heute wurde aus der Währungskrise eine soziale Krise. 1838 schickte der chinesische Kaiser den Beamten Lin Zexu in die südchinesische Provinz Kanton, nun schon fast ein Jahrhundert das Zentrum des Handels mit dem Westen. Lin ging zunächst gegen chinesische Opiumhändler und -konsumenten vor. Er ließ 1700 festnehmen und beschlagnahmte 73 Tonnen Opium. Das klingt viel, war aber nur ein Tropfen auf den heißen Stein: Das Gesamtvolumen des Opiumimports lag 1838 bei knapp 2200 Tonnen. Der entscheidende Schlag gegen den Handel und damit der Ausgleich des Bilanzdefizits war nur möglich, so viel war dem Anti-Drogen-Beauftragten Lin klar, wenn überhaupt kein Opium mehr geliefert werden konnte. Lin ließ 1300 Tonnen Opium der englischen Händler beschlagnahmen und verbrannte es mit dem Hinweis, dass der Opiumhandel in China illegal sei. Die Westler sollten zudem eine Erklärung unterzeichnen, in Zukunft kein Opium mehr zu schmuggeln.

Die wütenden Händler wiederum überzeugten die englische Regierung einzugreifen. Sie sollte Wiedergutmachung für die Verluste erwirken und das erfolgreiche Geschäftsmodell restaurieren. Das bedeutete nicht weniger als Krieg. Die britische Marine entsandte 16 Schiffe mit 540 Kanonen und 4000 Mann Besatzung, um nunmehr den widerspenstigen Chinesen eine Lektion zu erteilen. Darauf waren Peking und seine Stellvertreter in Kanton nicht vorbereitet. Ihre veralteten Dschunken sanken schnell im Kanonenfeuer der modernen Kriegsmacht.

Der Kaiser blieb stur. Ein Abkommen, das ein Admiral der britischen Streitkräfte mit einem chinesischen Gouverneur ausgehandelt hatte, ließ er nicht in Kraft treten. Der Preis erschien ihm zu hoch. China sollte die schöne, strategisch bestens gelegene Insel Hongkong verlieren, den Kriegsschaden bezahlen und diplomatische Beziehungen zwischen China und den Briten zulassen.

Mit den Barbaren auf Augenhöhe zu treten – das wäre noch immer ein unglaublicher Gesichtsverlust für den Sohn des Himmels gewesen. Er war die Machtfülle seiner Vorgänger gewohnt, und um der Ehre seiner Ahnen gerecht zu werden, kam für ihn nur eine harte Linie infrage. Nachzugeben hätte zudem bedeutet, dass auch andere imperialistische Mächte Ansprüche in China erhoben hätten. Schafft es einer, wollen die anderen auch – die Einschätzung war richtig, doch er war nicht mehr in der Lage, seine Position durchzusetzen. Diesen Realismus hatte der Kaiser inzwischen verloren. Die Briten antworteten mit neuem Kanonenfeuer, und nur ein Jahr später mussten die unterlegenen chinesischen Truppen schließlich aufgeben und auf die Forderungen der Briten eingehen.

Die Niederlage war bitter. Der Hof musste eine Reihe von Papieren unterschreiben, die als die »Ungleichen Verträge« in die Geschichte eingingen. China verlor Hongkong an Großbritannien, musste einige Häfen für den Handel mit dem Westen öffnen und hohe Reparationszahlungen leisten. Der Kaiser hatte in allen Punkten verloren. Der Opiumhandel florierte weiter und die Qing-Dynastie war vor den Augen ihrer Untertanen und der Weltöffentlichkeit blamiert worden. Auch die finanzpolitischen Folgen waren gravierend. China kontrollierte seinen Außenhandel nicht mehr. Das Reich war gezwungen, auch mit anderen Ländern entsprechende ungleiche Verträge zu unterzeichnen, und war von nun an teilkolonialisiert.

Die globale Abhängigkeit von einer westlichen Weltwährung und die Handelsungleichgewichte hatten den größten Staat der Welt in die Knie gezwungen. China war von einem Reich der Mitte, das die Ströme der damaligen Weltwährung Silber aufsaugte, zu einem an seinen Rändern maroden Vasallen mutiert, in dem Ausländer immer mehr Macht hatten.

Doch nicht nur der außenpolitische Schaden war immens. Auch innenpolitisch führte der Opiumkrieg zu einer Katastrophe. Denn nun, da die Menschen in den Küstenstädten die harte Hand der neuen westlichen Herren spürten, war für immer mehr Chinesen das Ende der herrschenden Dynastie absehbar. Radikale Führer, die Schuldige präsentierten und schnelle Lösungen parat hatten, kamen bei der verunsicherten Bevölkerung gut an.

Hong Xiuquan war einer dieser Radikalen und wohl der gefährlichste Erlösungsversprecher seiner Zeit. Er war ein Bauernsohn und träumte als junger Gelehrter die chinesische Variante des amerikanischen Traums vom sozialen Aufstieg. Viermal versuchte er, die kaiserliche Beamtenprüfung abzulegen, um in den lukrativen Staatsdienst zu gelangen und Mandarin zu werden. Doch nachdem er zum dritten Mal durch die Prüfung gefallen war, wurde er schwer krank, und fast hätte die Welt nie etwas von ihm zu hören bekommen. Aber er überlebte. Als er schließlich aus seinem Delirium erwachte, hielt er sich für einen neuen Menschen. Nach einer Vision sah er sich fortan als jüngeren Bruder von Jesus, mit dem Auftrag, die Welt von ihren Dämonen zu befreien.

In wenigen Jahren scharte er eine fanatisierte Rebellenarmee von rund 500 000 Mann um sich. 1853 eroberte er mit seinen Anhängern sogar die stark befestigte ehemalige Kaiserstadt Nanjing und machte sie zur Hauptstadt seines Königreiches, welches er das »himmlische Reich des großen Friedens« nannte. »Großer Friede« heißt auf Chinesisch »Taiping«, und so wurde die Revolution unter dem Namen »Taiping-Aufstand« bekannt. Erst nach mehr als zehnjährigen blutigen Kämpfen gelang es den Qing-Kaisern mit letzter Kraft, die Rebellion niederzuschlagen und den selbst ernannten himmlischen König zu töten.

Die Verzweiflung der Bevölkerung, die in der Währungskrise verarmt war, hatte der Taiping-Bewegung so viele Anhänger beschert. Der Konflikt kostete 20 Millionen Menschen das Leben, der Großteil von ihnen Zivilisten. Der Aufstand gilt bis heute als blutigster Bürgerkrieg der Weltgeschichte.

Irrtum Nummer fünf: Ein glimpfliches Ende

Ab der zweiten Hälfte der 1850er-Jahre schafften es die angeschlagenen Qing-Herrscher überraschenderweise, ihre Macht wieder zu festigen, obwohl China weiterhin reichlich Opium kaufte. Bis 1887 vervielfachte sich die Jahreseinfuhr der Droge auf über 5000 Tonnen. Trotzdem floss wieder mehr Silber zurück nach China: Die Gezeiten der Globalisierung hatten sich geändert. Die Silberknappheit auf dem Weltmarkt hatte sich entspannt, die Silberminen im jetzt unabhängigen Lateinamerika liefen wieder auf Hochtouren. Es entstand eine regelrechte Silberschwemme, sodass es die westliche Welt nicht mehr interessierte, wie viel Silber nach China ging. In dem Maße, in dem der Westen prosperierte, leistete er sich jetzt wieder mehr chinesischen Tee und Seide. Die Handelsbilanz stellte kein Problem mehr dar. Das chinesische Kaiserreich war einstweilen gerettet, nicht zuletzt auch deshalb, weil der Kaiser seine Macht mit dem Sieg über die Taiping-Rebellen gefestigt hatte.

Die Schwäche Chinas gegenüber dem Ausland war jedoch nicht beseitigt, sie war nur verdeckt, in den Hintergrund getreten. An Unabhängigkeit von den Unbilden globaler Finanzverflechtung oder gar an eine chinesische Weltwährung war nicht zu denken. Die Ausländer sorgten dafür, dass China immer schwächer wurde, bis 1911 der Kaiser abdanken musste. Es folgte eine lange Periode des Bürgerkrieges, in dem Nationalisten und Kommunisten um die Vorherrschaft kämpften und später sogar in den Zweiten Weltkrieg verwickelt wurden.

1949 setzte sich schließlich eine der beiden Gruppen durch: die Kommunisten. Sie bekamen letztlich unfreiwillige Hilfe von den westlichen Alliierten. Die Japaner, Alliierte der Deutschen, waren tief nach China eingedrungen, als die Amerikaner zwei Atombomben über Japan abwarfen. Die Japaner mussten kapitulieren, und die Kommunisten kamen im Norden schneller in den Besitz der Waffen, die sie zurückgelassen hatten. Die Nationalisten mussten auf die Insel Taiwan fliehen. Mao ließ fast alle Ausländer wieder aus dem Land werfen. Stunde null. China beschäftigte sich fortan mit Maos abstrusen Modernisierungskampagnen.

Erst nach dem Tod des Diktators 1976 öffnete sein Nachfolger, der Reformer Deng Xiaoping, das Land wieder für ausländische Investoren. Es dauerte ein weiteres Vierteljahrhundert, bis China in internationalen Fragen wieder an Einfluss gewinnen sollte. Und wahrscheinlich werden 180 Jahre nach dem ersten Opiumkrieg verstrichen sein, bis China seine eigene Weltwährung etabliert hat.

Was China aus seiner Geschichte lernt

Die Gründe für Chinas Abstieg im 19. Jahrhundert liegen auf der Hand. Das Land war überheblich geworden, weil es sich im globalen Wettbewerb als eine Nation ohne Wettbewerber fühlte. Deshalb nahm man am Hof die Innovationen der industriellen Revolution viel zu spät zur Kenntnis. Der zweite entscheidende Faktor für das Ausbrechen des ersten Opiumkrieges und des einige Jahre darauf folgenden Taiping-Aufstandes wird dabei gerne vergessen: die ungeschickte chinesische Währungspolitik. Dass der Staat neben staatlich geprägtem Kupfergeld eine zweite Währung zugelassen hatte, war schon ein großer Fehler. Ein noch größerer Fehler war es, mit Silber ein Metall als Währung zu akzeptieren, über das China selbst kaum verfügte und dessen Handel es weder direkt noch indirekt kontrollieren konnte. Es war mitnichten, wie häufig dargestellt, in erster Linie das Opium, das Chinas politische Krise ausgelöst hat, sondern vielmehr das sich verknappende Weltangebot an Silber und die schwache Nachfrage für chinesische Produkte auf dem Weltmarkt. China glaubte, es sich leisten zu können, seine Währung vom Ausland abhängig werden zu lassen. Eine erstaunliche Parallele zu den USA heute.

Um sein Silbersystem zu erhalten, ging China das Abenteuer des ersten Opiumkrieges ein, und stieg mit seiner Niederlage von der einstigen Supermacht ab zu einem Spielball imperialistischer Interessen. Die Niederlage war das Schlüsselereignis, das Chinas Verhältnis zum Westen bis heute, 170 Jahre nach dem Ende des Krieges, prägen sollte. Eine nationale Schande, die es durch den Wiederaufstieg zur Weltmacht wiedergutzumachen gilt.

China hat indes aus den Fehlern der Vergangenheit eines gelernt: die eigene Währung unter keinen Umständen der Kontrolle des Auslands zu überlassen und internationaler Einflussnahme sehr kritisch gegenüberzustehen. Die historischen Erfahrungen spielen eine Rolle, wenn sich das Land heute so vehement gegen alle äußeren Einmischungen in seine Währungspolitik wehrt. Nicht zuletzt deshalb ist die chinesische Regierung nur widerwillig bereit, Kontrolle über den Yuan vom Staat an den Markt abzugeben, vor allem an den internationalen Markt. Die Währung eines Landes, so die historische Lektion, entscheidet über wirtschaftlichen Erfolg und Misserfolg, und damit auch über das Überleben von Politikern und Nationen. Heute befindet sich China wieder in einer Situation mit einem starken Handelsüberschuss gegenüber dem Westen. Und wieder versucht die stärkste Industriemacht des Westens, wobei die USA inzwischen Großbritannien abgelöst haben, die Chinesen zum Abbau dieses Überschusses zu bewegen. Anders als damals kann China nun allerdings nicht mehr militärisch dazu gezwungen werden. Dazu ist der Westen inzwischen zu schwach und die Volksrepublik als Absatz- und Einkaufsmarkt zu wichtig. Die Globalisierung spielt jetzt für China.

3 EINE KURZE GESCHICHTE DER WELTWÄHRUNGEN

China ist das bevölkerungsreichste Land der Welt. China ist nach den USA die zweitgrößte Wirtschaftsmacht der Welt, und es ist bereits abzusehen, dass das Land bald die größte wird. China ist der größte Ölverbraucher, und die meisten neuen Börsengänge der Welt finden in Hongkong statt. China stellt den wichtigsten Wachstumsmarkt der Welt, ist Exportweltmeister und der größte Gläubiger der Amerikaner. Damit hat Peking schon heute ein größeres internationales politisches Gewicht als je in seiner Geschichte. Und spätestens seit der Weltfinanzkrise 2008 spielt China eine entscheidende Rolle für die Stabilität der globalen Wirtschaft. Ohne China geht bei den G-20-Treffen nichts mehr.

China, Superstar. Und dennoch ist es selbst für eine solche Wirtschaftsmacht nicht einfach, eine Weltwährung zu schaffen.

Die Kriterien sind anspruchsvoll: Eine Weltwährung sollte in weiten Teilen der Erde akzeptiert sein. Sie sollte von vielen Ländern zum Handeln benutzt werden und besser noch: Es sollte üblich sein, internationale Preise, wie den Öl- oder den Sojabohnenpreis, mit ihr festzulegen. Eine Weltwährung erkennt man auch daran, dass Zentralbanken vieler Staaten große Mengen davon in ihren Tresoren lagern, sie also als Reservewährung genutzt wird.

Noch mächtiger als eine Weltwährung ist eine Leitwährung. Die Währung der Währungen, die, um die sich alles dreht. Auf ihr baut das Weltwährungssystem auf, sie ist das Blut in den Adern des wirtschaftlichen Lebens rund um den Globus. Eine Weltwährung hat andere Weltwährungen als Wettbewerber, eine Leitwährung spielt in ihrer eigenen Klasse. Die Hierarchie in der Weltwährungsliga sieht derzeit so aus: Das britische Pfund Sterling, der australische und der kanadische Dollar sind wichtige Währungen, aber keine Weltwährungen. Euro, Yen und vielleicht auch noch der Schweizer Franken sind Weltwährungen.

In der Hackordnung der Währungen unangefochten ganz oben steht der US-Dollar, die Leitwährung. Noch. Denn der Yuan, der in diesem Ranking in die Kategorie der wichtigen Währungen gehört, schickt sich gerade an, zur Weltwährung aufzusteigen. Und er hat das Zeug für die Leitwährung oder zumindest eine Leitwährung, wenn es in Zukunft, was sehr wahrscheinlich ist, eine bipolare oder gar multipolare Ordnung von Leitwährungen geben sollte.

Denn: Die Herrschaft des Dollar muss nicht ewig andauern. Ein Blick in die Geschichte zeigt, dass das Weltwährungssystem immer wieder tief greifende Umwälzungen durchmacht, dass Währungen ihren Status als Leitwährung wieder verlieren, dass andere aufsteigen. Ein Blick in die Geschichte zeigt, wie schnell eine Leitwährung in die Knie gehen kann, wenn die wirtschaftliche und politische Substanz, auf der ihre Macht ruht, bröckelt. Der US-Dollar war nicht immer Weltwährung. Als er 1792 aus der Taufe gehoben wurde, ahnte niemand, dass er gut 150 Jahre später das mächtigste Zahlungsmittel der Welt sein würde. Der Dollar war damals nichts anderes als eine schwache

Kopie der damaligen Leitwährung, des spanischen Silberdollar. Dieser hatte sich mit dem spanischen Kolonialreich auf der ganzen Welt verbreitet und war so wichtig, dass die Amerikaner ihre Münzen nicht nur vom Gewicht her an dem Silberdollar orientierten, sondern gleich einen Teil des Namens übernahmen.

Der Silberdollar war für den Handel zwischen China, Europa und Südamerika von entscheidender Bedeutung. Das Silbergeld hätte es noch viel weiter bringen können. Das Material, aus dem die Währung bestand, war hart und trotzdem gut prägbar und nicht zuletzt relativ günstig abzubauen. Wegen dieser Eigenschaften war es seit Jahrtausenden von Kulturen unabhängig voneinander weltweit verwendet worden. Es war gewissermaßen eine natürliche Weltwährung und spielte denn auch bis ins 19. Jahrhundert die zentrale Rolle im Weltwährungssystem.

Doch obwohl die spanischen Silberdollars ihren Vorgängermünzen dank ihrer Abriebfestigkeit durch einen geriffelten Rand qualitativ weit überlegen waren und es keine wirkliche Alternative zu ihnen gab, blieben sie immer spanisch. So, wie der US-Dollar immer amerikanisch geblieben ist. Das bedeutete: Mit dem Abstieg Spaniens stieg auch der Silberdollar ab. Nachdem Napoleon das Imperium der Bourbonen in die Knie gezwungen hatte, wurde das Vereinigte Königreich von Großbritannien die neue Weltmacht. Und mit der neuen Macht kamen ein neues Metall und eine neue Währung an die Spitze: Gold und das britische Pfund.

Rule Britannia – Das Pfund Sterling wird Weltwährung

Das britische Pfund war hoch innovativ, eine monetäre Revolution: Es wurde nicht in Form von Gold- oder Silbermünzen herausgegeben, sondern als Papiergeld. Bereits

1694 gab die Bank of England die ersten handgeschriebenen Banknoten aus. Später wurden sie gedruckt. Um zu gewährleisten, dass das bedruckte Papier seinen Wert behielt, konnte es jederzeit bei den Ausgabebanken in Edelmetall zurückgetauscht werden. Das bedeutete, die Banken mussten die Metalle auch vorrätig haben. Je mächtiger England wurde, desto mehr gewann das Pfund an Bedeutung, und desto seltener wurde der spanische Silberdollar benutzt.

Die Briten verabschiedeten sich allmählich von der üblichen Sitte, hauptsächlich Edelmetalle für die Herstellung von Geld zu verwenden. Das war radikal. Die Menschen hatten Geld erfunden, um Tauschgeschäfte mit Naturalien überflüssig zu machen und wirtschaftliche Transaktionen zu vereinfachen. Geld dient als Zwischenlager für einen bestimmten Wert, es verspricht, dass ich mir heute oder in Zukunft dafür eine Leistung oder ein bestimmtes Produkt kaufen kann. Bei Münzen aus Gold oder Silber ist das einfacher, weil das Metall selbst einen bestimmten Wert hat. Dieses Versprechen bei Papiergeld zu halten, ist schwieriger. Geldscheine sind letztlich nichts anderes als bedrucktes Papier und damit an sich nichts wert. Wer Papiergeld einführt, muss zweierlei garantieren können. Die sogenannte »Wertaufbewahrung« muss funktionieren. Man muss den Scheinen zutrauen, dass man damit auch in 20 oder 40 Jahren noch gleichwertige Waren kaufen kann, dass das Geld nicht wertlos wird. Das funktioniert, wenn die Geldnutzer dem Staat vertrauen, dass er dies garantieren kann.

Außerdem müssen die Scheine physisch haltbar sein. Wenn sie nach ein paar Jahren zerfallen, taugen sie nicht als Geld. Ein qualitativ hochwertiges Papiergeld herauszugeben, welches auch in ein paar Jahren noch mit einem ähnlichen Wert als Zahlungsmittel verwendet werden könnte, war für Jahrtausende politisch und technisch nicht möglich.

Zwar erfanden die Menschen im Laufe der Zeit die verschiedensten Formen von Geld, von Muscheln über Elfenbein oder Eisen bis hin zu Ziegen und Kamelen. Doch nichts eignete sich besser als Edelmetalle. Ein Silberbarren zerfällt weder nach 100 noch nach 1000 Jahren. Eine goldene Halskette behält ihre Schönheit und ihren Wert über Generationen. Das Gold kann im Notfall immer eingeschmolzen und wiederverwendet werden. Die Beständigkeit ist einer der wichtigsten Gründe, warum sehr lange Edelmetalle als Geld benutzt wurden. Noch wichtiger jedoch ist, dass sie knapp sind. Muscheln oder Perlen lassen sich unter Umständen auch lange aufbewahren und können zu Schmuck verarbeitet werden. Aber wenn man sie einfach am Strand einsammeln kann, ist ein Spaziergang eventuell lohnender als ein Tag harter Arbeit.

Geld muss also knapp sein, denn gibt es zu viel, verliert es seinen Wert. Edelmetalle sind knapp und eignen sich insofern bestens. Zu selten darf das Metall allerdings wiederum auch nicht sein. Sonst wäre zu wenig davon im Umlauf, als dass es allgemein als Geld akzeptiert werden würde. Gold ist eigentlich gar nicht so gut als Währung geeignet. Es ist nicht nur schwerer, sondern auch deutlich knapper als Silber und damit eigentlich zu knapp für eine internationale Währung. Insofern war die Umstellung von Silber auf das unpraktischere Gold im 19. Jahrhundert schon sehr ungewöhnlich.

Der Grund dafür lag lange zurück und war nichts weiter als ein einfacher Rechenfehler eines ansonsten sehr klugen Mannes: Isaac Newton, der Entdecker der Schwerkraft. Der Wissenschaftler hatte 1696 angesichts der finanziellen Schwierigkeiten, in denen er steckte, einen Posten bei der Münzanstalt der britischen Krone angenommen – und hatte es drei Jahre später zu deren Präsident gebracht. Seine Aufgabe war es, den Wechselkurs von Silber zu Gold zu bestimmen. Und 1717 legte Newton schließlich fest, dass 21 silberne Shilling genauso viel wert wären wie eine goldene Guineamünze.

Grundlage für diese Festlegung war eine folgenschwere Fehlkalkulation. Im Rest der Welt wurde deutlich mehr Gold für 21 Silbershilling bezahlt. Die Engländer fingen denn auch an, Silber zu horten, ins Ausland zu schaffen und es in anderen Ländern in Gold zu tauschen, um dafür dann zu Hause mehr Silber zu bekommen. Es war ein weiterer Kanal, durch den immer mehr Silber aus England abfloss, das ohnehin schon unter dem Verlust beim Handel mit China zu leiden hatte. Im Laufe der kommenden 100 Jahre wurden Silbermünzen auf der Insel mehr und mehr Mangelware, bis der Höhepunkt der Knappheit schließlich während des Krieges gegen Napoleon erreicht wurde, und der britischen Krone nichts anderes übrig blieb als eine Radikalkur.

So, wie die Briten beim Handel mit China den Silberabfluss nicht nur stoppten, sondern umkehrten, indem sie auf Opium als Handelsgut setzten, so entschlossen gingen sie auch in Großbritannien selbst vor. Sie schränkten offiziell den Gebrauch von Silbergeld ein. Mit dem Münzprägeakt von 1816, genau dem Jahr, in dem der letzte gütliche Versuch einer Einigung mit dem chinesischen Kaiserhaus scheiterte, wurden für Summen ab zwei Pfund neben Papiergeld nur noch Goldmünzen als gesetzliches Zahlungsmittel zugelassen.

Der Münzprägeakt bezifferte den Wert einer Sovereigngoldmünze auf genau ein britisches Pfund. Papiergeld konnte in der Bank gegen Gold umgetauscht werden, der Wert des Papiergeldes war durch Gold als Anker gesichert. Silber sollte künftig nur noch als Kleingeld dienen, größere Münzen und Barren wurden eingeschmolzen. Preise, die zuvor in Gold oder in Silber angegeben werden konnten, wurden jetzt ausschließlich in Gold, sprich in Pfund berechnet.

Ein harter Schnitt, der im Ausland mit Skepsis gesehen

wurde. Denn während die britische Krone Gold und Pfund als Standard für ihr Währungssystem etablierte, setzte der Großteil der anderen Staaten noch auf Silber oder zumindest Silber und Gold gleichzeitig. Die Macht der Krone, so viel war klar, würde sich auch daran entscheiden, ob es ihr gelänge, das neue Edelmetall als Währungsanker international durchzusetzen. Genauso wie heute im Fall Chinas.

Damals gelang dies den Briten schneller, als international vermutet wurde: Die Krone erwies sich als mächtig genug. Gold trat seinen weltweiten Siegeszug an. Eigentlich war es ganz einfach: Je einflussreicher die Briten von Amerika über Afrika bis nach Indien und Australien wurden, desto wichtiger wurde auch die englische, sprich goldgedeckte Währung als internationales Zahlungsmittel. Die Kanonen der britischen Kriegsschiffe und die Innovationen der Industrialisierung machten das Pfund Sterling binnen weniger Jahrzehnte zur ersten globalen Papierweltwährung, und mit ihm stieg Gold zum Wertaufbewahrungsmittel Nummer eins auf.

Der Welthandel erlebte eine nie zuvor gesehene Blütezeit, und England wurde dank der Industrialisierung zur reichsten Nation der Welt. Mitte des 19. Jahrhunderts genossen die englischen Bürger den höchsten Lebensstandard. Ihre technischen Produkte waren die besten und ihre Banken die einflussreichsten der Welt. In nicht einmal 50 Jahren hatte England Spanien als Weltwährungshüter abgelöst. Das zeigte sich vor allem, wenn es darum ging, Finanzierungen für den Handel oder Investitionen im Ausland sicherzustellen.

Englische Banken waren die bevorzugten Partner für internationale Projekte, ein nicht zu unterschätzender Machtfaktor. Die Banken und die Reichen der Welt hielten ihre Vermögen in Finanzanlagen, die in Pfund ausgezahlt wurden. Das Königreich wurde zum Kreditgeberland schlechthin. Zwar stiegen Paris, Berlin und mit einiger Verzögerung auch New York zu wichtigen Finanzplätzen auf, doch sie alle verblassten im Vergleich zur Metropole an der Themse. Letztlich entschied England, welche Geschäftsidee, welche Branche, welche Produkte gefördert wurden – und welche nicht. Entscheidungen, die dann in der zweiten Hälfte des 20. Jahrhunderts an der amerikanischen Wall Street fallen sollten. Und so, wie es nun immer häufiger im chinesischen Hongkong entschieden wird.

Der Welthandel wurde mehr und mehr in Pfund abgewickelt. Um das Risiko von Wechselkursschwankungen auszuschalten, lief ein Land nach dem anderen zum Gold über. 1871 stellte das neu gegründete Deutsche Reich nach dem gewonnenen Deutsch-Französischen Krieg von Silber auf Gold um. 1878 folgte Frankreich, ein Jahr später die USA. Schließlich sicherten alle großen Industrienationen der damaligen Zeit den Wert ihrer Papierwährungen mit Gold.

Es entstand ein System fester Wechselkurse, das die Jahrhundertwende überlebte und bis zum Ausbruch des Ersten Weltkrieges halten sollte: der Goldstandard. Eine Deutsche Mark etwa war 0,36 Gramm Gold wert. Ihr Wechselkurs zum Pfund, welches wiederum 7,3 Gramm Gold wert war, betrug demnach 20,43 zu eins.

Knapp 40 Jahre stand das Weltwährungssystem auf dem goldenen Fundament. Obwohl der Handel globaler wurde, blieben die Währungen der großen Handelsnationen stabil. Größere Handelsungleichgewichte wurden durch den sogenannten Goldautomatismus ausgeglichen. Vereinfacht dargestellt: Konnte ein Land seine Produkte auf dem Weltmarkt billiger anbieten als seine Konkurrenten, stiegen die Exporte. Das Land nahm mehr Gold ein. Dadurch erhöhte sich wiederum die Geldmenge, die im Land kursierte. Das Geld verlor an Wert, die Inflation stieg, ebenso wie Löhne und Preise. Das ging so lange, bis sich auch die Preise für Exportgüter verteuerten. Ein Mechanismus, durch den Handelsbilanzungleichgewichte abgemildert wurden.

Der Erste Weltkrieg, Teil I: Der Anfang vom Ende der britischen Vormachtstellung

Die erste Katastrophe des 20. Jahrhunderts war nicht nur für die Kriegsverlierer Deutschland und Österreich-Ungarn desaströs, auch der Sieger Großbritannien büßte Macht ein. Obwohl die Briten auf dem Schlachtfeld erfolgreich waren, strauchelte ihre Währung. Man könnte auch sagen: Gerade weil sie so erfolgreich waren. Der Krieg war teuer. Und das nicht nur, was die unmittelbaren Kosten angeht, weit schlimmer waren die verdeckten Kosten: Um den Krieg zu gewinnen, vernachlässigten die Briten ihre Haushaltsdisziplin und die strenge Finanzpolitik, die jahrzehntelang ihren Wohlstand und Erfolg begründet hatten. Nach den schlechten Erfahrungen aus den Kriegen gegen Napoleon hatte die britische Regierung Sparen zum Fokus ihrer Politik gemacht. Der Inselstaat sparte und sparte und drückte am Ende die Staatsverschuldung bis zum Jahr 1900 auf 30 Prozent des Bruttoinlandsprodukts (BIP). Ein Wert, von dem die westlichen Industrienationen heute nur träumen können und der selbst unter den BRICS-Ländern nur von China erreicht wird. Anfang des 19. Jahrhunderts hatte die britische Verschuldung noch bei über 200 Prozent gelegen.

Eine Ära grundsolider Finanzpolitik, die jedoch – genau wie die erste große Blütezeit des Welthandels und der Globalisierung – mit dem ersten Schuss des Weltkrieges in Rauch aufging. Es ging um alles oder nichts. Waffenproduktion wurde wichtiger als Währungsstabilität und Haushaltskonsolidierung. England verkündete genau wie alle anderen Kriegsteilnehmer, dass ihre Papierwährung für die Zeit des Krieges nicht mehr in Gold getauscht werden konnte. Damit wurde der Goldstandard temporär ausgesetzt. Um den Krieg bezahlen zu können, wurden in großen Mengen Scheine gedruckt. Maßnahmen, die, da waren sich Europas Politiker einig, eine Ausnahme bleiben sollten. Um die Inflation machte man sich zunächst keine Sorgen, jeder rechnete mit einem schnellen Ende des Krieges. Doch der Kampf um die Vorherrschaft in Europa sollte vier lange und verlustreiche Jahre dauern. Als die Finanzwelt sich nach dem Krieg den guten, alten Goldstandard zurückwünschte, war das nicht so einfach. Erst recht nicht für England, das zwar gern an die alten Blütezeiten angeknüpft hätte, inzwischen noch höher als Griechenland zu den schlimmsten Zeiten der Eurokrise – zu kämpfen hatte.

Die britische Regierung war in einer Zwickmühle. Sollte sie das Pfund abwerten und statt wie vor dem Krieg 7,3 Gramm Gold pro Pfund etwas weniger Gold für ein Pfund beim Umtausch anbieten? Durch diese Geldentwertung wäre ein Teil der Kriegsschulden einfach weggeschmolzen. Oder sollte sie sich wieder den strengen Regeln der Vorkriegsparität unterziehen und das Land einem harten Sparkurs unterwerfen? Die gleichen Fragen, vor denen heute auch die Europäer und Amerikaner stehen, wenn es darum geht, die hohen Staatsschulden abzutragen: Sparpolitik oder Inflation?

Die englischen Arbeiter wollten, wie die Arbeitnehmer heute, keinen Sparkurs, sondern lieber Inflation. Die Arbeitnehmer argumentieren: Ein schwächeres Pfund bedeutet, dass britische Produkte auf dem Weltmarkt im Vergleich zur Konkurrenz billiger werden, was der Wirtschaft einen ordentlichen Schub verschafft hätte. Die Gewerkschaften hätten wiederum höhere Löhne fordern können. Kurzfristig schien das die bessere Lösung. Zumal die Exportindustrie sich ohnehin gegen eine viel härtere westliche Konkurrenz behaupten musste als noch wenige Jahrzehnte zuvor.

Inflation – die Lösung gleich mehrerer Probleme. Doch gegen eine Abwertung des Pfundes und ein Anheizen der Geldentwertung standen die Interessen der Sparer in England und in den Kolonien. Sie hatten ihr Vermögen in Pfund angelegt und den Krieg mitfinanziert. Würden sie nun mit einer geringeren Notierung des Pfundes zum Gold bestraft, wäre ihr Kapital auf einen Schlag viel weniger wert als vor dem Krieg. Der Ruf der altehrwürdigen Bank of England, über 200 Jahre Garant für den stabilen Wert der englischen Währung, stand auf dem Spiel.

Ein Dilemma, in dem 1925 schließlich der neue Schatzkanzler Winston Churchill die schwierige Entscheidung traf. Bei einem Dinner in Blenheim Palace hatte er sich am Vorabend die Positionen beider Seiten angehört und schließlich aus dem Bauch heraus entschieden. Eine Entscheidung, die der prinzipientreue Churchill später als den größten Fehler seines Lebens bezeichnen sollte: Ein Pfund konnte, genau wie vor 1914, für 7,3 Gramm Gold bei der britischen Notenbank umgetauscht werden. Stabilität statt Inflation also – eine gute Nachricht für alle Sparer; ihr Geld war noch genauso viel wert wie vor dem Krieg. Eine schlechte hingegen für die britische Wirtschaft. Ihr schnürte Churchills Entscheidung die Luft ab. Die Exporteure hatten bei dem hohen Pfundpreis keinen Spielraum, die Preise zu senken. Ihre Produkte waren auf dem Weltmarkt zwar hoch geschätzt, aber viel teurer als die der Konkurrenz aus Frankreich, Deutschland und den USA. Der internationale Wettbewerb in der Textilindustrie, in der England lange unangefochtener Marktführer war, wurde immer härter. Und neue Branchen wie Chemie-, Elektro- und Automobilindustrie konnten sich in England unter dem Diktat des teuren und knappen Geldes gar nicht erst richtig entwickeln. Es gab nicht genug Mittel für neue Investitionen und die Konkurrenz war zu stark. England sollte denn auch nie eine Nation der modernen Autoindustrie werden. Churchills Entscheidung ist letztlich auch der Ausgangspunkt dafür, dass England Jahrzehnte später gezwungen sein würde, seine Prestigemarke Bentley ausgerechnet an Volkswagen zu verkaufen.

Genauso wie Jaguar, das 1923 von William Lyons in Blackpool gegründet worden war. Gut 70 Jahre später musste die Marke an Ford verkauft werden, den zweitgrößten Hersteller in der inzwischen längst etablierten Weltmacht USA. Und inzwischen gehört sie den Indern, die einst von den Briten kolonisiert wurden.

Von all dem ahnte Churchill natürlich nichts. Die kurzfristige Entwicklung schien ihm zunächst recht zu geben. Das Pfund konnte seine Rolle als Leitwährung vorerst behaupten. Wie der US-Dollar heute profitierte die Währung damals von der Macht der Gewohnheit. Und natürlich hielten die große territoriale Ausdehnung Englands und die damit noch verbundene politische Macht das Pfund über Wasser. So wie der Yuan derzeit nur allmählich gegenüber der traditionellen Übermacht des US-Dollar an Boden gewinnt, so hatte es der US-Dollar damals schwer, dem britischen Pfund ein ernst zu nehmender Rivale zu werden. Und das, obwohl die Volkswirtschaft der Vereinigten Staaten England und Deutschland Ende des 19. Jahrhunderts längst überholt hatte und zur größten der Welt aufgestiegen war. Ein Platz, den sie nach wie vor behauptet. Allerdings nur noch auf Abruf. Dass China die USA bereits in den kommenden zehn Jahren überholen wird, ist sehr wahrscheinlich. Und in dem Maße, in dem China an wirtschaftlichem Einfluss gewinnt, dürfte auch der Yuan an Weltgeltung gewinnen.

Der US-Dollar hingegen war vor dem Ersten Weltkrieg keine ernste Konkurrenz zum britischen Pfund, nicht einmal zum österreichischen Schilling oder zum niederländischen Gulden – obwohl die USA schon seit 1880 die Weltwirtschaft anführten. Alle anderen Machtfaktoren, die territoriale Ausdehnung des britischen Kolonialreiches, der wichtigste Finanzplatz und wirtschaftliche Innovationen waren noch in Europa zu Hause. Aber es waren Machtfaktoren auf Abruf. Der Abstieg des Pfundes sollte dann doch viel schneller gehen, als die Briten sich hätten träumen lassen. Und es sollte ein ähnlich traumatisches Ereignis werden wie die Unabhängigkeit Amerikas von England knapp 170 Jahre zuvor.

Der lange Weg des US-Dollar zu einer modernen Währung

Die Vereinigten Staaten von Amerika erklärten ihre Unabhängigkeit im Jahr 1776 und lösten sich danach aus dem Kolonialreich der Briten. Knapp zehn Jahre später beschlossen die Amerikaner die Einführung des US-Dollar. 1792 begann die Münzprägung. Schon der Name war Programm und zeigte, dass die Regierung Großes vorhatte. Sie wollte an die großen Zeiten des spanischen Silberdollar anknüpfen und sich vom britischen Pfund abgrenzen. Auch Größe und Gewicht der neuen Währung richteten sich nach dem Vorgänger, was allerdings eher praktische denn symbolische Gründe hatte.

Der Silberdollar war vor der Unabhängigkeit in den USA weitverbreitet und sogar gesetzlich akzeptiert, denn England hatte seinen amerikanischen Kolonien einst verboten, eigene Münzen zu prägen, um die Abhängigkeit vom Mutterland zu unterstreichen. Die Spaniendollars blieben nach der Einführung des US-Dollar lange Zeit weiter im Umlauf. Bis 1857 zirkulierten in den USA beide Währungen parallel.

Die ersten Papierdollars wurden in den USA im Amerikanischen Bürgerkrieg 1861 ausgegeben. Sie waren nicht durch Edelmetalle gedeckt und wurden in großen – zu großen – Mengen auf beiden Seiten gedruckt, um den Krieg zu finanzieren. Mit dem Sieg der Nordstaaten siegte auch ihr Papiergeld, der »Greenback«, über den »Greyback« der Südstaaten, der wertlos wurde. Die Niederlage der Südstaaten kündigte sich bereits Jahre vor der militärischen Kapitulation an, ein Blick auf die ungleich höheren

Inflationsraten des Greyback hätte genügt, um den Ausgang des Krieges vorherzusagen.

Mit dem Kriegsende brauchte der Greenback, wie international üblich, einen metallenen Anker, um das Vertrauen der Bürger in seinen Wert sicherzustellen. Die Frage in den USA, wie schon in England: Gold oder Silber oder beides? Die amerikanische Silberlobby war stark, doch 1879 wurde der Dollar schließlich trotz heftigen Widerstandes ans Gold gebunden. Die Debatte flammte jedoch immer wieder auf, denn der Goldstandard wurde für viele Amerikaner zu einem Fluch. Gold war so knapp, dass nur eine begrenzte Menge neuer US-Dollars gedruckt werden konnte, ohne die Stabilität der Währung zu gefährden. Man konnte nicht einfach für jeden neu gedruckten Geldschein als Gegenwert ein neues Stückchen Gold in den Tresor der Zentralbank legen.

Aus der Goldknappheit wurde eine Geldknappheit, mit fatalen Folgen für die Wirtschaft. Die USA gerieten in eine Abwärtsspirale, die bis zum Ende des 19. Jahrhunderts anhielt. Da die Geldbestände mit dem Wirtschaftswachstum und dem immer höheren Warenangebot nicht mithalten konnten, mussten die Preise fallen, Deflation griff um sich. Wenig Geld bedeutete, dass weniger Kredite ausgegeben, weniger investiert und damit weniger Arbeiter eingestellt werden konnten. Wer einen Job hatte, rechnete nicht mit mehr Lohn. Alle waren knapp bei Kasse und entsprechend sparsam. Gleichzeitig gewann das gesparte Geld immer mehr an Wert. Die Konsumgüterindustrie musste also ihre Preise ständig senken, um noch etwas zu verkaufen. Das wiederum bedeutete, die Unternehmen konnten immer weniger Lohn zahlen.

Der Grund für die Goldknappheit lag nicht in den USA selbst, sondern war wiederum eine erste Folge der frühen Globalisierung. Das Edelmetall wurde inzwischen von den meisten Staaten der Welt als Währungsanker benutzt, konnte aber nicht unbegrenzt gefördert werden. Amerika war zu spät eingestiegen. Das Land selbst hatte nur begrenzte Goldvorkommen und trieb kaum internationalen Handel, sodass es auch kaum Geldzuflüsse gab. Schon damals konnte also ein globaler Trend dramatische lokale Folgen haben. Besonders die US-Bauern litten unter fallenden Lebensmittelpreisen. Sie mussten ihr Saatgut häufig zu hohen Zinsen auf Kredit kaufen. Wenn sie ihr Fleisch, Getreide oder Gemüse dann verkaufen wollten, waren die Preise schon wieder niedriger als beim Abschluss des Kredites kalkuliert.

Ein Riss ging durch die USA: Wer Vermögen hatte, wurde immer reicher, weil er sich mehr und mehr Waren für das gleiche Geld kaufen konnte, wer Schulden hatte, wurde immer ärmer. Die armen Bauern, Arbeiter, Angestellten und Kleinunternehmer forderten deshalb, den Greenback nicht nur mit Gold, sondern auch mit Silber zu unterlegen, um mehr Dollars drucken zu können und die Geldknappheit zu lindern. Die Bewegung der Silberunterstützer war so populär, dass manche in ihr sogar die Entstehungsgeschichte des Kinderbuches *Der Zauberer von Oz* sehen, in dem das Laufen mit silbernen Schuhen auf einer goldenen Straße symbolisch für die Erleichterungen steht, die ein Bimetallstandard mit sich gebracht hätte.

Gegen die Goldlobby der reichen Banker und Händler an der Ostküste und der Eisenbahnunternehmer im Westen hatten sie jedoch keine Chance. Alles blieb beim Alten oder wurde sogar noch schlechter, denn der Preis der innenpolitischen Auseinandersetzung war hoch. Der US-Dollar konnte sich nicht als internationale Handelswährung ausbreiten. Wer wechselt sein Geld schon in die Währung eines Landes, das jederzeit einen Bimetallstandard einführen könnte? Das geradezu danach lechzte, endlich die Gelddruckmaschinen anwerfen zu können? In eine Währung also, die dadurch im Vergleich zum komplett goldgedeckten Pfund dann sofort an Wert verloren hätte?

Noch Jahrzehnte später waren die Folgen der amerikanischen Innenpolitik sogar in China zu spüren. Denn die USA versuchten, die Silberlobby dadurch zu beschwichtigen, dass sie mehr Silber kauften, als sie brauchten. Infolge dieser Subventionspolitik wurde in den USA zu viel Silber gefördert, es kam zu einem Überangebot an Silber auf dem Weltmarkt. China, das damals noch auf Basis des Silberdollar kalkulierte, hatte spätestens in den 1930er- und 1940er-Jahren mit Inflation zu kämpfen, die die Regierung der Nationalisten schwächte und sie schließlich angreifbarer machte für die kommunistische Revolution unter der Führung Mao Zedongs. Globalisierung paradox: Die US-amerikanische Silbersubventionspolitik trug auf Umwegen dazu bei, dass China kommunistisch wurde.

Der internationale Siegeszug des US-Dollar wurde durch einen kurzsichtigen innenpolitischen Streit um den Bimetallstandard und die damit verbundene Sorge um einen Wertverlust gebremst. Ganz ähnlich wie derzeit die Zukunft des Euro an kleinlichen innenpolitischen Positionen der jeweiligen Regierung der EU hängt. Zudem fehlte bei den Amerikanern – anders als bei Europäern und Chinesen heute – bis zum Ersten Weltkrieg das Interesse, sich überhaupt finanzpolitisch global aufzustellen. Im Gegensatz zu England hatten sie kein internationales Bankennetz, sie hatten noch nicht einmal eine Zentralbank, welche die Währungspolitik hätte steuern und einen starken Finanzplatz zur Abwicklung des Außenhandels hätte aufbauen können. Die Währung wurde von sogenannten Nationalbanken ausgegeben, die im Auftrag des Finanzministeriums handelten. Während Zentralbanken längst internationaler Standard waren, wollte man in den USA davon nichts wissen. Die amerikanischen Politiker glaubten lange, diesen nicht nötig zu haben.

Alexander Hamilton, einer der Gründungsväter der USA, traf schon 1791 auf starke Opposition bei dem Versuch, eine Zentralbank nach dem Vorbild der Bank of England zu gründen. Seine Gegner befürchteten, durch eine zentrale Bank mit weitreichenden Befugnissen würde Amerikas Finanzwesen unter die Kontrolle einer kleinen, nicht demokratisch legitimierten Elite geraten. Eine Sorge, die nicht ganz unberechtigt war, wie sich aber erst mehr als 200 Jahre später, in der ersten Dekade des 21. Jahrhunderts, herausstellen sollte, als genau diese Elite aus Politikern und Bankern die Spekulationen so übertrieben, dass sie die ganze Welt in eine Krise rissen.

Über Jahrzehnte hinweg gab es innenpolitisches Gezerre um die Institution. Zwar wurde 1791 eine Zentralbank gegründet. Doch diese wurde nur 20 Jahre später wieder abgeschafft mit dem Hinweis darauf, der Kongress sei durch die Verfassung nicht legitimiert, eine Bank zu gründen. Als dann die Wirtschaft in schweres Fahrwasser geriet, weil niemand mehr das Geldangebot kontrollierte und Geld einfach so von Privatbanken ausgegeben wurde, versuchte man es fünf Jahre später erneut. Doch auch die neue Zentralbank sollte nur gut 20 Jahre Bestand haben. Der damalige US-Präsident Andrew Jackson hielt sie wieder für ein Instrument von elitären Bankern und Intellektuellen, das den Nordosten gegenüber dem Süden und dem Westen des Landes begünstigte, und schaffte das Institut wieder ab.

Die nächsten knapp 80 Jahre mussten die USA ohne zentrale Notenbank auskommen. Erst eine schwere Finanzkrise brachte die Amerikaner zur Vernunft.

1907 stürzten an der Wall Street die Kurse ab, die Unternehmen bekamen Finanzierungsschwierigkeiten. Um die Wirtschaft zu stabilisieren, bot es sich an, den Aktienmarkt durch einen Markt für Handelskredite zu ergänzen, mit dem die Import- und Exportgeschäfte der Firmen finanziert werden sollten. Ein Markt, relativ immun gegen Spekulanten und damit mit dem Potenzial, das US-Finanzsystem zu stabilisieren. Das Problem: Wer sollte einen solchen Markt aufbauen? Den privaten Banken fehlten die Mittel.

Die Finanzinstitute an der Wall Street waren inzwischen von der Hilfe eines einzelnen Mannes abhängig, dem Finanzmogul J. P. Morgan. Er spürte glücklicherweise seine Verantwortung, lud mehrere Top-Banker zu sich nach Hause und ließ niemanden gehen, bevor nicht ein Rettungspaket für den Finanzmarkt geschnürt war. Die Lage entspannte sich. Statt einer Institution hatte ein charismatischer Banker die Lage entschärft. Doch würde er auch bei der nächsten Finanzkrise ein Interesse haben, wieder einzuspringen?

Um die Abhängigkeit des Finanzmarktes von solchen gnädigen oder eigensinnigen Eingriffen einzelner Personen zu verringern, setzte die Regierung, damals nicht anders als heute, eine Kommission ein. Diese reiste auf Zentralbankenbesichtigungstour nach Europa. Die Erfolge der Bank of England, der Banque de France und nicht zuletzt der Deutschen Reichsbank überzeugten schließlich auch den zögerlichen US-Kongress, in dem die Gegner einer Zentralbank wie schon 80 Jahre zuvor die Machtkonzentration kritisierten und vor der Kontrolle durch eine kleine Finanzelite an der Ostküste gewarnt hatten. Zu ihrer Enttäuschung unterzeichnete Präsident Woodrow Wilson 1913 das Gesetz, auf dessen Basis die amerikanische Zentralbank geschaffen werden konnte: die Federal Reserve, kurz Fed.

Damit war eine weitere Voraussetzung für den Aufstieg des US-Dollar zur Weltwährung erfüllt, auch wenn dies zunächst gar nicht die Absicht der Amerikaner war, sondern ähnlich wie bei den Chinesen heute eher binnenwirtschaftliche Überlegungen eine Rolle spielten. Staatliche Banken erhielten die Erlaubnis, Auslandsfilialen zu eröffnen und sogenannte Handelsakzepte kaufen, also Finanzinstrumente, mit denen der internationale Handel durchgeführt wurde, bevor es internationale Überweisungen gab. Amerikanische Firmen konnten von da an ihre Geschäfte mit anderen Ländern direkt in der eigenen

Währung abwickeln. Die amerikanischen Händler spürten damals die neue Regelung sofort in ihrem Geldbeutel. Bis dahin musste etwa ein amerikanischer Importeur, der in Südamerika Bananen kaufen wollte, die Zahlung über ein Konto in Europa, in der Regel in London und demnach in Pfund, durchführen. Der Umweg über das britische Pfund oder in selteneren Fällen über den französischen Franc oder die Deutsche Mark als Handelswährung war künftig nicht mehr notwendig.

Die Gründung der Fed und in deren Folge die Stärkung der amerikanischen Banken für den Außenhandel waren wichtige Schritte des Dollar auf dem Weg zur Weltwährung. Der entscheidende Schub an die Weltspitze kam allerdings nicht von den Amerikanern. Es waren, ähnlich wie später beim Yuan und dem US-Dollar, die Schwäche der Briten und die weltpolitische Großwetterlage, die dem Dollar zu seiner Macht verhelfen sollten.

Der Erste Weltkrieg, Teil II: Steigbügelhalter für den Dollar

Während der Erste Weltkrieg, wie oben beschrieben, das Ende des britischen Pfunds als Weltwährung einleitete, machte er einen Konkurrenten mächtiger. Ohne den Ersten Weltkrieg wäre der Dollar womöglich noch lange als internationale Handelswährung seinen bewährten europäischen Konkurrenten hinterhergehinkt. Im Lauf des Krieges wandelten sich die USA allerdings von einer eher binnenorientierten Wirtschaft zu einem globalen Handelsriesen. Ein Wandel, der zugegebenermaßen weniger einer langfristigen Strategie der Amerikaner entsprang als vielmehr der unerwarteten Not der etablierten Player. Die europäischen Kriegsteilnehmer brauchten Rohstoffe, Lebensmittel und Industriegüter, die USA lieferten sie. Eine einmalige Chance tat sich für die amerikanische Wirtschaft auf, ihre schwächelnde Konkurrenz auszustechen und den europäischen Markt dauerhaft zu erobern.

Ein Glücksfall war der Krieg auch für die amerikanische Finanzindustrie und den US-Dollar. Ähnlich wie die Schwäche der amerikanischen und europäischen Wirtschaft dem Aufstieg einer chinesischen Weltwährung in die Karten spielt.

Die Amerikaner ließen sich ihre Waren natürlich in Dollar bezahlen. Als den Kriegsteilnehmern über die Jahre das Geld ausging, fingen die US-Banken an, großzügige Dollarkredite zu vergeben. Vor allem Frankreich und Großbritannien verschuldeten sich hoch. Doch nicht nur durch den Handel mit den USA breitete sich der Dollar aus, auch Geschäfte zwischen den Kriegsteilnehmern und Drittländern mussten zunehmend über die USA abgewickelt werden. Die britischen Banken, vor dem Krieg die Finanziers der Welt, konnten den Großteil des Zahlungsverkehrs für importierte Güter angesichts der Kriegsrisiken nicht mehr in London durchführen. Sie waren regelrecht darauf angewiesen, dass der Welthandel nunmehr über den stabilen Finanzmarkt in Nordamerika lief. Besser Waren etwas teurer über die USA einkaufen, lautete die Devise, als gar keine Waren bekommen.

Die Amerikaner erkannten die Chance und sprangen gerne in die Bresche; sie besetzten in Lateinamerika und Asien die Positionen, die von den Europäern nicht bedient werden konnten. Die Briten unterschätzten die Folgen dieses Vorstoßes auf dramatische Weise, eine weitere Parallele zu heute. In ihrer Überheblichkeit glaubten die Briten, dass sich die Amerikaner schon wieder zurückziehen würden, sobald die europäische Wirtschaft und Finanzindustrie wieder auf den Beinen wäre. Ein Irrtum. Den Amerikanern gefiel ihre neue Rolle, sie versuchten, Importeure und Exporteure zu überzeugen, ihre Geschäfte auch weiter in Dollar abzuwickeln. Allzu viel Überzeugungskraft benötigten sie nicht. Die ausländischen Händler erkannten schnell den Wert des Dollar als Handelswährung.

Im Gegensatz zum britischen Pfund, das während des Krieges nicht in Gold getauscht werden konnte, war der Dollar fest an Gold gebunden und damit deutlich stabiler als das Pfund, bei dem eine Abwertung angesichts der hohen Kriegsbelastungen schon in der Luft lag. Die Inselmonarchie war allein bei den Amerikanern mit zwölf Milliarden US-Dollar verschuldet. Damals war das eine ähnlich unglaubliche Summe wie die rund drei Billionen Dollar Schulden der Amerikaner bei den Chinesen heute. Die britischen Verbündeten Frankreich und Italien waren ebenfalls hoch verschuldet.

Selbstverständlich gingen die Amerikaner von der Rückzahlung der Schulden aus. Der machtpolitische Spielraum der Briten bei ihren Gläubigern war gering. Wieder etwas, das stark an das Machtverhältnis zwischen China und den USA in diesen Tagen erinnert. Nur dass es heute die Amerikaner sind, die darauf spekulieren, um eine Rückzahlung ihrer Schulden an die Volksrepublik herumzukommen – eine Haltung, die sich schlicht aus dem Umstand nährt, dass niemand weiß, wo das Geld für eine Schuldentilgung herkommen soll. Den Briten hingegen war damals klarer, als es den Amerikanern heute ist: Nur wenn es ihnen gelingen würde, die Schulden zurückzuzahlen, würde das Pfund wieder zu seiner einzigartigen Position als internationale Leitwährung zurückkehren können.

Als Geldquelle für ihren Schuldendienst hatten die Engländer Deutschland ausgemacht, den besiegten Kriegsgegner, dessen Fabriken allerdings noch weitestgehend intakt waren. 132 Milliarden Reichsmark Reparationen verlangten die Sieger von den Deutschen, was ungefähr 47 000 Tonnen Gold mit einem heutigen Wert von grob 700 Milliarden Euro entsprach, 52 Prozent davon an Frankreich, zehn Prozent an Italien und 22 Prozent an Großbritannien. Summen, die die Siegermächte gleich an die USA zur Tilgung ihrer Kredite weiterreichen wollten.

So weit der Plan. In der Praxis wehrte die junge deutsche Republik sich mit aller Kraft, um die »Schande« des in Versailles geschlossenen Friedensvertrages rückgängig zu machen. Deutschland war selbst in einer schlechten finanziellen Lage und sollte statt Geld mit Kohle und Stahl zahlen. Als Frankreich versuchte, seine Forderungen militärisch durchzusetzen und im Januar 1923 im Ruhrgebiet, dem industriellen Herzen Deutschlands, einmarschierte, rief die deutsche Regierung die Bevölkerung zum passiven Widerstand auf. Es kam zu Streiks und Sabotage. Um die streikenden oder entlassenen Arbeiter finanziell unterstützen zu können, hatte die klamme deutsche Regierung keine andere Wahl, als die Notenpresse anzuwerfen. Die Folge war eine steigende Inflation, die Ende 1923 dramatische Ausmaße annahm.

Die Rechnung der Siegermächte jedenfalls ging nicht auf. Die jährlich zu zahlenden Reparationen wurden schließlich auf ein erträglicheres Maß gesenkt. Wenn sich zwei streiten, freut sich der Dritte: Wieder nutzte die aufsteigende Finanzweltmacht USA geschickt die Chance, ihren globalen Einfluss weiter auszubauen. Sie erklärten sich bereit, Deutschland Kredit zu geben. Ein skurriler Dollarkreislauf entstand. Die US-Regierung vergab Dollarkredite an Deutschland, das damit seine Reparationsverpflichtungen bei den europäischen Siegermächten erfüllte. Die wiederum bezahlten damit ihre Schulden bei den Amerikanern.

Die Parallelen dieser Konstruktion zu heute sind einmal mehr erstaunlich. Zurzeit befinden sich die USA in der Lage, in der seinerzeit Großbritannien war. Wie die Briten damals haben auch die Amerikaner sich verschuldet – nicht nur, aber auch, um ihre Kriege im Irak und in Afghanistan zu finanzieren, die zusammen zwischen 2003 und 2012 rund 1,358 Billionen US-Dollar verschlungen haben sollen. Wie die Briten nach dem Ersten Weltkrieg hofften auch die Amerikaner, ihre Kriegskosten nach dem Sieg wieder einspielen zu können, wobei sie vor allem auf die Ölfelder des Irak spekuliert hatten. Auch hier ging die Rechnung nicht auf. Die Kriege wurden teurer und länger als erwartet. Und bisher haben ausgerechnet die Chinesen mehr Ölfelder im Irak erhalten als die Amerikaner. Die USA sind zwar militärisch noch immer Weltmacht Nummer eins, kein anderes Land hat so viele Truppen überall in der Welt stationiert, in Europa ebenso wie in Asien und Afrika. Doch wer genauer hinsieht, macht erste Auflösungserscheinungen aus: Amerikas globales Netz aus Militärstützpunkten wird zusehends brüchig, auch wenn der Dollar noch die Leitwährung ist. Die Amerikaner ziehen sich bereits aus dem Irak und Afghanistan zurück. In Asien müssen sie Truppen abbauen und sie schaffen es nicht mehr, ihre Kommandozentrale für Afrika von Stuttgart nach Afrika zu verlegen, weil kein afrikanisches Land bereit ist, die Generäle aufzunehmen.

Ohnehin war globale Präsenz stets ein trügerischer Indikator für Stärke. Auch das zeigt der Rückblick auf Großbritannien: An der Ausdehnung ihres Weltreiches gemessen waren die Briten nach dem Ersten Weltkrieg sogar noch stärker als die USA heute; das britische Empire erreichte erst Mitte der 1920er-Jahre seine größte Ausdehnung. Mit dem Pfund ging es da längst bergab. Das Weltreich war ein Scheinriese. Churchills Entscheidung, letztlich aus Prestigegründen zum Goldstandard mit dem Vorkriegskurs zurückzukehren, beschleunigte den Abstieg. Zwar blieb das Pfund noch kurzfristig Devise Nummer eins. Doch die Kosten dieser geldpolitischen Entscheidung waren bald nicht mehr zu übersehen.

Churchills Beschluss war ebenso kurzsichtig wie die Politik von US-Präsident Bill Clinton Ende der 1990er-Jahre. Sie vereinfachte es für Amerikaner mit niedrigem

Einkommen, einen Hauskredit zu bekommen, obwohl von Anfang an klar war, dass sie diese Schulden nie zurückzahlen würden. Der Traum der Banker, dass man diese Schulden als stabile Anlagen mit quasi Staatsgarantie an Ausländer verkaufen könnte, platzte im Sommer 2008, als vor allem die Chinesen sich weigerten, weiter mitzuspielen. Dies führte dazu, dass der Yuan an Gewicht gewann und die Chinesen politisch wichtiger wurden. Die westliche Welt war gezwungen, von G-8- auf G-20-Gipfel umzustellen, bei denen ohne die Chinesen nichts Entscheidendes mehr beschlossen werden kann. Die Amerikaner hatten sich überschätzt.

Auch Churchills Entscheidung war von Selbstüberschätzung geprägt und führte am Ende nur dazu, dass der Verfolger US-Dollar dem Pfund nun noch dichter auf den Fersen war. Die Amerikaner waren damals wirtschaftlich so mächtig, dass es nur eine Frage der Zeit war, bis der Dollar das Pfund ablösen würde. So wie die USA derzeit hatte das britische Weltreich sich überdehnt. Mit Englands Rückzug aus den Kolonien ging auch das britische Pfund in die Knie und überließ dem US-Dollar das Feld.

Weltwirtschaftskrise, Zweiter Weltkrieg, Bretton Woods – Der Dreisprung des Dollar an die Weltspitze

Bis der Dollar seine Stellung als wichtigste Währung der Welt endgültig und auf Jahrzehnte zementieren konnte, brauchte es allerdings nach dem Ersten Weltkrieg zwei weitere Katastrophen: die Weltwirtschaftskrise Ende der 1920er-, Anfang der 1930er-Jahre und den Zweiten Weltkrieg. Letzterer war ein Krieg, der noch viel teurer werden sollte als der Erste Weltkrieg. Und schon vor dessen Ende war bei den westlichen Industrienationen die Erkenntnis gereift, dass ein Wechselkurssystem hermusste, das vor den Krisen und Fehlentwicklungen der vorangegangenen Jahrzehnte gefeit war. Bereits im Juli 1944 einigten sich die Vertreter von 44 Nationen im Ferienörtchen Bretton Woods an der amerikanischen Ostküste auf ein neues Weltwährungssystem. Schon die Wahl des Verhandlungsortes stellte klar, wer hier künftig das Sagen hatte: die USA.

Dass ausgerechnet Deutschland als Verlierer des Zweiten Weltkrieges mit seinem »Wirtschaftswunder« die Siegernationen Frankreich und vor allem England als europäische Wirtschaftsgroßmächte so schnell abhängen konnte, hat auch mit dem sogenannten »Bretton-Woods-System« zu tun. Einem System, in dem Währungen nicht frei gegeneinander gehandelt, sondern immer zu einem festgelegten Kurs getauscht wurden. Die D-Mark der deutschen Verlierer war zunächst sehr billig. Das stolze Pfund der britischen Sieger dagegen relativ teuer. Die Folge war, dass Deutschland seine Produkte sehr billig exportieren konnte.

Um zu verstehen, warum das in Bretton Woods so festgelegt wurde, muss man ein wenig ausholen: Das System war die Antwort auf die Weltwirtschaftskrise, als deren Anfang der Börsencrash des amerikanischen Dow-Jones-Index am 24. Oktober 1929, dem sogenannten »Schwarzen Donnerstag«, gilt, wenn sich die Probleme auch bereits in den Monaten zuvor abzeichneten. Millionen von Menschen wurden in der Folge der Krise arbeitslos, verloren ihr Vermögen und verarmten. Die Regierungen der betroffenen Länder sahen sich der schier unlösbaren Aufgabe gegenüber, die Krise zu beenden und ihre Nationen zurück auf den Wachstumspfad zu bringen. Sie versuchten es mit Staatseingriffen und Protektionismus. Auch damals gab es keine gemeinsame, globale Strategie, um eine solche Krise zu bekämpfen. Der nationale Egoismus verschärfte die Krise und destabilisierte die internationalen Beziehungen. Auch auf der Ebene der Geldpolitik wurde mit harten Bandagen gekämpft. Mit allen Mitteln versuchten die jeweiligen Regierungen, die eigene Wirtschaft anzukurbeln, meist auf Kosten des Nachbarn. Das damals spektakulärste Beispiel: die strauchelnde Weltmacht Großbritannien. Zwischen 1929 und 1931 war das Leistungsbilanzdefizit der Briten immer größer geworden. Man kaufte mehr, als man verkaufte. Die Waren wurden letztlich mit Gold bezahlt, denn die ausländischen Empfänger von Pfund tauschten das inzwischen als unsicher empfundene Papiergeld lieber in harte Edelmetalle. Tonnen von Gold wanderten auf Nimmerwiedersehen ins Ausland. Gold, das eigentlich den Wert des Papiergeldes sichern sollte. Konnte die Regierung dies überhaupt noch garantieren? Die Märkte waren skeptisch, ob das Pfund seinen Wert würde halten können. Die englische Notenbank versuchte es noch mit einer Zinserhöhung. Zwischen Mai und September 1931 erhöhte die Bank of England ihre »Minimum Lending Rate« von 2,5 auf sechs Prozent, um ausländisches Kapitel nach Großbritannien zu locken und so die Flucht aus dem Pfund zu vermeiden.

Zu spät. Die Märkte ließen sich nicht mehr über einen längeren Zeitraum von der Regierung hinhalten, es kam, wie es kommen musste. Am 19. September 1931 konnte die Bank of England der Fluchtbewegung nicht mehr standhalten. Entgegen allen Versicherungen musste sie den nur sechs Jahre zuvor so mühsam wieder eingeführten Goldstandard aufgeben. Das Pfund verlor innerhalb von nur drei Monaten etwa ein Drittel seines Wertes.

Das war bitter für diejenigen, die ihre Vermögen in Pfund hielten, aber eine gute Nachricht für die altehrwürdige britische Wirtschaft und insbesondere die Exportindustrie. »Made in England« war nun deutlich billiger. Gleichzeitig war die britische Notenbank wieder in der Lage, mehr Kredite zu vergeben und die Zinsen zu senken, weil es nicht mehr nötig war, ausländisches Kapital zu locken, um einen künstlich hochgehaltenen Wechselkurs zu garantieren.

Die Erleichterung hielt nicht lange an. Denn ein Land nach dem anderen sah sich nun gezwungen, den Goldstandard ebenfalls aufzugeben. Dass die Weltwährung Pfund aufgeweicht worden war, ließ Zweifel an der Stabilität von Währungen insgesamt wachsen. Außerdem wollte kein Staat seinen Handelspartnern die Vorteile einer verbilligten Währung gönnen. Bereits vor dieser sogenannten Sterlingkrise hatten Österreich und Deutschland den Abfluss von Gold gesetzlich beschränkt, nun folgten weitere Staaten dem Beispiel Großbritanniens und überließen die Wechselkurse dem freien Markt.

Die USA konnten sich diesem Erdrutsch vergleichsweise lange widersetzen. Aber die Abwertungen der Handelspartner schmälerten die Wettbewerbsfähigkeit der amerikanischen Industrie und liefen allen Bemühungen, die Wirtschaftskrise zu beenden, zuwider. Drei Jahre hielten die Amerikaner durch, dann setzte Präsident Franklin D. Roosevelt 1934 den Goldpreis von 20,67 Dollar pro Unze auf 35 Dollar hoch. Das entsprach einer Abwertung des Dollar von über 40 Prozent.

Die Welt zerfiel nun langsam in eine Reihe relativ abgeschotteter Wirtschaftsblöcke, die wechselseitig versuchten, sich durch Abwertungen und protektionistische Maßnahmen auf Kosten der anderen Vorteile zu verschaffen. Dem Dollarraum standen der Pfundraum um das britische und der Francraum um das französische Kolonialreich gegenüber. Einen weiteren Block bildete Mitteleuropa unter der Führung des faschistisch gewordenen Deutschlands. Die Zeiten eines stabilen Währungssystems, das wie vor 1914 einen offenen und wachsenden Welthandel ermöglichte, waren erst einmal Geschichte. Das Welthandelsvolumen sackte von 33 Milliarden US-Dollar im Jahr 1929 bis 1932 um 61,5 Prozent ab.

Auf den Handelskrieg folgte der totale Krieg. Der Zweite Weltkrieg kam über die Staaten Europas, noch bevor sie sich wirtschaftlich vom Ersten Weltkrieg erholen konnten.

Deutschland griff England an. Die Briten hatten keine andere Wahl, als sich mit aller Kraft zu wehren, und hofften, danach den Billigwettbewerber Deutschland für alle Zeit los zu sein. Doch im Mai 1945 war klar, dass es in Europa keine wirklichen Gewinner geben würde. Die Deutschen hatten Europa ins Aus manövriert. Die einstige Weltmacht England war endgültig am Ende, obwohl sie auch diesmal zu den Siegermächten gehörte. Die großen Gewinner waren die USA, deren Soldaten einen entscheidenden Beitrag zur Kapitulation Deutschlands und dem Ende des Krieges leisteten.

Zwar waren die USA schon vor dem Zweiten Weltkrieg die führende Weltwirtschaftsmacht. Danach jedoch hatten sie keinen einzigen ernst zu nehmenden Wettbewerber mehr. Es gab keinen Zweifel, wo der wirtschaftliche Neuanfang verhandelt würde. Nicht mehr in England, sondern in den USA. Und die USA hatte nicht nur das Interesse, sich selbst kurzfristig zu helfen, sondern wollten ein Weltwirtschaftssystem schaffen, das auch auf Dauer günstig für Amerika sein würde. Ziel war ein ähnlich stabiles System wie zu Zeiten des Goldstandards vor dem Ersten Weltkrieg, aber ohne das damit einhergegangene wirtschaftliche Chaos der 1920er-Jahre und die Abschottungen der 1930er-Jahre. Das neue Welthandelssystem, so viel war klar, musste flexibler sein als der klassische Goldstandard.

Die Weltwirtschaftskrise war schließlich nicht zuletzt dadurch verschärft worden, dass die Industrienationen die Zinsen erhöhen mussten, um einen Abfluss von Gold zu vermeiden und die Parität ihrer Währungen zum Gold zu halten. Die Zinserhöhungen verteuerten Kredite, sodass in der Krise noch weniger investiert wurde. Am Ende war es die Abhängigkeit vom Gold, die verhindert hatte, dass die Staaten in der Krise mehr Kredite vergeben konnten, um die Wirtschaft anzukurbeln.

Solche Teufelskreise sollten im neuen Weltwährungssystem gar nicht erst entstehen. Eine einfache Rückkehr zum Goldstandard kam damit nicht infrage. Die europäischen westlichen Siegermächte wie Frankreich und vor allem England, die gehofft hatten, sie würden in Bretton Woods für ihre Anstrengungen belohnt, hatten sich getäuscht. Den Grundstein für die neue Ordnung und Prosperität in der Welt sollte eine internationale Leitwährung neuer Qualität legen, welche die übrigen Währungen stabilisierte, und die bei Bedarf beliebig hergestellt werden konnte, um die Wirtschaft stetig mit genug Geld für Kredite zu versorgen.

Es wurden dabei nicht einmal die vernünftigen Vorschläge der Europäer berücksichtigt. Unter den Vertretern der britischen Delegation war einer der überragenden Wirtschaftswissenschaftler seiner Zeit, John Maynard Keynes. Er wollte eine internationale Währung namens »Bancor« einführen, die nur auf dem Papier existiert hätte, und an die alle Länder jeweils ihre Währungen hätten binden können. Internationale Institutionen sollten das System überwachen und nationale Handels- und Reserveungleichgewichte durch einen Sanktionsmechanismus verhindern.

Der Keynes-Ansatz mag ökonomisch Sinn gemacht haben, politisch war er nicht durchsetzbar. Nicht zuletzt, weil er von einem Engländer stammte, der unter dem Verdacht stand, eine Lösung zu vertreten, bei der kein anderes Land eine neue Leitwährung allein kontrollieren sollte, wenn es das britische Pfund schon nicht mehr schaffen würde. Es war jedoch von Anfang an klar, dass die Amerikaner dies nicht zulassen würden. Der Zweite Weltkrieg hatte in Europa und Asien weitaus mehr Verwüstung angerichtet als der Erste. Städte und Industriezentren waren zerstört. Lediglich in Amerika war die Wirtschaft intakt geblieben. Die USA stellten mehr als 50 Prozent der weltweiten Industrieproduktion. Sie hatten damit mehr wirtschaftliche Macht als ihre ehemaligen Kolonialherren in deren besten Zeiten. Ihnen gehörten über zwei Drittel der weltweiten

Devisenreserven, sie waren der mit Abstand größte Exporteur. Und es deutete einiges darauf hin, dass das noch eine ganze Weile so bleiben würde. Niemand wusste, wie lange der Wiederaufbau der zerstörten Volkswirtschaften dauern würde. Diese waren zunächst auf die Produkte der USA angewiesen und hatten im Gegenzug wenig, das sie nach Amerika hätten exportieren können. Verständlich, dass die USA nicht bereit waren, sich zu bescheiden. Sie wollten ihre neue Macht nunmehr in vollen Zügen auskosten. Warum sollten sie sich der Kontrolle einer supranationalen Organisation unterwerfen, noch dazu einer britischen Idee? Und so kam es, dass ausgerechnet die Deutschen, die den Krieg angezettelt und verloren hatten, der größte europäische Profiteur von Bretton Woods wurden. Aus Sicht der Briten war etwas Unglaubliches passiert, ein selbst für einen neutralen Beobachter sehr unwahrscheinlicher Fall: Den armen schlecht ausgebildeten Verwandten, die in dieses ferne Land hatten auswandern müssen, war es gelungen, die Macht über die Welt zu übernehmen. Aus Kuhjungen waren Cowboys und schließlich Weltpolizisten geworden. Weltpolizisten, denen das Wohl der Deutschen als Bollwerk am eisernen Vorhang nun wichtiger war als Gerechtigkeit gegenüber den Briten. Auch deshalb wurde das Pfund teurer zum US-Dollar bewertet als die D-Mark.

Der US-Dollar hingegen sollte das mit Abstand stärkste Zahlungsmittel der Welt werden, die neue Leitwährung. Und so einigte man sich in Bretton Woods schließlich auf eine ebenso schlichte wie einzigartige Konstruktion: Der US-Dollar sollte die zentrale Rolle spielen, alle übrigen Währungen wurden zu einem festen Kurs an den Dollar gebunden. Dollar und nicht mehr Gold regierte die Welt. D-Mark, Pfund und Franc wurden sozusagen zu seinen lokalen Repräsentanten. Das war nicht weniger als eine historische Sensation: Zum ersten Mal in der Geschichte war das Geld einer ehemaligen europäischen Kolonie zur Weltwährung aufgestiegen. Immerhin war die kulturelle

Schnittmenge der alten und neuen Währungsmacht ziemlich groß, was die Aufsteiger allerdings nicht daran hinderte, mit harten Bandagen zu kämpfen. Bei der nächsten Staffelübergabe von den USA an China sind die kulturellen Unterschiede viel größer. Werden die asiatischen Aufsteiger deshalb rücksichtsvoller sein?

Auch im Bretton-Woods-System spielte Gold eine zentrale Rolle. Der US-Dollar war weiterhin mit der alten Parität von 35 Dollar je Feinunze an Gold gekoppelt. Ausländische Zentralbanken hatten die Möglichkeit, sich ihre Dollarreserven jederzeit von der Federal Reserve in Gold auszahlen zu lassen. Dieses Versprechen überzeugte.

Zur Überwachung und Verwaltung des Systems wurden zwei Institutionen geschaffen, der Internationale Währungsfonds (IWF) und die Internationale Bank für Wiederaufbau und Entwicklung (IBRD), die spätere Weltbank. In beiden waren die USA jahrzehntelang tonangebend. Inzwischen jedoch werden die Chinesen in diesen Institutionen immer einflussreicher. Sie stellen mit Zhu Min bereits einen mächtigen Stellvertreter im IWF und mit Justin Yifu Lin auch den Chefökonomen und Vizepräsidenten der Weltbank. Außerdem haben sie ihren Anteil in der Finanzausstattung des Fonds im Juni 2012 um 43 Milliarden US-Dollar auf vier Prozent erhöht. Die Frage, die sich die übrigen Nationen derzeit stellen: Wie wird sich der IWF verändern, wenn er zukünftig den Interessen der Chinesen dienen soll?

Ursprünglich war es Aufgabe des IWF, dafür zu sorgen, dass die Mitgliedsländer die festen Wechselkurse zum Dollar aufrechterhielten. Stand eine Landeswährung längere Zeit unter Abwertungsdruck, wurde über einen gewissen Zeitraum mehr Landeswährung gegen Dollars getauscht als umgekehrt. Die jeweiligen Notenbanken konnten zwar eingreifen und ihrerseits mit ihren Dollarreserven die überschüssige Landeswährung aufkaufen, um den Kurs ihrer Währung zu stützen. Irgendwann würden die Devisenreserven aber nicht mehr ausreichen, um den festen Wechselkurs zu garantieren. In einer solchen Situation konnte der IWF Kredite vergeben, um den Notenbanken temporär unter die Arme zu greifen. Stellten sich die Probleme allerdings als dauerhaft heraus, bestand im Bretton-Woods-System die Möglichkeit, eine Währung im Vergleich zum US-Dollar abzuwerten, was wiederum vom IWF und damit den Amerikanern genehmigt werden musste. Waren die Briten noch eher informell eine globale Geldmacht gewesen, war es den Amerikanern nunmehr gelungen, diese Macht auch institutionell zu zementieren.

Der IWF kümmerte sich um ein Grundproblem eines im Vergleich zu frei beweglichen Wechselkursen relativ starren und vermeintlich krisensicheren Systems. Das Tauschverhältnis der verschiedenen Währungen musste »richtig« gesetzt werden, so, dass es der wirtschaftlichen Leistungsfähigkeit eines Landes entsprach und nicht zu Ungerechtigkeiten führte. War eine Währung zu hoch bewertet, würden die Waren des jeweiligen Landes auf dem Weltmarkt zu teuer und weniger wettbewerbsfähig sein. Bei einer zu niedrigen Bewertung würden die konkurrierenden Volkswirtschaften übermäßig leiden. In erster Linie jedoch sollte der IWF sicherstellen, dass die USA ihre wirtschaftlichen und weltpolitischen Ambitionen verwirklichen konnten. Zum Beispiel war den Amerikanern klar, dass sie dem darniederliegenden Europa unter die Arme greifen mussten, um die Europäer in die Lage zu versetzen, ihre Produkte zu kaufen. Sie halfen nun denjenigen, die fleißig und am abhängigsten von ihnen waren und auf Jahrzehnte nicht aufbegehren würden: den besiegten Deutschen. Vor allem deshalb sorgten die Amerikaner dafür, dass das britische Pfund hoch und die Deutsche Mark niedrig bewertet wurde. Dass die Russen später mit den westlichen Alliierten brachen, machte die Argumentation gegenüber Briten und Franzosen einfacher, ging es doch um nichts Geringeres, als mit den Investitionen in Deutschland die freie Welt zu verteidigen. Der niedrige Wechselkurs war eines der Geheimnisse des deutschen Wirtschaftswunders. Die Hilfestellung für die Deutschen war so überzeugend, dass die Chinesen 40 Jahre später ihre Währung ebenfalls künstlich niedrig bewerten würden, mit dem Unterschied, dass sie aus eigener Kraft in der Lage waren, dies durchzuhalten. Gegen den erbitterten Willen der Amerikaner.

Doch damals wie heute gilt: Feste Wechselkurse können auch zur Bürde werden, wenn sich die Wirtschaftskraft eines Landes ändert. Keiner weiß das besser als die Chinesen. Sie müssen ständig entscheiden, wie sehr sie ihre Währung gegenüber dem US-Dollar aufwerten, damit es einerseits ihrer Wirtschaft nicht schadet, und andererseits die westlichen und asiatischen Wettbewerber nicht auf die Barrikaden gehen. Im Fall des Bretton-Woods-Systems waren solche Anpassungen noch schwieriger, weil nicht nur eine, sondern alle wichtigen Währungen einen festen Wechselkurs hatten. Der IWF musste die ebenso einflussreiche wie undankbare Aufgabe übernehmen, diese labile Konstellation auszutarieren. Der Schwesterorganisation des IWF, dem Weltbankvorgänger IBRD wiederum oblag es, Kapital für den Wiederaufbau in den kriegszerstörten Ländern bereitzustellen. Sie war in ihren ersten Jahren hauptsächlich in Europa aktiv, bevor sie dann ihren Fokus auf die Entwicklungsländer verlagerte.

Die kühle Rechnung der Amerikaner ging auf: Nachdem die USA in Bretton Woods den Dollar als unangefochtene Währung Nummer eins installiert hatten, bauten sie ihren Vorsprung als Weltwirtschaftsmacht erst richtig aus. Alle wichtigen Rohstoffpreise wurden nunmehr in Dollar notiert. Der Dollar war die universale Handelswährung und wurde dank seiner Golddeckung für ausländische Notenbanken als Reserve »so gut wie Gold«. Es gab keine Wettbewerber mehr.

Für die Amerikaner hatte das einen immensen Vorteil, den der ehemalige französische Finanzminister und spätere Präsident Valéry Giscard d'Estaing das »unverschämte Privileg« der USA nannte: Sie konnten sich nun weltweit Waren kaufen und sie mit Papiergeld statt mit Gold oder von ihnen hergestellten Waren bezahlen. Im Prinzip funktionierte es so, dass die Amerikaner ausländische Produkte oder gleich ganze Firmen kauften und mit neu gedruckten Dollars bezahlten. Die ausländischen Notenbanken, bei denen etwa die Unternehmer, die gerade an Amerikaner verkauft hatten, die Dollars gegen die jeweilige Landeswährung tauschten, horteten diese dann statt Gold als Devisenreserven.

Das funktionierte 50 Jahre sehr gut, bis auch die Chinesen in den 1990er-Jahren anfingen, US-Dollars zu horten. Sie bekamen Dollars vor allem für die vielen Made-in-China-Produkte, die sie in die Vereinigten Staaten verkauften. Seit einigen Jahren sind sie Weltmeister in dieser Disziplin. Doch damit wurden sie auch der größte Gläubiger der USA. Eine Macht, die Peking inzwischen auch in politisches Kapital ummünzen kann. Schon jetzt ist die amerikanische Regierung deutlich vorsichtiger geworden, ihre Interessen gegen Peking durchzusetzen.

Damit ist es den Chinesen erstmals gelungen, das System Dollar gegen Waren zum Kippen zu bringen. Die einseitige Abhängigkeit der Partner Amerikas von den USA hat sich in diesem Fall zumindest zu einer gegenseitigen Abhängigkeit entwickelt. In den 1950er-Jahren jedoch ahnte niemand, dass es einmal dazu kommen würde. Die Sowjets hatten zwar mehr Raketen als die Amerikaner. Die Vormachtstellung der Amerikaner als Weltfinanzmacht hingegen schien auf ewig angelegt. Der russische Rubel war außerhalb der Sowjetunion nicht wettbewerbsfähig.

Doch die Amerikaner waren nicht die einzigen Nutznießer des Systems. Letztlich half Bretton Woods allen teilnehmenden Ländern trotz ihrer Proteste, eine vom Krieg zerstörte und zutiefst gespaltene Welt zu stabilisieren. Ohne Bretton Woods wären auch die anderen europäischen Staaten nicht in der Lage gewesen, ihre Fabriken, Straßen, Bahnstrecken, Häfen und Handelsplätze derart schnell wiederaufzubauen. Und damit hätte auch der Welthandel nicht in dem Maße zugunsten des Westens geboomt. Das neue Weltwährungssystem trug entscheidend dazu bei, dass die Sowjetunion im Kalten Krieg nicht aggressiver auftreten konnte. Denn wer weiß, wie sich Moskau gegenüber einem wirtschaftlich schwächeren Westeuropa verhalten hätte?

Der Fehler im System und der Aufstand der Europäer

In der zweiten Hälfte der 1960er-Jahre wurden die transatlantischen Dissonanzen jedoch immer größer. Die Europäer, übrigens inzwischen auch die Deutschen, warfen den USA vor, das System zu deren Gunsten zu manipulieren. »Wer kontrolliert die Federal Reserve und die Wall Street?«, tönte es aus dem alten Kontinent über den Atlantik. Die Sorge war berechtigt. Die Macht über die Weltgeldpolitik lag allein bei der Federal Reserve, der amerikanischen Notenbank. Sie konnte einfach die Notenpresse anwerfen. Dann war es den USA möglich, mit der Dollarflut ausländische Waren, überspitzt gesagt, zunächst umsonst zu erwerben. Bis heute können die USA ihre Konjunktur ankurbeln, indem sie die Geldmenge erhöhen und dies inzwischen mit dem harmlos klingenden Wort »Quantitative Easing«, zu Deutsch »quantitative Lockerung« bezeichnen, ohne dass sie jemand daran hindern kann. Es ist eigentlich Gelddrucken, ohne Geld zu drucken. Die Fed kauft den Geschäftsbanken Wertpapiere ab, die sie mit Dollars bezahlt, die jedoch nicht in Scheinen, sondern nur als Wert auf deren Konto auftauchen. So erhöht sie die Geldmenge und damit den Spielraum der Banken.

Schon in den 1960ern des vergangenen Jahrhunderts wehrten sich die Amerikaner gegen diese Vorwürfe und betonten, wie schwierig es sei, die Geldmenge nicht nur für ihr eigenes Land, sondern für die ganze Welt zu steuern. Denn wachsende Volkswirtschaften brauchen immer mehr Geld, um die wachsende Menge an Gütern zahlen zu können. Und mehr Geld konnte es im System der festen Wechselkurse nur geben, wenn auch die USA mehr Geld druckten. Andererseits durften sie nicht zu viel Geld drucken, denn dann wäre der Wert des Dollar gegenüber den anderen Währungen verfallen.

Eine Gratwanderung, die die USA in den 1950ern und 1960ern zunächst bravourös absolvierten. Ihre Politik setzte auf Geldwertstabilität. Die Staatsverschuldung war anders als heute gering, und die Fed hielt die Inflation, abgesehen von einem kurzen Schub am Ende des Koreakrieges 1953, im Griff. Bis zum Anfang der 1960er-Jahre funktionierte das System trotz aller weltpolitischen Spannungen gut. Finanzkrisen wie zwischen den beiden Weltkriegen und horrende Inflationen blieben aus, die Preise in den Industrieländern stiegen im Schnitt um gerade mal 2,6 Prozent.

Doch Mitte der 1960er-Jahre zeigten sich erste Risse im System. Risse, die bereits 1947 von dem belgisch-amerikanischen Volkswirt Robert Triffin vorhergesehen worden waren. In einer Studie für das Federal Reserve Board hatte er gewarnt, das Bretton-Woods-Modell könne auf Dauer gar nicht stabil sein. Dies sei eine simple, logische Erkenntnis, wenn man bedenke, dass die USA zwei Reservewährungen, den Dollar und das Gold, zu einem festen Preis anböten. Triffins Gedankenkette ging so: Auf der einen Seite druckte die amerikanische Zentralbank immer mehr Dollars, was wie gesagt auch wichtig und richtig war, schließlich musste eine wirtschaftlich wachsende Welt mit immer mehr Geld versorgt werden. Auf der anderen Seite aber war das Angebot an Gold stark begrenzt, nicht zuletzt deshalb, weil ein Großteil der Förderung außerhalb der amerikanischen Einflusssphäre lag, wie etwa in der kommunistischen Sowjetunion oder in Südafrika unter dem Apartheidsregime. Logischerweise, wie Triffin warnte, konnte es nur eine Frage der Zeit sein, bis die vom Ausland gehaltenen Dollars die Goldmenge der Fed übersteigen würden.

Dieser Punkt wurde bereits 1960 erreicht, und prompt starteten Währungsspekulanten einen Angriff auf den US-Dollar. Sie setzten darauf, dass die Fed nicht genug Rücklagen hätte, um ihre Garantien zu halten, wenn alle ausländischen Dollarbesitzer über ihre Zentralbanken gleichzeitig einen Umtausch in Gold fordern würden. Die Diskrepanz zwischen Auslandsdollars und Goldreserven der Fed war zu dem Zeitpunkt jedoch noch zu klein, der Dollar geriet nicht ernsthaft in Gefahr. Doch der Angriff der Spekulanten war ein Warnschuss, er legte eine große Schwäche offen.

Die USA spielten weiter auf Zeit, aber es war zu spät. Das Verhältnis von Dollar zu Gold verschlechterte sich zusehends, und ein paar Jahre später wurde die Lage heikel. Die ausländischen Zentralbanken begriffen langsam, dass ihre Dollarreserven langfristig an Wert verlieren würden. Und dass diejenigen, die aus gut gemeinter Solidarität dem System gegenüber als Letzte ihre Dollars in Gold tauschen wollten, den Schwarzen Peter ziehen würden.

Frankreich pfiff als Erstes auf die Solidarität. Den stolzen Franzosen hatte es ohnehin nie gepasst, dass die Währung der Grande Nation von Amerika abhängig sein sollte. General de Gaulle, seit 1958 Präsident von Frankreich, misstraute dem amerikanischen Papiergeld und wies die französische Notenbank an, möglichst viele Dollarreserven bei der Fed in Gold umzutauschen.

Damit destabilisierten sie das ganze System. Leidtragende waren diejenigen, die versuchten, zu retten, was nicht mehr zu retten war. Allen voran die ehemalige Finanzweltmacht Großbritannien. Sie litt nun unter ihrer besonderen Beziehung zu den USA. Englands Wirtschaft konnte, auch wegen des hoch bewerteten Pfundes, international viel weniger verkaufen, als sie einkaufen musste, um den Konsum ihrer Bürger zu bedienen. Es floss immer mehr Gold ab. Doch trotz des teuren Pfundes hielt das Land an der festgelegten Parität zum Dollar fest. 1967 kam es erneut zu einem Angriff der Spekulanten. Washington versuchte zu helfen, aber London hielt dem Druck nicht stand und wertete um 17 Prozent ab. Die internationale Gemeinschaft verlor danach endgültig das Vertrauen in das altehrwürdige Pfund. Gut 150 Jahre nachdem es Weltwährung geworden war, ging seine Karriere zu Ende. Es war nicht einmal mehr zweite Reservewährung, das war inzwischen die Deutsche Mark.

Das Bretton-Woods-System hielt noch einige Jahre. Sein Niedergang war indes schon eingeläutet. Wieder sollte es ein Krieg sein, der das Weltwährungssystem erschütterte und letztlich zu Fall brachte.

Bretton Woods scheitert, der Dollar überlebt

Wie schon im Koreakrieg gegen China und die kommunistischen Nordkoreaner, der mit einem Patt und der Aufteilung in Süd- und Nordkorea endete, griffen die Amerikaner 1965 auch in Vietnam massiv ein. Wieder wollten sie den Vormarsch der Kommunisten bremsen. Vietnam war nach dem Abzug der Kolonialmacht Frankreich in einen kommunistischen Norden und einen de facto diktatorisch regierten Süden geteilt worden. Als dann kommunistische Untergrundkämpfer mit chinesischer Unterstützung Südvietnam angriffen, befürchteten die Amerikaner, am Ende könne ganz Südostasien kommunistisch werden. Was mit wenigen Hundert amerikanischen Militärberatern begann, wurde zum teuersten und größten Kriegsdebakel der neuen Supermacht, mit Hunderttausenden von Soldaten und immer neuen Militär-Milliarden. Unter der Belastung des Krieges verdoppelte sich die US-Staatsverschuldung von 1966 bis 1976.

Die schlimmsten Befürchtungen der Bretton-Woods-Teilnehmer waren eingetreten. In der Not kümmerten sich die USA zuerst um sich selbst und gefährdeten das ganze System. Sie druckten Dollars ohne Rücksicht auf Verluste. Genug Gold, um den Wert der vielen neuen Dollars zu garantieren, hatten sie nicht mehr. Die Dollarreserven der übrigen Notenbanken standen auf immer wackligeren Füßen. Wie viel waren sie noch wert? Die Inflation in den USA stieg Ende der 1960er-Jahre auf fünf Prozent mit Trend nach oben, ein ärgerlicher Wertverlust für die Nationen, die sich auf den US-Dollar als Reservewährung verlassen hatten. Sie finanzierten nun indirekt den Vietnamkrieg mit. Daran hatten sie kein Interesse, auch wenn die Amerikaner immer wieder betonten, die Intervention in Vietnam sei im Sinne des gesamten freien Westens. Jeder müsse seinen Beitrag dazu leisten. Den Europäern blieb indes gar nichts anderes übrig, als immer mehr ihrer Dollars in Gold umzutauschen, bevor die Währung noch weiter an Wert verlieren würde. Damit destabilisierten sie das ohnehin angeschlagene Bretton-Woods-Konstrukt noch mehr.

Die USA versuchten gar nicht erst, ihre Defizitprobleme unter den Tisch zu kehren oder sich dafür zu rechtfertigen, dass sie das gesamte globale Währungsgerüst zum Wanken brachten. Im Gegenteil: Sie hielten ihre Strategie für die allein richtige, und mehr noch: Sie forderten offen von den Europäern, sich über das Weltwährungssystem an den amerikanischen Militärausgaben zu beteiligen.

Der Ton wurde immer schärfer, erst recht, nachdem der demokratische Präsident Johnson 1968 von dem Republikaner Richard Nixon abgelöst wurde. Nixon hielt die internationale Kooperation für wertlos. Weltwährungssystem, schön und gut, aber nur, wenn es den USA den größtmöglichen Gewinn sicherte. Er engagierte den strammen texanischen Gouverneur John Connally als Finanzminister, der seine Aufgabe darin sah, »auf dem manikürten Spielfeld der internationalen Finanzen den Rüpel zu spielen«.

Im Mai 1971 fuhr Connally zu einer internationalen Währungskonferenz nach München, wo er den Europäern klarmachte, dass »freundschaftliche Erwägungen« nicht mehr ausreichen würden, um Amerikas Sicherheitsleistungen gegenüber Europa aufrechtzuerhalten. Die Europäer sollten ihre Märkte stärker für amerikanische Produkte öffnen und einen größeren Teil der Verteidigungsausgaben tragen. Ansonsten müssten sie sich mit den politischen Entscheidungen der USA abfinden, wie auch immer diese aussehen würden. Weltmacht sei eben Weltmacht. Sein Name ist heute längst vergessen, aber nach wie vor erinnert man sich an den Slogan, den er europäischen Journalisten zurief: »Der Dollar ist unsere Währung, aber euer Problem.« Mehr Zynismus geht nicht.

Die düpierten Europäer reagierten umgehend. Sie tauschten noch mehr Dollars in Gold. Der Goldabfluss aus Fort Knox, dem Lager der amerikanischen Goldreserven, nahm bedrohliche Ausmaße an. Als am 13. August 1971 schließlich selbst die bis dahin amerikatreue Bank of England einen Teil ihrer Dollarreserven in Gold umtauschen wollte, brach das Bretton-Woods-System zusammen. Präsident Nixon erklärte in einer Fernsehansprache an das amerikanische Volk am 15. August, dass der Dollar »vorübergehend« nicht mehr in Gold getauscht werden könne. Damit saßen die übrigen Teilnehmerländer auf einem Berg abgewerteter Dollarscheine. Sie fühlten sich von den USA ausgetrickst.

Die USA als Schuldner schienen zunächst fein raus. Doch auch für Amerika gingen nun 100 Jahre »goldener«

und einmalig stabiler Währungspolitik zu Ende. Nixon suchte die Schuld nicht bei sich oder seinem Vorgänger. Er machte »internationale Spekulanten« verantwortlich und versuchte nun, aus der inflationären Not eine Tugend zu machen. Er hoffte, mit einem abgewerteten Dollar die amerikanischen Exporte wieder ankurbeln zu können. Die D-Mark des inzwischen konkurrierenden Deutschlands etwa wertete nach der Ansage aus dem Weißen Haus um 13,6 Prozent auf, amerikanische Produkte waren in Deutschland auf einen Schlag gut 13 Prozent billiger. Damit nicht genug. Nixon ließ ausländische Waren, die in die USA importiert wurden, auch noch mit einem zehnprozentigen Zoll belegen mit dem Hinweis, die amerikanischen Produkte seien durch die »unfairen Wechselkurse« benachteiligt. Eine Politik, die sich die Amerikaner 30 Jahre später gegenüber den Chinesen nicht mehr erlauben konnten. Gegenüber den Deutschen war das allerdings kein Problem. Am Ende waren die deutschen Exportgüter sogar über 20 Prozent teurer.

Die Erpressung funktionierte. Um den Importaufschlag wieder los zu werden, stimmten die Europäer zähneknirschend einer Abwertung des Dollar im noch bestehenden System zu. Eine Neubewertung, die Nixon gleich als »bedeutendste währungspolitische Errungenschaft der Weltgeschichte« pries – die sich aber nur als kurzfristiger Erfolg erwies. So wie England im 19. Jahrhundert hatten die USA ihre Macht überschätzt. Nur kurze Zeit später im Frühjahr 1973 versetzte eine erneute Dollarverkaufswelle durch Spekulanten dem Bretton-Woods-System den Todesstoß. Ab März 1973 schwankte der Dollarkurs frei zu den übrigen Währungen. Die Zeiten, in denen die USA den US-Dollar per Dekret künstlich niedrig halten konnten, um die heimischen Produkte billig zu halten, waren endgültig vorbei.

Die Dollarrenaissance – Ein Comeback auf Zeit

Der US-Dollar war in der Welt als Währungsanker nicht mehr glaubwürdig. Die hohen Staatsschulden infolge der ambitionierten Sozialpolitik und des teuren Vietnamkrieges hatten wie Brandbeschleuniger gewirkt. Zusammengebrochen wäre das Bretton-Woods-System früher oder später sowieso.

Unterstützt durch niedrig bewertete, feste Wechselkurse konnten die von null gestarteten europäischen Nationen mit ihrem hohen Wirtschaftswachstum viel mehr Waren in die USA verkaufen als umgekehrt. Deshalb floss ab den 1960er-Jahren Gold aus den USA ab. Die europäischen Unternehmen, die US-Dollars für Waren eingenommen hatten, tauschten diese bei der Zentralbank gegen ihre lokalen Währungen, und die Zentralbanken tauschten, sicher ist sicher, bei der amerikanischen Fed einen Teil gegen Gold.

Je erfolgreicher die Exportindustrie des jeweiligen europäischen Landes war, desto leichter konnte der Staat Goldbestände aufbauen. So gelang es der Deutschen Bundesbank schon 1956, mehr Goldreserven anzusammeln als die Banque de France, und das, obwohl Deutschland bei Kriegsende den Großteil seines Goldes verloren hatte.

Die USA sahen tatenlos zu. Sie versuchten weder, den Goldabfluss auszugleichen, indem sie mehr Produkte nach Europa verkauften. Noch bemühten sie sich, die Europäer dazu zu bringen, mehr Dollars in den USA zu investieren, anstatt sie in Gold umzutauschen.

Schon damals hielten sich die USA für finanztechnisch unbesiegbar. Sie glaubten, sich nicht ihren eigenen Spielregeln unterwerfen zu müssen. Und tatsächlich ging das noch eine ganze Weile gut, der Dollar hielt sich an der Weltspitze, wenn auch weniger aus eigener Kraft als mangels Alternative. Eine neue Leitwährung war nicht in Sicht.

Europa sollte es nicht gelingen, die Amerikaner in die Knie zu zwingen – das sollten erst 35 Jahre später die Chinesen schaffen –, aber immerhin stieg inzwischen ein neuer Stern am Währungshimmel auf: Ausgerechnet die D-Mark, die Währung des Kriegsverlierers Deutschland, wurde nun international attraktiv.

Die Deutsche Bundesbank hatte es geschafft, mit ihrer anti-inflationären Politik den Wert von 4,21 D-Mark je Dollar zu Anfang des Bretton-Woods-Systems auf 2,65 D-Mark je Dollar zu dessen Ende zu steigern. Die deutschen Exporte liefen von Rekord zu Rekord, die Made-in-Germany-Produkte fanden überall in der Welt reißenden Absatz und garantierten einen stetigen Aufschwung und Wohlstand in der Bundesrepublik. Ähnlich wie heute der Schweizer Franken galt die D-Mark als sicherer Hafen.

Doch während die Kommentatoren die D-Mark als neue Weltwährung priesen und ähnlich wie heute den Abgesang auf den Dollar hielten, passierte etwas Erstaunliches. Nämlich so gut wie gar nichts. Der große Ausverkauf blieb aus. Die weltweiten Dollarreserven der Notenbanken sanken zwar von über 80 Prozent Anfang der 1970er- auf unter 70 Prozent in den 1980ern. Doch die D-Mark konnte nicht an ihrem Rivalen vorbeiziehen. Es wurde weiter in Dollar gerechnet und gehandelt. Weltweit hatte sich der Dollar so sehr etabliert, dass es für Händler keinen Sinn gemacht hätte, ihre Rechnungen auf einmal in D-Mark zu schreiben. Der Dollar hatte es geschafft, zur Konvention zu werden, und Konventionen lassen sich nur ändern, wenn sich eine kritische Masse an Abtrünnigen gebildet hat. So weit kam es nicht.

Die Kritiker der US-Währung hatten schlicht übersehen, dass es keine Alternative zum US-Dollar gab. Keine andere Währung hing an einer so großen Volkswirtschaft und war weltweit so vernetzt. Die westdeutsche Wirtschaftsleistung betrug nur einen Bruchteil der amerikanischen. Damit war die D-Mark dem Schweizer Franken als kleine, aber feine Währung näher, als sie dem US-Dollar je kommen konnte.

Vom Yuan war in den 1970er-Jahren noch keine Rede und eine andere, ernst zu nehmende Alternative gab es nur auf dem Papier: den Euro. Bereits 1970 hatte der luxemburgische Premierminister Pierre Werner einen entsprechenden Vorschlag gemacht, nachdem er von den Staats- und Regierungschefs der europäischen Staaten aufgefordert worden war, mit einem Expertenteam einen Ausweg aus dem Bretton-Woods-Dilemma zu suchen. Die Experten hofften, bereits 1980 eine europäische Währungsunion durchsetzen zu können. Das war jedoch viel zu ambitioniert. Die nationalen Interessen ließen sich nicht bändigen. Zwar wurde 1972 der Europäische Wechselkursverbund gegründet, doch vor allem wegen der Ölkrise hielt sich niemand dran. Erst 1979 wurde das Europäische Währungssystem (EWS) eingerichtet, das Schwankungen der nationalen Währungen jenseits einer gewissen Bandbreite verhindern sollte. Nun sollte es noch 20 Jahren dauern, bis der Euro geschaffen wurde.

Die Renaissance des US-Dollar gelang also vor allem aus Mangel an Alternativen. Doch auch innenpolitisch bekam der Dollar neue Unterstützung. In den 1980er-Jahren gelang es dem neuen Chef der Fed, Paul Volcker, mit seiner Zinspolitik die hohe Inflation der 1970er-Jahre zu beenden. Gleichzeitig brachten die Wirtschaftsreformen unter Ronald Reagan, die berühmten Reaganomics, den USA einen neuen wirtschaftlichen Aufschwung. Die Staatsausgaben sanken, und der Dollar stabilisierte sich. Selbst die Einführung des Euro als Bargeld 2002 verringerte im ersten Jahrzehnt die Rolle des US-Dollar als weltweite Reservewährung kaum. Der Dollar ist nach wie vor Transaktions- und Preisbildungsmittel Nummer eins.

Bis vor einigen Jahren brachte das auf dem Dollar basierende, internationale Währungssystem der Welt eine Reihe von Vorteilen. Ein stabiler Dollar bietet Zentralbanken weltweit eine jederzeit verfüg- und veräußerbare Wertanlage. Er ermöglicht Händlern der unterschiedlichsten Länder, ihre Preise miteinander zu vergleichen und zu handeln, ohne sich über eine Abrechnungseinheit zu streiten. Noch mehr Vorteile als dem Rest der Welt bringt das System allerdings den Amerikanern. Sie verfügen weiterhin über das »unverschämte Privileg«, sich aufgrund der hohen Dollarnachfrage auf dem Weltmarkt ein Handelsdefizit leisten zu können. Zudem bringt der US-Dollar als Weltwährung großen politischen Einfluss für Washington in der Welt.

Doch je länger der US-Dollar die Führungsposition halten kann, desto mehr Nachteile türmen sich auf. Die Amerikaner haben sich inzwischen im Ausland so viel Geld geliehen, dass die Ausländer immer selbstbewusster werden. Und die Zeiten, in denen die Hauptgeldgeber der USA die bündnistreuen, weil nach dem Krieg von den Vereinigten Staaten mit großen Summen wieder aufgebauten Länder Deutschland und Japan waren, sind vorbei. Inzwischen ist ausgerechnet der größte Konkurrent der USA gleichzeitig ihr Hauptgläubiger: die Volksrepublik China. Eine ungünstige Konstellation. Hätten die Chinesen ernsthaft vor, den USA zu schaden, wäre es für sie ein Leichtes, die »finanzielle Atomwaffe« zu zünden, einen Großteil ihrer Reserven auf den Markt zu werfen und den Wert des Dollar durch das Überangebot ins Bodenlose stürzen zu lassen. Damit würden zwar auch ihre Devisenreserven an Wert verlieren, der Verlust für die Amerikaner wäre allerdings sehr viel höher. Denn bei den Chinesen würde nur die Summe auf dem Sparbuch kleiner, während die Amerikaner endgültig in Schulden versinken würden. Aber meist genügt schon die Drohung.

Es wäre jedenfalls nicht das erste Mal in der Geschichte, dass ein Land mit der Währungswaffe droht, um ein anderes in Schach zu halten. Keiner weiß das besser als die Amerikaner, die dieses Mittel selbst schon früh eingesetzt haben, zuletzt gegen die Briten in der Suezkrise. 1956 besetzten französische und britische Truppen den Suezkanal, den der ägyptische Militärführer General Nasser verstaatlichen wollte. Die Mühe, die verbündeten USA über diesen Schritt zu informieren, hatten sie sich gespart. Sie waren wie selbstverständlich von deren Unterstützung in der UNO ausgegangen. Ein Irrtum. Die USA hatten kein Interesse an einer Neuauflage kolonialer Machtpolitik der Europäer und bestanden auf Rückzug. Sie drohten Großbritannien, die Unterstützung bei einem IWF-Kredit zu versagen. Die Briten, deren Bank of England nicht mehr genug Reserven hatte, um den Kurs des Pfundes aufrechtzuerhalten, gaben klein bei. Am 22. Dezember 1956, nur 54 Tage nach Beginn der Operation, zogen sie ihre Truppen aus Ägypten ab.

Der letzte britische Versuch, unabhängig von Amerika als Großmacht aufzutreten, wurde also finanzpolitisch gestoppt. Ein Fall, von dem die Chinesen nunmehr gegenüber den Amerikanern offensichtlich gelernt haben. Es ist ihnen erstmals gelungen, den Spieß umzudrehen. Peking hat den offenen Ausbruch der Finanzkrise beschleunigt, nachdem es sich weigerte, die halbstaatlichen US-Immobilienanleihen von Fannie Mae und Freddie Mac weiter zu kaufen. Der Schaden war für die USA sehr viel größer als für China, das schon nach wenigen Monaten die Krise wieder hinter sich ließ. Seitdem befürchten US-Politiker mehr und mehr, China könne im Falle diplomatischer Verstimmungen die USA mit der Finanzwaffe zu Zugeständnissen zwingen.

Wie konnten die Chinesen innerhalb weniger Jahrzehnte in eine solch starke Position gelangen? Die Antwort liegt einmal mehr in ihrer Währungspolitik. Daher lohnt es sich an dieser Stelle, die Geschichte des Yuan etwas genauer in Augenschein zu nehmen.

4 DIE GEBURT EINER NEUEN WELTWÄHRUNG

Das Geld der Kommunisten

Kommunisten und Geld – eigentlich ist das ein Widerspruch in sich. Doch selbst Karl Marx wollte das Geld nicht abschaffen. Er hoffte allerdings, dass es im Kommunismus gleichsam von selbst verschwinden würde, weil es in einer Gesellschaft, in der alle über alles verfügen, nicht mehr gebraucht würde. Doch was ist, wenn der eine mehr von einem Produkt oder einer Leistung will und dafür von einem anderen Produkt oder einer Leistung weniger braucht? Es entstünde ein sehr umständlicher Tauschmarkt: Wie viele Kartoffeln ist die Programmierung einer Homepage wert? Wie viele Fische bekommt man für die Wartung eines Kernkraftwerks? Der Aufwand, dies alles mit Naturalientransaktionen auf einem Markt zu bewerten, wäre enorm. Das ist nur durch vergleichbare Preise möglich, einer Tauscheinheit, die von allen akzeptiert wird. Deshalb brauchen wir Geld. Und deshalb kamen auch die chinesischen Kommunisten nicht ohne Geld aus.

Auch wenn der Tauschhandel in der Sowjetunion, der DDR und in China bis in die 1970er in kleinem Stil und auf privater Ebene üblich war, orientierte sich selbst Mao Zedong an den westlichen Vorbildern. Er ließ eine Zentralbank schaffen, allerdings sollte diese eine eierlegende Wollmilchsau werden. Sie sollte nicht nur die Währung stabilisieren, sondern gleich auch den Wettbewerb ersetzen, also die Zinsen sowie die Preise bestimmen. Ein ganzes Land sollte von einer Bank gelenkt werden. Das klingt simpel, funktioniert aber nicht. Erst musste Mao 1976 sterben und sein Nachfolger, der Reformer Deng Xiaoping, an die Macht kommen, damit China aus dieser geldpolitischen Sackgasse herauskommen konnte. Natürlich hatte das junge chinesische Bankensystem Kinderkrankheiten, die vor allem zu hoher Inflation führten und Deng fast die Macht gekostet hätten. Der ihm folgende Premierminister Zhu Rongji stand daraufhin vor der riesigen Aufgabe, Chinas Geldpolitik auf eine stabile Basis zu stellen, ohne dass er sich auf eine Mannschaft verlassen konnte, die Erfahrung darin hatte.

Trügerische Einfachheit: Das Monobankensystem

Weil die Kommunisten Geld brauchten, benötigten sie eine Institution, die das Geld herstellt und verwaltet. Dass diese eine staatliche Institution sein müsste, war keine Frage. Selbst in modernen Marktwirtschaften ist die Zentralbank eine staatliche Einrichtung. Das hat sich über einen langen historischen Zeitraum als sinnvoll erwiesen. Schon vor Jahrtausenden war Geld für die Herrscher eine Möglichkeit, von den Gewinnen ihrer Untertanen zu profitieren, und sie taten denn auch alles, um die Münzprägung zu kontrollieren. Bereits die römischen Kaiser verdienten gut daran. Die Herstellung des Geldes war fast immer billiger als sein Tauschwert. Besonders als die Chinesen im

11. Jahrhundert und die Spanier im 15. Jahrhundert das Papiergeld einführten, stiegen die sogenannten Seignioragegewinne enorm an. Heute kostet ein Zehneuroschein nur 15 Cent in der Herstellung, kann danach allerdings für den Kauf von Waren im Wert von zehn Euro verwendet werden. Ein Gewinn von 9,85 Euro.

Als sich die Marktwirtschaft durchsetzte, gingen zwar viele staatliche Monopole verloren, doch beim Bargeld hat der Staat bis heute das Sagen. Und kaum jemand will dies abschaffen, denn es macht wirtschaftlich Sinn, die Ausgabe von Bargeld zu monopolisieren. Gäbe es in Deutschland etwa fünf private Währungen, die nicht von einer staatlichen Zentralbank, sondern von verschiedenen privaten Banken herausgegeben werden – jeder Zahlvorgang wäre ein großes Durcheinander. Alle Preise müssten in den verschiedenen Währungen angegeben werden. Man müsste alle im Portemonnaie mit sich herumtragen und ständig von einer Währung in die andere umrechnen. Allerdings würden der Wettbewerb und praktische Erwägungen dafür sorgen, dass sich mit der Zeit eine der fünf Währungen durchsetzt. Und wäre diese Währung in privater Hand, wäre sie in der Kontrolle von Menschen, die kein Interesse am Gemeinwohl haben. Sie hätten nur ein Interesse, mit der Währung möglichst viel zu verdienen und nicht etwa eine Plattform zu schaffen, auf der die Marktwirtschaft gut funktioniert. Deshalb ist der Staat beim Geld so wichtig.

Den chinesischen Kommunisten allerdings ging die Rolle des Staates als uneigennütziger Wächter nicht weit genug. Sie waren überzeugt, dass soziale Gerechtigkeit nur mit einem noch größeren Maß an Kontrolle möglich ist: Der Staat dürfe nicht nur die Währung, sondern auch die Preise nicht dem Wettbewerb überlassen. Und schon gar nicht dürfe er zulassen, dass die Währung international handelbar und damit den Interessen des Auslands ausgesetzt ist.

Die chinesische Notenbank heißt Chinesische Volksbank und wurde am 1. Dezember 1948 von den Kommunisten gegründet. Zu diesem Zeitpunkt kämpften Nationalisten und Kommunisten noch erbittert um die Vorherrschaft in China. Der heutige chinesische Staat, die Volksrepublik, wurde offiziell erst zehn Monate später am 1. Oktober 1949 nach dem Sieg der Kommunisten ausgerufen.

Aufgabe der Volksbank war es zunächst, das Papiergeld in den Gebieten zu vereinheitlichen, die von den Kommunisten kontrolliert wurden, und somit eine Basis für das künftige Zahlungswesen Chinas zu schaffen. Die neue Währung hieß *Renminbi*, was übersetzt »Volkswährung« bedeutet, die Grundeinheit wiederum war der *Yuan*. Im westlichen Sprachgebrauch hat sich auch für die Währung der Name *Yuan* eingebürgert, da sich in der Regel, wie im Falle des US-Dollar oder des Euro, die Namen für die Währung und ihre Grundeinheit nicht unterscheiden. Seit der Währungsreform von 1955 entspricht ein *Yuan* zehn *Jiao*, ein *Jiao* wiederum entspricht zehn *Fen*. Die größte Banknote ist bis heute der 100-Yuan-Schein, der im Herbst 2012 dem Wert von rund 13 Euro entsprach. Auf allen Yuanscheinen prangt das Porträt Mao Zedongs auf der Vorderseite, auf der Rückseite sind verschiedene chinesische Landschaften zu sehen. Die kleineren, sich kaum noch im Gebrauch befindenden Jiaoscheine zeigen statt Mao das Konterfei ethnischer Minderheiten in traditioneller Kleidung.

Die Kommunisten beließen es nicht bei einer einfachen Währungsreform. Sie wollten mehr Kontrolle. Nach einer mehrjährigen Übergangszeit hatten sie Chinas Bankensystem nach dem Vorbild der Sowjetunion umgebaut. Weil alle Produktionsmittel dem Volk gehören sollten, übernahm der Staat nach und nach die Kontrolle über alle inländischen Finanzinstitute. Die ausländischen Banken, die ihre prunkvollen Hauptsitze am Schanghaier Bund unterhielten, wurden gezwungen, das Land zu verlassen. Es sollte fast ein halbes Jahrhundert dauern, bis sie zurückkehren konnten, und sie haben bis heute nur sehr geringen Spielraum in China.

Das Finanzzentrum der Volksrepublik war den Kommunisten so wichtig, dass sie es nach Peking verlagerten. Anders als in Deutschland, wo die Bundesbank seit ihrer Gründung in Frankfurt sitzt und nicht etwa im politischen Zentrum Bonn oder Berlin, entschieden sich die Kommunisten, die Volksbank in ihrer Hauptstadt anzusiedeln. Sie bildete den Kern des neuen »Monobankensystems«, wobei System ein etwas zu großes Wort dafür ist, denn es gab nur eine einzige Monopolbank. Die Volksbank übernahm sowohl die Rolle der Notenbank als auch die Funktionen von Geschäftsbanken wie die Vergabe von Krediten. Doch im Gegensatz zum Bankwesen in einer Marktwirtschaft bestimmte sie nicht unabhängig über die Kreditvergabe oder die Geldpolitik, sondern diente lediglich als ausführendes Organ der Regierungspolitik, die die Wirtschaft planwirtschaftlich organisierte. Noch genauer: Sie tat ausschließlich, was Mao wollte. Mithilfe der Volksbank, die dem Finanzministerium unterstand, kontrollierte der Herrscher zwischen 1954 und 1978 im Prinzip alle finanziellen Ströme innerhalb Festlandchinas bis ins Detail.

Es gab zwei Arten von Geld: Bargeld für den Konsum und Buchgeld für die Produktion. Dieses Geld existierte ausschließlich auf den Konten der Volksbank. Dort lagen auch sämtliche Spareinlagen der Chinesen. Alle Rechnungen zwischen Unternehmen wurden mit Buchgeld über diese Konten beglichen. Auch Kredite gab es nur in Form von Buchgeld, die wiederum nach einem Plan Jahr für Jahr verteilt wurden. Die Regierung stellte, in Abstimmung mit den lokalen Filialen der politischen Volksbank, einen Kreditplan auf, nach dem die finanziellen Mittel an die Unternehmen verteilt wurden. Dabei wurden die Bilanzen der Volksbank beliebig manipuliert, um das Geld dorthin zu lenken, wo Mao es haben wollte. Am Ende des Jahres sammelte der Staat alle Einnahmen der Unternehmen ein und finanzierte damit zunächst den Staatsapparat einschließlich der Armee. Mit dem, was übrig blieb, wurden die Beschäftigten bezahlt. Weit über 90 Prozent der Industriearbeiter waren in Staatsunternehmen fast wie Beamte angestellt. Reichten die Einnahmen – und das war oft der Fall – für die Bezahlung nicht aus, ließen die Politiker einfach Geld drucken. Um Inflation mussten sie sich keine Sorgen machen, sie legten die Preise und Löhne ja selbst fest. Das dachten sie zumindest.

Die Reanimierung der Geschäftsbanken

So narrensicher das System auch klingen mag, es hatte mindestens zwei schwere Konstruktionsfehler. Es gab praktisch keine Auskunft über den Zustand der eigenen Wirtschaft, und es war nahezu ungeeignet, um mit der übrigen Welt Handel zu treiben. Als der Reformer Deng Xiaoping Ende der 1970er-Jahre nach dem Tod Maos an die Macht kam, war ihm klar, dass es so nicht weiterging. Nun konnte er seine Ideen verfolgen: Er wollte zunächst sowohl den internationalen Austausch als auch die Möglichkeit, den Zustand seiner Wirtschaft realistisch einzuschätzen, gewissermaßen als Sonderausstattung in das System einbauen. Statt des Klassenkampfes deklarierte Deng die Entwicklung der Wirtschaft zum obersten Ziel der Politik. Und er machte sich umgehend daran, das Einbanksystem aufzubrechen.

Die erste Geschäftsbank, die wieder eröffnete, war 1978 die Agricultural Bank of China. Sie sollte die Reformen in der Landwirtschaft von einem kollektiven zu einem marktwirtschaftlicheren System finanzieren. Die Bauern, die nunmehr ihr Feld nach eigenen Vorstellungen bewirtschaften durften, brauchten Kredite für Saatgut, Dünger und Maschinen. Im März 1979 folgte die Bank of China. Sie kümmerte sich um den internationalen Handel, für den ausländische Devisen nötig waren. 1983 wurde dann die spätere China Construction Bank gegründet, die Kredite an die Staatsunternehmen vergab. Und im Januar 1984 spaltete sich schließlich die Industrial and Commercial Bank of China, kurz ICBC, von der Volksbank ab. Damit waren Zentral- und Geschäftsbankaufgaben weitestgehend getrennt. Die ICBC war die größte der neuen Geschäftsbanken. Sie verwaltete die Spareinlagen und vergab Kredite.

Obwohl die chinesische Bankenlandschaft heute, 30 Jahre später, mit einer großen Zahl lokaler Banken und Kreditkooperativen sowie aktienfinanzierter Banken etwas vielfältiger daherkommt, sind es im Grunde noch immer diese vier staatlichen Institute, die das chinesische Bankgeschäft unter sich aufteilen. Sie halten 58 Prozent der Spareinlagen von Privathaushalten und die Hälfte der Spareinlagen von Unternehmen. 2010 kontrollierten sie 45 Prozent des gesamten chinesischen Finanzvermögens und gehören inzwischen zu den größten Banken der Welt.

Die Chinesische Volksbank konnte sich nach den Ausgliederungen auf ihre Rolle als nationale Notenbank konzentrieren. Doch im Gegensatz zu vielen ihrer westlichen Pendants war sie zunächst nicht unabhängig. Schritt für Schritt musste Deng lernen, wie moderne Zentralbanken funktionieren. Dabei halfen ihm wohlmeinende Ausländer, darunter auch Altbundeskanzler Helmut Schmidt. Deng und seine Zentralbankmanager lernten, zwei grundlegende, aber gegensätzliche Ziele auszubalancieren: Einerseits soll die Zentralbank die Geschäftsbanken mit Geld versorgen, die es dann in Form von Krediten an die Wirtschaft weitergeben. Kredite, mit denen Unternehmen ihre Investitionen und Privatkunden ihren Wohlstand finanzieren. Läuft die Wirtschaft schlecht, druckt der Staat Geld, damit die Banken mehr Geld haben, das sie an Investoren, aber auch an Konsumenten verleihen können.

Der große Nachteil dieser Methode: Inflation. Je mehr Geld gedruckt wird, desto weniger ist es wert. Genau das zu verhindern ist die zweite große Aufgabe der Zentralbank. Und der entscheidende Weg zur Verringerung von Inflation ist, wiederum weniger Geld zu drucken. Das bedeutet jedoch: Konsumenten und Investoren bekommen weniger Kredite von den Banken, die Wirtschaft kühlt sich ab.

Die Zentralbank steuert diese Entwicklung, indem sie Wertpapiere von den Geschäftsbanken kauft und an diese wieder verkauft, je nachdem, wohin die Reise gehen soll. Wertpapiere sind nichts anderes als schriftliche Versprechen, geliehenes Geld zu einem bestimmten Zeitpunkt mit einer bestimmten Leihgebühr, dem Zins, zurückzugeben. Verkauft eine Geschäftsbank Wertpapiere an die Zentralbank, erhält sie dafür frisches Geld, das sie an ihre Kunden verleihen kann. Die Banken wollen meist mehr Geld, als sie bekommen können. Deshalb bieten sie der Zentralbank ständig ihre Wertpapiere an. Damit sitzt die Zentralbank am längeren Hebel.

Zu welchen Konditionen die Notenbank die Kreditinstitute versorgt, lässt sich an einem ganz einfachen Indikator erkennen, nämlich an der Höhe der Zinsen. Kauft die Zentralbank weniger Wertpapiere, locken die Banken mit hohen Zinsen. Das bedeutet, dass die Banken das Geld auch zu entsprechend hohen Zinsen verleihen müssen, um selbst noch zu verdienen. Dadurch werden immer weniger Kreditgeschäfte für die Banken attraktiv, die Geldmenge verringert sich. In diesem Fall spricht man von einer restriktiven oder kontraktiven Geldpolitik. Kauft die Zentralbank viele dieser Papiere, können die Banken sich zu relativ niedrigen Zinsen Geld beschaffen. Die Geldmenge erhöht sich, man spricht von einer expansiven Geldpolitik. Niedrige Zinsen auf den Finanzmärkten befeuern das Wachstum. So kann Geldpolitik einen wichtigen Beitrag zur Belebung der Konjunktur leisten.

Das alles mussten die Chinesen sich in den 1980er-Jahren mühsam erarbeiten. Am Ende des Jahrzehnts stellte sich dann auf dramatische Weise heraus, dass sie immer noch nicht wirklich verstanden hatten, wie moderne Geldpolitik funktioniert. Zum Verhängnis wurde ihnen ausgerechnet ein Systemfehler, den sie sich im Westen abgeguckt hatten: die Unterordnung der Zentralbank unter das Finanzministerium. Dass die Notenbank zum Finanzministerium gehörte, war auch im Westen bis in die 1980er-Jahre nicht ungewöhnlich. Damit sollte vor allem garantiert sein, dass die Geldpolitik demokratisch legitimiert ist. Denn bei einem Regierungswechsel übernahm in der Regel auch ein neuer Finanzminister die Macht.

Allerdings hatte diese Form der Demokratie auch Nachteile. Denn die obersten Interessen des Finanzministeriums sind, dass zum einen die Wirtschaft läuft und zum anderen alle Ausgaben im Staatshaushalt gedeckt sind. Daher neigt ein Finanzminister dazu, zu viel Geld zu drucken und so die Inflation zu schüren, mit der sich dann allerdings sein Nachfolger herumschlagen muss. Die Zeche dieser inflationstreibenden Politik zahlt der Bürger, denn alles wird teurer und sein gespartes Geld verliert an Wert.

Auf Dauer stellte es sich als besser heraus, wenn die Zentralbank unabhängiger von der jeweiligen Regierung agiert und nicht den kurzfristigen Interessenlagen der Demokratie ausgesetzt ist. In Europa war es besonders die Deutsche Bundesbank, die unabhängig von der Regierungspolitik handelte und deshalb die Inflation niedrig halten konnte.

Gewählte Finanzminister neigen zudem dazu, mithilfe der Geldpolitik trotz drohender Inflation die Konjunktur anzukurbeln und so kurzfristig Probleme auf dem Arbeitsmarkt zu lösen. Denn Inflation macht sich meist erst mittelfristig bemerkbar. Der typische geldpolitische Zyklus einer Legislaturperiode sieht so aus: Kurz nach der Wahl werden die Geldschleusen geöffnet. Weil mehr Geld auf dem Markt ist, sinken die Zinsen, und das ist gut für die Konjunktur. Sie schafft mehr Arbeit, und damit erhöhen sich die Chancen, wiedergewählt zu werden. Kurz vor der Wahl werden die Geldschrauben allerdings wieder angezogen, damit sich die Wirtschaft nicht überhitzt. Als Folge verlangsamt sich das Wirtschaftswachstum, es gibt wieder mehr Arbeitslose. Diese Effekte treten jedoch erst nach der Wahl auf. Der neue Amtsinhaber kann nun die Probleme auf seinen Vorgänger schieben und mit einer erneuten expansiven Geldpolitik das Spiel von vorne beginnen.

Solche Probleme hatte die Chinesische Volksbank zwar nicht, da die Kommunistische Partei keine freien Wahlen zulässt. Dennoch tappten Politiker und Zentralbanker in die Inflationsfalle, und zwar so sehr, dass ganz China aus dem Ruder lief. Der Grund dafür liegt auf der Hand. Deng Xiaoping musste sich zwar nach den ersten Jahren im Amt keiner demokratischen Wiederwahl stellen. Aber er musste den altmaoistischen Hardlinern innerhalb der Partei beweisen, dass sein politischer Weg der wirtschaftlichen Öffnung funktioniert. Also wurde alles getan, damit die Wirtschaft boomt. Das Risiko einer Inflation unterschätzten die chinesischen Kader völlig.

Von der Inflation zum Tian'anmen-Massaker

Kaum jemand, weder im Westen noch in China, dachte an Inflation oder Geldpolitik, als die Bilder vom 4. Juni 1989 um die Welt gingen. Chinesische Armee-Einheiten hatten in der Nacht den Platz des Himmlischen Friedens gestürmt, den Zehntausende Menschen seit Wochen besetzt hielten, um gegen die Regierung zu protestieren. Beim Abzug von dem Platz waren Demonstranten und Militär aneinandergeraten: Mehrere Hundert Menschen starben, Tausende wurden verhaftet und zum Teil zu langen Haftstrafen verurteilt.

Die kommunistischen Herrscher in Peking, die vom Westen wegen ihrer Reformen überschwänglich gelobt worden waren, zeigten schlagartig und für den Westen überraschend ein anderes, brutales Gesicht, das viele längst für Geschichte hielten.

Die Frage, was die Demonstranten wirklich wollten, war im Westen schnell beantwortet. Genau wie ihre osteuropäischen Brüder in Polen, der DDR oder der Sowjetunion, so die landläufige Meinung, strebten sie nach Freiheit in einem neuen, demokratischen Land, in dem die Macht tatsächlich vom Volk ausgeht.

Es mag sein, dass sich die Forderungen der Studenten und ihrer Unterstützer im Laufe der Proteste wenn auch nur vage in diese Richtung hin kristallisierten, doch der Großteil der Demonstranten hatte keine klare Vorstellung davon, was genau sie wollten. Was sie nicht wollten und was sie ursprünglich zu ihrem Protest bewogen hatte, war dagegen um einiges klarer: Es waren die negativen Folgen der Reform- und Öffnungspolitik, die die chinesische Regierung unterschätzt hatte, und auf die sie keine Antwort fand. Dazu gehörte zum einen die ausufernde Korruption. In dem Maße, in dem das Land plötzlich mit Geld geflutet wurde, um die Wirtschaft zu reformieren, landete viel in den Taschen von jungen aufstrebenden und gerissenen alten Kadern, die das Geld eigentlich in ihren Städten verteilen sollten. Doch während die Bereicherung von Beamten auf Kosten des Volkes seit Jahrtausenden in China an der Tagesordnung ist, gab es nun noch ein zweites Übel, das neu war und die Lage unerträglich erscheinen ließ: die Inflation, der rasante Anstieg der Preise.

Vor der wirtschaftlichen Öffnung war dieses Phänomen lange in Vergessenheit geraten. Zwischen 1953 und 1978 waren die Preise kaum gestiegen, denn sie wurden nicht am freien Markt bestimmt, sondern vom Staat. Als dieses System mit Beginn der Reformen ab 1979 schrittweise gelockert wurde und die Preise plötzlich von Angebot und

Nachfrage bestimmt wurden, wollten die Menschen mehr kaufen, als angeboten wurde. Die Folge: Die Preise stiegen. Anfang der 1980er-Jahre fiel das noch kaum ins Gewicht, die Inflation war relativ niedrig, selbst 1984, als Volkswagen seine erste Fabrik in China eröffnete, betrug die Steigerungsrate der Verbraucherpreise nur 2,8 Prozent. Ab Mitte des Jahrzehnts änderte sich das schlagartig. Die Inflationsrate kletterte zunächst auf über sechs Prozent, bis sie 1988 plötzlich auf ein Rekordhoch von durchschnittlich fast 20 Prozent schoss. In den Städten wurden sogar weit über 30 Prozent gemeldet.

Die Chinesen, die sich in den vergangenen Jahren ihren ersten kleinen privaten Wohlstand aufgebaut hatten, waren besorgt, dass die Inflation ihn wieder auffressen würde. Sparen lohnte sich längst nicht mehr, denn die Zinsen auf die Ersparnisse lagen weit unter der Inflationsrate. Jahr für Jahr hätten die Guthaben der Sparer so einen beträchtlichen Teil ihres Wertes verloren. Jeder versuchte stattdessen, sein Geld möglichst schnell noch sinnvoll auszugeben, was die Inflation weiter anheizte. Eine Abwärtsspirale.

Die Gehälter der Staatsangestellten und die Löhne der Arbeiter konnten nicht mehr mit den Preissteigerungen mithalten. Die Menschen standen vor gefüllten Regalen, konnten sich aber immer weniger leisten. Das System von teils staatlich festgelegten, teils durch den Markt bestimmten Preisen und Löhnen wendete sich gegen sich selbst.

Hart getroffen wurden vor allem die Jugend und die Bildungselite. Auf einmal verdienten Taxifahrer mehr als Universitätsprofessoren und Kellner mehr als Lehrer. Eine gute Ausbildung schien nichts mehr wert zu sein während dieser wilden Anfangsphase des Kapitalismus. Es lockte das schnelle Geld. Seit dem Ende der Kulturrevolution war die Zahl der Oberschüler nicht etwa gestiegen, obwohl es wieder mehr Schulen gab, sondern um 25 Prozent gesunken. Die gebildete Jugend war pessimistisch. Wer studierte, würde es jahrelang verpassen, Geld zu verdienen – und nun war nicht einmal klar, ob das Wirtschaftswachstum weiter anhalten oder von der Inflation aufgezehrt werden würde. Eine Entwicklung, die die Korruption erst recht anfeuerte. Die, die Geld beiseiteschaffen konnten, griffen mit vollen Händen zu, solange es ging. Ausufernde Korruption und steigende Inflation – angesichts dieses Doppelübels schienen die jungen Menschen nichts mehr zu verlieren zu haben. Sie entschlossen sich, etwas zu tun, das die Machthaber in Peking zutiefst irritierte: Sie gingen auf die Straße und demonstrierten.

Jetzt rächte sich, dass die chinesische Führung während der frühen Reform- und Öffnungsphase geglaubt hatte, sich um Geldpolitik nicht kümmern zu müssen. Die cleveren Zentralbankautodidakten hatten davor gewarnt, doch die Politiker hatten alle Bedenken beiseite gewischt. Und die Volksbanker selbst waren noch längst nicht unabhängig genug, auf eigene Faust zu handeln.

Die Inflation stieg weiter und weiter. Einer der Gründe war die staatliche Haushaltspolitik. Zwar war es nicht mehr Aufgabe der Notenbank, den Staat direkt mit Geld zu versorgen. Stattdessen sollte sich der Staat wie in westlichen Ländern durch Steuern und die Ausgabe von Schuldtiteln, sprich Staatsanleihen, finanzieren. Es gab aber unverändert die alten Reflexe, und de facto lief das System weiter darauf hinaus, dass Löcher im Staatshaushalt über die Notenpresse finanziert wurden. Ähnlich wie in den USA heute.

Ein weiterer Grund für die Krise lag in der Struktur der Volksbank. Die regionalen Zweigstellen der Notenbank wurden von den jeweiligen Lokalregierungen beaufsichtigt, die eigentlich die Politik der Zentrale auf lokaler Ebene umsetzen sollten. Die Provinzfürsten waren aber in einen regelrechten Kapitalismusrausch geraten – und Peking mit seinen Vorgaben, Vorschriften und Richtlinien war weit weg.

Bestes Beispiel: die (Nicht-)Einhaltung der von der Regierung klar und deutlich vorgegebenen Kreditobergrenzen. Die Provinzen wetteiferten darum, wem es als Erstem gelingen würde, neue lukrative Geschäftsfelder zu besetzen, und da siegte oft der Rausch des Aufschwungs über die finanztechnische Vernunft. Die Gouverneure drückten beide Augen zu, wenn es darum ging, den einen oder anderen Kredit mehr zu genehmigen, und hofften darauf, bald genug Geld zu verdienen, um problemlos ihre Kredite zurückzuzahlen. Die Inflation schien weit weg und galt als nationales, nicht lokales Problem. Feiglinge sprachen über Inflation, die Mutigen verdienten Geld.

Die Zweigstellen der Volksbank vor Ort hielten entsprechend die Geschäftsbanken an, mehr Kredite zu vergeben, als sie eigentlich sollten. Die Lage verschlimmerte sich durch lokalen Protektionismus. Kredite wurden nicht an die effizientesten Unternehmen vergeben, sondern nur an die mit den besten Beziehungen. Gleichzeitig fingen die Lokalfürsten an, Handelsschranken aufzubauen, um die eigenen Betriebe vor Konkurrenz aus anderen Regionen zu schützen. Der eingeschränkte Binnenhandel ließ die Preise dann auch regional in die Höhe schießen. Die Inflation war in den Provinzen angekommen.

Auch der Außenhandel machte den chinesischen Reformern zunehmend Sorgen. Die Gegner Dengs befürchteten, immer mehr vom Ausland abhängig zu werden. Anfangs hatte Deng dies mit der Bemerkung weggewischt, man müsse das Fenster öffnen, selbst wenn dabei einige Fliegen hereinkämen. Doch die Lage wurde brenzliger, und die Angst, wieder in den Klammergriff der Ausländer zu geraten, saß nach den Erfahrungen des 19. Jahrhunderts noch tief.

Vor allem in den wachsenden Importen sahen die Hardliner der Partei eine Gefahr. Schon 1984 waren die Einfuhren nur für sieben Monate durch Devisenreserven gedeckt. Das größte Problem waren westliche Konsumgüter, die niemand brauchte. Denn den staatlichen Händlern mit Importlizenzen fehlte die Erfahrung, wie man sich auf den Bedarf des Marktes einstellt. Sie kauften aus dem Bauch heraus alles, was ihnen gefiel. Die Regierung verlor die Kontrolle über die Importe und musste sich im Ausland verschulden. Bis Ende 1986 schnellte die Verschuldung auf insgesamt 21 Milliarden hoch.

Das Land stand vor einem Chaos. Bereits im Dezember 1986 gingen Studenten in der Provinz Anhui auf die Straße. Während frühere Demonstrationen häufig von lokalen Kadern angeordnet und für interne Machtkämpfe instrumentalisiert worden waren, geschah dies zum ersten Mal in der Geschichte der Volksrepublik, ohne dass hohe Parteioffizielle dies kontrollierten. Die Konservativen waren alarmiert: Chinas gerade gewonnenes Ansehen in der Welt und damit sein nationales Selbstwertgefühl standen auf dem Spiel.

Deng Xiaoping trat notgedrungen auf die Bremse. Er tat, was Entwicklungsländer üblicherweise in einer solchen Krise tun. Er ließ den Yuan abwerten, um chinesische Produkte billiger zu machen und sie im Ausland günstiger verkaufen zu können. Das funktionierte zunächst. In nur einem Jahr sank das Handelsbilanzdefizit um knapp 70 Prozent. Damit konnte Deng zwar zunächst die besorgten Genossen beruhigen. Doch mit den Hebeln der Kommandowirtschaft ließ sich die entfesselte Marktwirtschaft auf Dauer nicht steuern; die Inflationsspirale bekam er nicht in den Griff.

Mit den Preisen stieg der Unwille im Volk. Die Schriftstellerin Zhang Jie gibt die Stimmung in ihrem Roman *Schwere Flügel* treffend wieder. Sie lässt einen alten Funktionär sagen: »Blinde Reformsucht! Kein Mensch weiß, ob das neue Zeug was taugt. Wenn's danebengeht, hat man gar nichts mehr in der Hand. Selbst sehen, wie man über die Runden kommt. Ist das noch Planwirtschaft? Wo liegt jetzt noch die Überlegenheit des Sozialismus?«

Was als eine kleine Demonstration in einer Provinzstadt begonnen hatte, weitete sich nach Schanghai und Peking aus. Am 20. Dezember 1986 demonstrierten etwa 10 000 Studenten in Schanghai. Drei Tage später protestierten 23 000 Studenten in Peking und durchbrachen die Absperrungen um den Platz des Himmlischen Friedens. Nun nahm auch der Westen wahr, dass in China nicht alles zum Besten stand.

Mit den Demonstrationen kamen Erinnerungen an das Chaos der Kulturrevolution hoch. Deng musste ein Opfer bringen, um nicht selbst zum Opfer zu werden. Im Januar 1987 gab er seinen besten Mann auf: Hu Yaobang, den er eigentlich als Nachfolger auserkoren hatte, musste sein Amt als Generalsekretär der Partei niederlegen, er galt den Konservativen als zu nachgiebig und liberal.

Die parteiinternen Machtspiele lösten jedoch Chinas wirtschaftliche Probleme nicht. Die Auslandsschulden stiegen bis Ende 1987 weiter auf über 30 Milliarden US-Dollar. Die Importe waren durch Devisenreserven nun nur noch für sechs Monate gedeckt. Auch die Inflation stieg weiter an, und gleichzeitig kamen immer mehr Fälle korrupter Kader ans Licht. 1988 wurden zum Beispiel von den 2200 Tonnen Rohseide aus meist staatlichen Seidenfabriken, die der staatlichen Textilindustrie zugesagt worden waren, nur 13 Tonnen ausgeliefert. Der Rest wurde illegal verschoben; das Geld wanderte in die Taschen der Staatsmanager. Der Schwarzmarkt florierte, weil die Menschen ihr Geld in US-Dollar oder andere Devisen umtauschten. 1989 war der Schwarzmarkt-Dollarkurs doppelt so hoch wie der offizielle, die Führung war nun der Möglichkeit beraubt, über Auf- und Abwertung der Währung die Wirtschaft zu steuern.

Politisches Chaos war für die Chinesen nichts Neues. Doch diesmal war etwas anders: In den vorangegangenen Jahren der Öffnung war für die Menschen erstmals eine Alternative sichtbar gewesen. Der Unmut derjenigen, die nicht am neuen Reichtum teilhatten, und das war der Großteil der chinesischen Bevölkerung, machte sich immer deutlicher Luft. Die Lage war angespannt wie schon seit Maos Tod nicht mehr, als im März 1989 der Nationale Volkskongress in Peking zusammentrat. Die Hardliner um Premierminister Li Peng versuchten, mit dem Reformer Deng Xiaoping abzurechnen, den sie für Inflation und Wirtschaftsprobleme verantwortlich machten.

Doch das konnte die Bevölkerung nicht beruhigen. Die Sorge in der Führung nahm zu. Vor allem, da es im Jahr 1989 genügend Jahrestage gab, die sich für symbolträchtige Demonstrationen anboten: Es stand der 70. Jahrestag der 4.-Mai-Bewegung an, wenig später der 200. Jahrestag der Französischen Revolution, und am 1. Oktober jährte sich die Gründung der Volksrepublik zum 40. Mal. Ähnlich wie in Europa heute war aus großen finanzpolitischen Fehlern ein soziales Problem entstanden, bei dem es um alles oder nichts ging.

Als am 15. April der abgesetzte Parteichef Hu Yaobang an einem Herzinfarkt starb, tauchten schon Stunden später an zahlreichen Universitäten Plakate und Spruchbänder auf, die den Tod Hus betrauerten. Am folgenden Tag zogen in Peking rund 4000 Menschen auf den Platz des Himmlischen Friedens, demonstrierten gegen Korruption und Missmanagement. Eines der Spruchbänder: »Wir werden kritisiert, weil wir angeblich die nationale Stabilität und die Einheit zerstören. Doch wir haben eine galoppierende Inflation, Korruption in der Partei und wachsendes Chaos. Wer ist nun wirklich verantwortlich für diese Instabilität?« Viele dieser Ansichten deckten sich mit Dengs Meinungen, doch intern distanzierte er sich von seinem verstorbenen Weggefährten: »Seine Haltung gegenüber der Wirtschaft war nicht korrekt. Sein Ansatz eines zweistelligen Wirtschaftswachstums wird nur größere Inflationsraten zur Folge haben. (...) Heben wir ihn also nicht zu hoch, nur weil er gerade gestorben ist.«

Die Demonstrationen machten Deng, der schon viele Massenbewegungen erlebt hatte und die Risiken bestens einzuschätzen wusste, große Sorgen: »Das ist keine gewöhnliche Studentenbewegung, sondern Aufruhr. (...) Wir dürfen nicht zulassen, dass sie weiterhin tun, was sie wollen. (...) Wir müssen alles tun, um ein Blutvergießen zu vermeiden, aber wir sollten auch einkalkulieren, dass es vielleicht nicht möglich sein wird, ein Blutvergießen gänzlich zu vermeiden«, versuchte er zu beschwichtigen. Doch es half nichts mehr, Massendemonstrationen legten das Land lahm. Vor allem Peking war nicht mehr regierbar.

Der Politik entglitt nun nicht nur die Kontrolle über die wirtschaftliche, sondern auch über die politische Lage. Nach einem letzten gescheiterten Versuch des KP-Generalsekretärs Zhao Ziyang, der die Protestierenden zum Aufgeben bewegen wollte, ließ Deng den Platz des Himmlischen Friedens mit Panzern räumen. Viele Studenten starben dabei. Die Führer des Aufstands wurden verhaftet.

Die Führung hatte ihre Macht zurückerobert, wenn auch zu einem hohen Preis. Der Reformer Deng hatte an Macht eingebüßt und die Hardliner um Li Peng hatten an Einfluss gewonnen – die wirtschaftlichen Probleme bekamen sie nicht in den Griff. Im Gegenteil. Das gebeutelte Wachstum erhielt noch einen weiteren Dämpfer. Hatte es 1988 noch 11,3 Prozent betragen, waren es 1989 nur noch 4,1 Prozent, 1990 sogar nur 3,8 Prozent. Ein Einbruch, der vor allem daher kam, dass die ausländischen Investoren angesichts der politischen Instabilität, die ihnen mit den Tian'anmen-Ereignissen drastisch vor Augen geführt worden waren, ihre Pläne überdachten. Auch die Exporte gingen zurück, der Westen rückte von China ab.

Positiver Nebeneffekt: Die Inflation ließ nach. Das Grundproblem aber war nicht gelöst: Der marode Staatshaushalt wurde immer noch mit gedrucktem Geld versorgt. Die lokalen Zweigstellen gaben mehr Kredite denn je aus, war doch nicht klar, ob diese Geldquelle für die Provinzregierungen nicht bald versiegen würde. Und schon bald wurde China von der nächsten Inflationswelle überrollt.

Die Führung wusste, dass sie sich mit dem brutalen Vorgehen gegen die Demonstranten im Volk diskreditiert hatte. Die einzige Möglichkeit, neue Aufstände zu verhindern, war es, den Menschen nun so schnell wie möglich Wirtschaftswachstum und eine stabile Währung zu bieten. Endlich hatte Peking verstanden, wie wichtig die Währung für den sozialen Frieden eines Landes sein kann. Doch der Regierung fehlte das Know-how, um das Währungsproblem zu lösen. Das war die Chance für Deng. Sollte es ihm gelingen, die Wirtschaft in den Griff zu bekommen, wäre er wieder im Spiel. Er wusste, dass er in Peking unter den gegebenen Machtverhältnissen wenig ausrichten konnte, also ging er einen machttaktischen Umweg.

Im Frühjahr 1992 reiste der inzwischen 87-jährige Deng Xiaoping in die südlichen Boomregionen und ermutigte die lokalen Kader, nicht auf der Hälfte des Reformwegs stehen zu bleiben, sondern mutig voranzuschreiten. Vor wirtschaftsorientierten Kadern und vor allem vor dem Militär kritisierte er, die Regierung um Staatspräsident Yang Shangkun öffne den Markt nicht schnell genug. Man müsse sich mit dem Fortschritt in der Welt auseinandersetzen, forderte Deng: »Das gilt auch für die fortschrittlichen Arbeitsverfahren und Managementmethoden, die andere Länder, die kapitalistischen eingeschlossen, entwickelt haben.«

Er schaffte es tatsächlich, die Militärs hinter sich zu bringen, indem er sie überzeugte, dass Geschäfte zu machen besser sei, als zu putschen oder gar Kriege zu führen. Zur Sicherheit schob er noch eine Drohung hinterher. In einer deutlichen Botschaft, die er vom Parteisekretär der Provinz Hubei verbreiten ließ, zog Deng eine klare Linie: »Wer gegen die Reform ist«, warnte er seine Gegenspieler, »verliert sein Amt.«

Knapp drei Wochen lang wurde Dengs Reise in Peking totgeschwiegen. Doch Garnison um Garnison war begeistert, Kader um Kader wurde überzeugt, Sonderwirtschaftszone um Sonderwirtschaftszone schlug sich auf seine Seite. In Shenzhen, der ersten Sonderwirtschaftszone und dem Geburtsort von Chinas Wirtschaftswunder, sprach Deng am Ende zu einer enthusiastischen Menge. »Der Erfolg Shenzhens beweist, dass es keinen Grund gab, sich den Kopf darüber zu zerbrechen, ob wir nun einer sozialistischen oder kapitalistischen Linie folgen. Nur Eckensteher stellen überhaupt diese Frage, und sie machen sich damit selbst unmöglich.« Je stärker der Rückenwind wurde, desto schärfer wurde die Tonart. An die Adresse der Genossen in Peking richtete er schließlich die Warnung: »Wenn wir den Lebensstandard der Bevölkerung nicht verbessern, dann steuern wir unsere Partei in eine Sackgasse.« Den Einwand, dass der Boom in Shenzhen und anderen Städten im Süden nur von ausländischen Investitionen lebe, ließ er nicht gelten. »Diese [ausländischen] Firmen machen ihre Gewinne im Einklang mit unseren Gesetzen, zahlen Steuern und schaffen gut bezahlte Jobs für unsere Arbeiter. Was soll daran verkehrt sein?«

Deng hatte den richtigen Ton getroffen. Die Pekinger Führung knickte ein. Das Staatsfernsehen sprach von Dengs »Großer Reise in den Süden«. Der Reformer hatte verstanden, dass er erst die Stimmung im Land drehen musste, bevor er die komplexen finanzpolitischen Themen angehen konnte. Sein politischer Feldzug löste eine Welle an Investitionen aus, die Wirtschaft kam wieder in Fahrt. 1992 wuchs Chinas Bruttoinlandsprodukt um beispiellose 12,8 Prozent, ein Wert, der die offizielle Vorhersage um mehr als das Doppelte übertraf.

Der Geldpolitikprofi

Mit dem Wirtschaftswachstum kehrte leider das Symptom steigender Preise zurück. Ein Problem, für das auch Deng keine Lösung wusste. Aber eine Lösung, so viel war klar, musste her. Die Führung konnte sich kein weiteres Debakel leisten, sie musste unter allen Umständen beweisen, dass sie in der Lage war, Wohlstand zu garantieren. Wirtschaftsexperten waren nötig, doch die waren innerhalb der Nomenklatur rar. Eine der wenigen Ausnahmen: Zhu Rongji, der schon als Schanghaier Bürgermeister in der zweiten Hälfte der 1980er-Jahre bewiesen hatte, dass er die makroökonomischen Mechanismen einer modernen Wirtschaft durchschaute, und dass er in Sachen Professionalität durchaus mit dem Westen mithalten konnte. 1991 machte Deng ihn zum Vizepremier, die Vorschusslorbeeren waren beachtlich: »Zhu Rongji ist der Einzige, der etwas von Wirtschaft versteht«, befand Deng.

Zwei Jahre benötigte Zhu, um sich in der Pekinger Machthierarchie zu verankern. Es waren keine einfachen Zeiten: Das Wachstum fuhr Achterbahn, die Wirtschaft sackte abwechselnd ab und kochte über, die Inflation lag in der ersten Jahreshälfte 1993 schon bei über 21 Prozent, also noch höher als in den Krisenjahren 1988 und 1989.

Im Gegensatz zur Krise 1989 hatte die Regierung jetzt aber begriffen, dass der Schlüssel in der Bekämpfung der Inflation und damit in der Geldpolitik lag. Die Banken verfügten kaum noch über Bargeldreserven, nachdem sie mit, wie Zhu es nannte, »chaotischen Krediten« maßlose Immobilienprojekte finanziert hatten. Schließlich setzte er sich selbst ans Steuer und wurde im Juli 1993 Zentralbankchef. Er verkündete als neuer Notenbankchef einen 16-Punkte-Plan: das erste makroökonomische Konzept in der Geschichte Chinas, das modernen, erprobten volkswirtschaftlichen Methoden entsprach. Zhu führte Spielregeln für die Kreditvergabe ein, eine Geldmengenpolitik, hob die Zinsen an, fror die Preise von Gütern ein, die die Inflation besonders stark anheizten. Er bekämpfte den Schwarzmarkt und sorgte in den Banken für Barreserven, damit Kontoinhaber ihr Geld abheben konnten, wann sie wollten, und nicht den Eindruck bekamen, der Staat sei zahlungsunfähig.

Die Verschuldung des Staates sollte nun kontrollierter erfolgen.

Ein beachtliches Konzept – dessen Umsetzung aber kostspielig war. Mit herkömmlichen Methoden, etwa effektiverer Steuerfahndung, waren die Mittel dafür nicht einzuspielen. Also griff Zhu auf die alten Hebel der Kommandowirtschaft zurück, er führte das sogenannte Tanpai-System ein, was so viel bedeutet wie: »die Karten auf den Tisch legen«. Staatsangestellte und -unternehmen wurden per Quote gezwungen, staatliche Anleihen zu kaufen. Das entsprach zwar nicht marktwirtschaftlichen Vorstellungen, funktionierte aber für eine Übergangsphase und erlaubte es China, einen hohen Grad an Eigenständigkeit zu bewahren.

Parallel dazu musste die Inflation bekämpft werden, denn der Führung war bewusst, dass es den Menschen nicht zuzumuten war, vom Staat zur Kasse gebeten zu werden, wenn gleichzeitig ihre Ersparnisse schmolzen. Und dass dies nur dazu führen würde, dass sie noch mehr Geld ausgeben oder sich heimlich in US-Dollar flüchten würden. Die Bevölkerung blieb zunächst erstaunlich ruhig und spielte mit, teils aus Vernunft, teils weil der Schrecken der Unruhen von 1989 noch tief saß.

Die Geduld hatte Grenzen. Gerüchte über Getreideknappheit führten 1994 zu Hamsterkäufen, die Preise schossen um bis zu 50 Prozent in die Höhe. Die gesamtchinesische Inflationsrate lag bei 22 Prozent, die höchste seit Gründung der Volksrepublik. Kurzfristige Immobilienspekulationen trieben die Rate in den Städten noch weit über den Landesdurchschnitt.

Zhu hielt dagegen. Im Politbüro setzte er den Ausbau der Volksbank zu einer modernen Zentralbank durch. Am 14. November 1993 wurde ihr zumindest offiziell die Verantwortung für eine stabilitätsorientierte Geldpolitik übergeben, wobei sie nach wie vor der Kontrolle durch den Staatsrat unterstand. Schon im Frühjahr des Jahres waren die Rechte der Volksbank bei der Zinssetzung gestärkt worden. Geschäftsbanken durften jetzt nur noch Zinsen innerhalb der von der Volksbank festgelegten Spanne vergeben, zu hohe Risiken bei der Kreditvergabe sollten so vermieden werden. Damit die Banken trotzdem Gewinne machen konnten, wurde der Wettbewerb bei den Zinsen für Einlagen verboten. Über die Zinsen wollte Zhu die Geldmenge steuern. Die Volksbank erhöhte mehrmals die Zinsen für einjährige Kredite der Banken, im Frühjahr 1993 von gut sieben auf neun und im Juli nochmals um ein Prozent.

Die Politik hatte Erfolg. Weil das Geld für die Geschäftsbanken teurer war, wurden auch Kredite teurer, was manchen Unternehmer abschreckte, zu investieren. Die Konjunktur kühlte sich ab. Die Geldmenge wuchs langsamer, in der zweiten Jahreshälfte 1993 sank die Inflationsrate von über 23 auf 17 Prozent. Die Menschen brachten ihr Geld wieder auf die Bank. 1994 stiegen die Einlagen um 345 Milliarden Yuan. Ein Jahr später fast noch einmal um das Doppelte.

Die Reformmaßnahmen waren ein Anfang, aber sie gingen nicht weit genug, wie sich an der 1994 wieder gestiegenen Inflation zeigte. Es musste mehr getan werden. 1995 erhöhte die Volksbank erneut die Zinsen und beschloss, keine politisch motivierten Kredite an Staatsunternehmen mehr zu vergeben. Diese Aufgabe sollten von nun an darauf spezialisierte politische Banken übernehmen, wie die State Development Bank, die Export-Import Bank of China oder die Agricultural Development Bank of China, die dafür neu gegründet wurden. Die Volksbank sollte sich ganz der Geldpolitik widmen.

Zudem wurde beschlossen, sich nunmehr an einen festen Wechselkurs zum US-Dollar zu halten. Das wurde zur zweiten wichtigen Aufgabe der Zentralbank. Zu Beginn der Reformen im Jahr 1980 hatte ein Dollar noch 1,50 Yuan gekostet, jetzt stand er bei über acht Yuan. Bei diesem Wert sollte der Kurs vorerst verharren. Um den Wert des Yuan auf dem Devisenmarkt stabil zu halten, musste die Volksbank die Inflation in Zaum halten, damit der Kurs nicht erneut unter Abwertungsdruck geriet. Da sie nun unabhängiger war und viel effizienter arbeiten konnte, gelang der Volksbank dies nun immer besser.

Ebenfalls im Jahr 1995 erhielt die Zentralbank zudem das Recht, Geldpolitik über chinesische Staatsanleihen zu betreiben. Dazu würde sie wie auch in westlichen Ländern üblich Staatsanleihen auf dem freien Markt von Geschäftsbanken kaufen und mit neuem Geld bezahlen. Das Geld, so der Plan, würde dann über die Banken in Form von Bargeld oder Krediten in den Wirtschaftskreislauf fließen. Es sollte jedoch bis 1999 dauern, bis sich an der Schanghaier Börse ein funktionierender Markt für Staatsanleihen entwickelte.

Gut zwei Jahrzehnte nach Beginn der chinesischen Öffnungspolitik hatte die Zentralbank endlich zwei funktionierende Hebel zur Steuerung des Finanzsystems in der Hand. Sie kontrollierte die Kredite, indem sie die Zinsen festlegte, und sie kontrollierte die Geldmenge unter anderem über die Staatsanleihen. Damit war sie einer Zentralbank nach westlichem Vorbild schon sehr ähnlich.

Das wundersame »Fremdengeld« der Ausländer

Der stabile Yuan bedeutete auch, dass eine Sonderform der chinesischen Entwicklung des Geldsystems obsolet geworden war: das »Fremdengeld«, wie es die Chinesen nannten. Offiziell hieß die zweite chinesische Währung Foreign Exchange Certificate, kurz FEC. Sie war vor allem aus Angst vor einem zu großen Einfluss der Ausländer eingeführt worden, im April 1980, als fauler Kompromiss zwischen Hardlinern und Reformern. Die Kritiker der Wirtschaftsreformen sorgten sich, dass durch die Öffnung des Landes die Zahl der Ausländer in China stark ansteigen würde und sie große Mengen ausländischer Devisen nach China und gleichzeitig Yuan außer Landes bringen könnten. Das erschien den Hardlinern aus zwei Gründen riskant. Die Ausländer könnten in der Lage sein, zum Beispiel den US-Dollar als Schattenwährung im Land zu etablieren und damit die Kraft des Yuan zu unterhöhlen. Sie könnten auch große Mengen Yuan im Ausland ansammeln, und sie dann plötzlich auf den Markt werfen. Die chinesische Regierung, die den Yuan fest an den US-Dollar gekoppelt hatte, wäre dann genötigt, plötzlich große Mengen der Landeswährung in US-Dollar zu tauschen. Wenn sie dazu nicht in der Lage sein sollte, wäre sie aufgrund des ausländischen Drucks gezwungen, den Yuan abzuwerten.

Diesem Risiko wollte sich Peking nicht aussetzen. Wann immer Ausländer Geldgeschäfte machten, egal ob sie Souvenirs kauften oder eine Fabrik aufbauten, mussten sie ihr Geld vorher in FEC tauschen. In den sogenannten »Freundschaftsläden« konnte man nur mit FEC bezahlen, ähnlich wie man in der DDR in den Intershops mit Westgeld bezahlen konnte. In den chinesischen Läden wurden jedoch anders als in der DDR nicht nur Produkte aus dem Westen angeboten, sondern vor allem Waren, die in China für den westlichen Markt hergestellt wurden. Durch die Verkaufsbeschränkung vieler westlicher Waren auf die Freundschaftsläden sollte verhindert werden, dass der chinesische Markt mit westlichen Waren geflutet würde, bevor die eigenen Hersteller wettbewerbsfähig wären. Aber das funktionierte nur partiell. Die Westwaren waren zu verlockend.

Zudem hatten die Politiker die abenteuerliche Vorstellung, der FEC könne zu engen Kontakt zwischen Chinesen und Ausländern erschweren. Nur so könne verhindert werden, dass aus der Sicht mancher in der Führung sich zu viele verwerfliche Ideen in die Köpfe der Chinesen einnisten können. Die Paranoia ging so weit, dass Ausländer sogar in getrennten Restaurants essen sollten, in denen man nur mit FEC bezahlen konnte. Westler und Chinesen kamen sich natürlich dennoch immer näher. Wie sollte es auch anders sein, wenn es gleichzeitig chinesische Politik war, dass Chinesen und Ausländer Gemeinschaftsunternehmen gründen sollten.

Gewinner dieser Drangsalierung der Ausländer waren vor allem die Geschäfte und Restaurants, die in FEC abrechnen durften. Sie konnten wegen fehlender Konkurrenz ihre Preise beliebig hochsetzen. Und auch die Bank of China, die die Fremdenwährung ausgab, profitierte. Sie verkaufte den FEC, der ursprünglich gleich viel wert sein sollte wie der Yuan, mit einem Aufschlag von 20 Prozent an die Ausländer. Verständlicherweise war diese Regelung weder aus Sicht der »Fremden« noch für die chinesischen Konsumenten sehr vorteilhaft. Während Ausländer in ihrer Konsumfreiheit stark eingeschränkt waren und ihr Vermögen durch Aufschläge und Wucherpreise geschröpft wurde, konnten die Chinesen kaum ausländische Waren kaufen.

Das System wurde denn auch schnell unterlaufen. Chinesen tauschten, obwohl verboten, Yuan gegen FEC zu einem Schwarzmarktkurs. »Changee FEC?« – das Mantra der illegalen Straßenhändler sollten Touristen noch lange vor »Buy DVD?« regelmäßig in China zu hören bekommen. Waren die FEC dann in einer unauffälligen Straßenecke erst mal getauscht, stand dem Touristen die chinesische Welt und seinem Transaktionspartner die Welt der Westwaren offen.

In den 1980er-Jahren funktionierte das System immerhin passabel, die Regierung konnte über die Schwarzmarktgeschäfte hinwegsehen, ohne ihr Gesicht zu verlieren. Doch Anfang der 1990er-Jahre entwickelte sich vor allem in Südchina ein derart riesiger FEC-Markt, dass dessen Kontrolle die Ressourcen der chinesischen Polizei zunehmend strapazierte und der Korruption Vorschub leistete. Den steigenden Kosten des Systems stand ein sinkender Nutzen gegenüber. Zum einen ließ sich der Kontakt von Ausländern mit der chinesischen Bevölkerung auf Dauer nicht vermeiden. Zum anderen hatten die Ereignisse von 1989 gezeigt, dass westliche Ideen von Demokratie und Freiheit zwar politische Schlagkraft in China erzeugen konnten, dass der Staat aber durchaus in der Lage war, diese auf Dauer zu unterdrücken. Nicht zuletzt waren inzwischen ohnehin immer mehr ausländische Waren für die Chinesen zugänglich, und die Regierung hatte gemerkt, dass sich die Bevölkerung mit immer neuen Waren gut von politischen Themen ablenken ließ. Ein zufriedener Konsument demonstriert nicht gern. Der FEC fand schließlich 1994 sein Ende. Von da an war der Yuan das einzige legale Zahlungsmittel in der Volksrepublik.

Die Auflösung des FEC-Systems war eine vergleichsweise leichte Aufgabe. Deutlich schwieriger war es für Premier Zhu Rongji nach wie vor, Wachstum und Inflation in eine gesunde Balance zu bringen. Die chinesische Wirtschaft geriet in eine Abwärtsspirale: Der Staat befahl Wachstum, die Unternehmen liehen sich Geld und produzierten damit Güter, die häufig niemand brauchte, die von schlechter Qualität waren oder die in viel zu großen Mengen hergestellt wurden. Das Ergebnis war immer dasselbe: Die Unternehmen nahmen so wenig ein, dass sie ihre Lieferanten nicht bezahlen konnten, und mussten abermals den Staat um Kredite bitten.

Diesem Treiben war kaum ein Ende zu setzen, vielen lokalen Kadern kam die Kreditschwemme gerade recht. Außerdem galt noch immer Dengs Devise, dass falsches Wachstum besser sei als keines. Zwar war Deng mittlerweile so gebrechlich, dass er sich nicht mehr politisch äußern konnte. Doch er lebte noch, und Zhu war noch nicht mächtig genug, um eine gegenteilige Parole auszugeben, ohne von seinen Gegnern des Verrats an Dengs Ideen bezichtigt zu werden. Staats- und Parteichef Jiang Zemin, der mehr Machtspielraum hatte, wollte ein Mann der Mitte bleiben und sich nicht allzu deutlich auf Zhus Seite schlagen.

Um dennoch etwas ins Rollen zu bringen, brauchte Zhu zumindest ein passendes Deng-Zitat. »Die Produktion muss Qualität haben«, lautete fortan die Binsenweisheit, die der Wirtschaftsreformer wie einen Schutzschild vor sich hertrug. Was banal klang, war mit einer brisanten Logik verknüpft: Wer aus den staatlichen Krediten nicht Gewinne machte, hatte offensichtlich schlechte Qualität produziert. Das war neu. Unter Mao hatten die Unternehmen Geld bekommen und damit Pläne erfüllt; unter Deng hatten sie Geld bekommen, um den Umsatz zu erhöhen; nun sollten sie nur dann Geld bekommen, wenn sie Geld verdienen. Diese neue Linie war zwar schon im Frühjahr 1992, also noch vor Dengs Reise in den Süden, auf der Jahreswirtschaftskonferenz des Staatsrates verkündet worden: »Wer immer investiert, zahlt oder geht bankrott.« Doch zwischen Theorie und Praxis klaffte eine große Lücke.

Die meisten Staatsunternehmer hatten sich schnell entspannt in der berechtigten Hoffnung, dass es bei den Schüssen ins Dickicht der verschuldeten Staatsbetriebe nicht ausgerechnet sie treffen werde. Aus ihrer Sicht hatte es sogar eine gewisse Logik, mehr faule Kredite zu produzieren, denn je mehr Darlehen nicht zurückgezahlt würden, desto gefährdeter war die Stabilität des Landes – und desto weniger würde die Regierung durchgreifen. 1997 konnten 20 bis 40 Prozent der staatlichen Kredite nicht bedient werden; 70 Prozent davon waren an Staatsbetriebe gegangen. Zwar gab es punktuelle Erfolge, doch das Problem war nicht unter Kontrolle.

Im Tsunami der Asienkrise

In den 1990er-Jahren lenkte Zhu die Wirtschaft der Volksrepublik zwar ein bisschen holprig, aber immerhin ohne größere Pannen. Viele Probleme schwelten zu Beginn der zweiten Hälfte des Jahrzehnts noch unter der Oberfläche, nichts brach aber so richtig aus. Alles funktionierte irgendwie dank einer Politik des Muddling Through, wie Ökonomen gern ein bisschen flapsig sagen, sprich des Durchwurstelns. Wie belastbar diese Taktik und die von der Zhu-Regierung durchgeführten Reformen insbesondere in der Geldpolitik sein sollten, das würde erst eine Krise zeigen. Und die sollte schneller kommen, als selbst Pessimisten in Peking befürchtet hatten. Es sollte die bisher härteste Bewährungsprobe für Zhu Rongji werden.

Das Jahr 1997 wurde für das moderne Reformchina zum Schicksalsjahr. Es standen bedeutende innenpolitische Ereignisse an, die allein gereicht hätten, um für Unruhe im Land zu sorgen. Doch die stärkeren Erschütterungen kamen von außen, ausgehend ausgerechnet von den kleinen, im Reich-der-Mitte-Gedankengut gern als Tributstaaten abgekanzelten asiatischen Nachbarn.

Als am 19. Februar Deng Xiaoping im Alter von 92 Jahren starb, hielt nicht nur China, sondern die ganze Welt den Atem an: Sollten ähnlich wie nach Maos Tod die

Machtkämpfe in der Partei nun offen ausbrechen? Es passierte – nichts. Auch die Rückgabe Hongkongs zum 1. Juli 1997 nach 155 Jahren britischer Kolonialherrschaft verlief reibungslos. Doch nur einen Tag später kam das Unheil aus einer Richtung, mit der niemand gerechnet hatte. »Dieser Sturm kam völlig überraschend, ohne Vorwarnung, fegte über jeden Baum und zerstörte, was ihm in den Weg kam«, erinnert sich der frühere chinesische Außenminister Qian Qichen.

Der »Sturm«, das war ein ausgewachsener Finanztsunami, der unter dem Stichwort »Asienkrise« in die Geschichte eingehen sollte. Zunächst war Peking das Ausmaß gar nicht bewusst, als die Nachricht kam, der thailändische Baht hätte um 20 Prozent abgewertet. Dieser Schritt aber führte geradewegs in eine Krise, die Asien, bis dahin die Region mit dem höchsten Wachstum weltweit, in den Abgrund reißen sollte. Die Krise Thailands löste eine Kettenreaktion aus. Auf einen Schlag waren die auf US-Dollar laufenden Schulden Thailands um 25 Prozent an Wert gestiegen, und jedem wurde klar: Das Land hatte sich übernommen und brauchte Hilfe. Der IWF sprang ein, er stellte kurzfristig 17 Milliarden US-Dollar zur Verfügung. Doch die Psychologie war ähnlich wie in der jüngsten Eurokrise. Viele Asiaten hatten in Thailand investiert und fürchteten nun um ihr Geld.

Gleichzeitig begannen Spekulanten auf die Abwertung anderer südostasiatischer Währungen zu wetten. Sie sollten ihre Wette gewinnen. Die Währungen und damit die Volkswirtschaften der Regionen fielen eine nach der anderen in sich zusammen. Es drohte die Kernschmelze der asiatischen Finanzmärkte. Am 14. August 1997, also rund sechs Wochen nach der Übergabe Hongkongs, musste auch Indonesiens Zentralbank ihre Rupie freigeben. Fünf Monate später hatte sie nur noch ein Siebtel ihres ursprünglichen Wertes. Im Oktober musste die Regierung in Jakarta den IWF um Hilfe bitten. Danach ging es Schlag auf Schlag. Anfang November meldete Sanyo Securities als erstes japanisches Wertpapierhaus nach dem Zweiten Weltkrieg Konkurs an. Am 20. November fiel der südkoreanische Won auf ein Rekordtief, am 15. Dezember wurde er freigegeben. Einen Tag später bat Südkorea den IWF um 20 Milliarden US-Dollar Soforthilfe. Am 8. Dezember gingen 56 von 58 Finanzgesellschaften Thailands in Konkurs, nachdem bekannt geworden war, dass allein die Auslandsschulden des Landes mit 90 Milliarden Dollar an die 50 Prozent seines Bruttosozialproduktes ausmachten.

China geriet in den Strudel. Der Yuan war fest an den US-Dollar gebunden, ebenso der Hongkongdollar, für den seit einigen Wochen nun nicht mehr London, sondern Peking zuständig war. Immer mehr ausländische Investoren wetteten dagegen, dass China in der Lage sein würde, den festgelegten Umtauschkurs, den sogenannten Peg, aufrechtzuerhalten. Derweil wurden aus den Schulden- und Währungskrisen in den Tigerstaaten realwirtschaftliche Krisen, die wiederum soziale Krisen auslösten. Ein Krankheitsverlauf, der der heutigen europäischen Misere nicht unähnlich ist.

Die Mechanik der Asienkrise folgte einem typischen Muster von Wirtschaftskrisen in Ländern, die in einer Währung Kredite aufnehmen, über die sie keine Kontrolle haben. In langen Boomphasen lassen Politiker und Anleger jegliche Vorsicht fahren. Und Asien kam gerade aus einer langen Boomphase. Über 30 Jahre hinweg waren die Tigerstaaten stabil gewachsen, allein Südkorea, Malaysia, Indonesien und Thailand hatten Jahr für Jahr ihre fünf bis sieben Prozent Wachstum gemeldet. Über 350 Millionen Menschen waren der Armut entronnen, und wenn es so weitergegangen wäre, hätten die Staaten Südostasiens bis 2020 zu den Industriestaaten aufschließen können. Stattdessen waren sie allein 1998 nach Schätzung der Weltbank dafür verantwortlich, dass das Wachstum der Weltwirtschaft um die Hälfte auf zwei Prozent einbrach.

Selbst die amerikanischen Anleger waren zeitweise in Schockstarre. Es gab kein Geld mehr im Markt, er war nicht mehr liquide. Die US-Notenbank Fed senkte kurz nacheinander dreimal die Zinsen und konnte dadurch die Märkte beruhigen. Fed-Chef Alan Greenspan gelang es damals noch, die richtigen Worte zur richtigen Zeit zu finden. So wurde Schlimmeres verhindert. Kaum jemand ahnte damals, dass die USA bereits dabei waren, im Immobiliensektor noch ungleich höhere Risiken aufzubauen.

Die Ursache für derart tief greifende Wirtschaftskrisen ist immer die gleiche, Ende der 1980er-Jahre in China genauso wie Ende der 1990er in Asien oder wieder eine Dekade später in den USA und gleich im Anschluss in Europa: Phasen des Aufschwungs machen Politik und Banken blind für verdeckte Risiken. Das größte Risiko in Asien war die Verschuldung im Ausland. Die Tigerstaaten hätten entweder die Höhe ihrer Auslandsschulden begrenzen, mindestens aber durch Kapitalverkehrskontrollen verhindern müssen, dass die internationalen Anleger ihr Geld von heute auf morgen wieder abziehen konnten. Dass der eine oder andere Investor von solchen Vorsichtsmaßnahmen abgeschreckt ausbleiben würde, hätte man in Kauf nehmen müssen.

Die Tigerstaaten aber konnten nicht genug kriegen. Und die ausländischen Investoren nahmen das Angebot dankbar an. Zumal die Geschäfte anfangs durchaus noch Sinn machten, für beide Seiten. Die kapitalarmen Entwicklungsländer bekamen mehr Geld, und die internationalen Investoren konnten am Tigerstaatenboom teilhaben und Renditen erzielen, von denen sie zu Hause weit entfernt waren. Die Gewinne waren sogar so vielversprechend, dass die Geldgeber nicht nur ihr eigenes Kapital einsetzten, sondern sich selbst verschuldeten, um ihren Schuldnern noch mehr leihen zu können. Ein amerikanischer Investor konnte etwa in Japan einen Kredit in Yen aufnehmen, für den er gerade mal ein Prozent Zinsen zahlen musste. Das Geld lieh er dann einem indonesischen Finanzinstitut, dass ihm dafür mehr als zehn Prozent Zinsen zahlte und es wiederum an einen indonesischen Bauunternehmer verlieh, der 18 Prozent versprach. Ein Traumgeschäft, wurde das Risiko doch wegen der langen positiven Entwicklung als äußerst gering eingeschätzt.

Wie ein Schwamm saugten die Aufsteiger internationales Kapital auf. Je länger das Spiel allerdings dauerte, desto mehr drifteten Risiko und Selbsteinschätzung auseinander. Die Asiaten borgten sich, angefeuert von den ausländischen Investoren, deutlich höhere Summen, als sie gewinnbringend investieren konnten. Allein 1996 flossen weit über 100 Milliarden US-Dollar in die vier späteren Krisenländer Südkorea, Malaysia, Indonesien und Thailand. Das entsprach elf Prozent ihrer Wirtschaftsleistung und lag damit deutlich höher als die Wachstumsrate ihres BIPs. Weil mehr Geld als stabile Anlagemöglichkeiten vorhanden war, landete ein Großteil der Summen nicht in soliden Projekten, sondern in hochriskanten Geschäften. Die Bonität der neuen Schuldner wurde kaum geprüft. Es entstand eine gigantische Aktien- und Immobilienblase.

Die Ökonomien der beteiligten Länder gerieten in einen Teufelskreis. Dank der steigenden Immobilienpreise etwa fühlten sich die Finanzinstitute in den Krisenländern, die Immobilien als Besicherung für Kredite verwendeten, noch sicherer. Sie nahmen weiter Geld am internationalen Markt auf, ohne die entsprechenden Reserven anzulegen. Niemand überwachte die Banken. Auf eine Krise waren die Aufsichtsbehörden nicht vorbereitet. Sie hatten Jahrzehnte hinter sich, in denen es ausschließlich bergauf ging. Als im März 1997 die ersten beiden thailändischen Finanzinstitute stürzten und vom Staat gerettet werden mussten, war der Absturz nicht mehr aufzuhalten. Versuche der malaysischen Notenbank, die Kreditvergabe bei Immobilien und Aktien einzudämmen, kamen zu spät. Die Probleme wurden überdeutlich, die Blase platzte.

Eine entscheidende Schwäche dieses riskanten Systems war, dass die Verpflichtungen der internationalen Investoren gegenüber den asiatischen Gläubigern nur sehr kurzfristig waren. Was diese jedoch konsequent verdrängt hatten. Das Kleingedruckte interessierte sie nicht, sie waren in ihrem Höhenflug überzeugt, sogar vor Ablauf der Frist die letzte Rate bezahlt zu haben. So früh, dass der Investor sich allenfalls ärgern würde, ihnen nicht noch mehr Geld zur Verfügung gestellt zu haben. Am Ende finanzierten immer mehr kurzfristige Kredite langfristige Investitionen. Was kein Problem war, solange die Banken sich einfach mit neuen kurzfristigen Krediten refinanzierten. Aber als die internationalen Finanzmärkte plötzlich den Hahn zudrehten und die Kredite fällig wurden, konnten sie nicht zahlen. Eine Bankenkrise entstand, die sich rasch auf die Realwirtschaft ausbreitete. Denn als die lokalen Banken auf einmal jeden Cent brauchten, um nicht pleitezugehen, vergaben sie keine Kredite mehr. Es kam zu der gefürchteten Kreditklemme. Im Westen schüttelte man nur den Kopf über die unvernünftigen Asiaten, die Aufsteiger, die zu gierig geworden waren. Dass es den Amerikanern nur zehn Jahre später ganz ähnlich ergehen sollte, und auch die Europäer kurz darauf in die Knie gehen würden, schien damals unvorstellbar.

Der Leichtsinn der Krisenländer bestand vor allem darin, dass sie sich das Geld in einer fremden Währung geborgt hatten, vor allem in Asien, aber auch im Westen. Dies schien zunächst ein sicheres Geschäft, denn die jeweiligen Wechselkurse waren seit Jahren an den Dollar gebunden. Doch als die Notenbanken dem Druck der Märkte nicht mehr standhalten konnten, und die heimischen Währungen urplötzlich abwerteten, hatten sich die Auslandsschulden von Banken und Unternehmen und sogar der Staaten auf einmal vervielfältigt. Zudem liefen die Schulden in einer Währung, die nun viel teurer war, und mussten mit Einnahmen bezahlen, die nun viel weniger wert waren als geplant. Sofort fällige Kredite und eine abgewertete Währung – die Kombination verstärkte sich gegenseitig. Je mehr die Währung fiel, desto schneller wollten die Investoren ihr Geld sehen, und je schneller sie ihr Geld sehen wollten, desto mehr fiel die Währung. Unternehmen, die noch vor einer Woche vor Kraft nur so zu strotzen schienen, waren auf einmal bankrott.

Der feste Wechselkurs bei offenen Kapitalmärkten war den Krisenländern letztlich zum Verhängnis geworden. Wäre der Kurs flexibler gewesen, hätte sich die Vertrauenskrise schon vorher in entsprechenden Kursschwankungen gezeigt. Zudem wären Unternehmen und Regierungen nicht in die Versuchung geraten, sich solche immensen Summen in Fremdwährung zu leihen, da sie jederzeit mit dem Währungsrisiko hätten rechnen müssen.

Als um China herum lange Zeit erfolgreiche Volkswirtschaften wie Kartenhäuser zusammenbrachen, wurde auch Peking nervös. Allerdings waren die Chinesen bei Weitem nicht so unvorsichtig gewesen, wenn es darum ging, sich im Ausland Geld zu leihen. Offiziell zumindest. Offiziell hatte Peking hohe Brandschutzmauern errichtet, um sich vor internationaler Spekulation zu schützen. Ausländisches Kapital durfte nur streng reglementiert und meist in Form von Direktinvestitionen ins Land. Die Logik dahinter: Geld, das in Produktionsanlagen investiert ist, sollte nicht kurzfristig abgezogen werden. Maschinen und Produktionshallen lassen sich nicht über Nacht verkaufen. Zudem hatten die Ausländer in zentralen Industrien wie der Autoindustrie keine Mehrheit, ein solcher Verkauf wäre nicht einfach möglich gewesen. Dafür hatten vor allem die konservativen Politiker in der Führung gesorgt, immer in der Angst vor einer zu großen Abhängigkeit vom Ausland. Zu frisch waren noch die Erinnerungen an die Zeit vor der kommunistischen Revolution, als China am Gängelband der imperialistischen Mächte hing. Die Vorsicht schien den Reformern lange übertrieben, bedeutete sie doch, dass man auf Geld verzichten müsste, mit dem man lukrative Projekte hätte finanzieren können. Jetzt zahlte sie sich aus.

Trotz aller Vorsicht blieb China nicht von der Krise seiner Nachbarn verschont. Die erfolgsverwöhnte chinesische Wirtschaft stand plötzlich unter Druck. Die Exporte in die asiatischen Nachbarländer brachen ein – was vielleicht noch verkraftbar gewesen wäre, wenn sich nicht gleichzeitig die Lage auf den wichtigsten Absatzmärkten in Europa und den USA geändert hätte. Paradoxerweise eine Folge der Asienkrise: Ausgerechnet die Konkurrenz aus den krisengeschüttelten Tigerstaaten machte den Chinesen die Preise kaputt. Diejenigen unter den exportorientierten Unternehmen in Südostasien, die nicht in dem »Finanzsturm« umkamen, waren gegenüber der Volksrepublik plötzlich im Wettbewerbsvorteil. Ihre Währungen hatten gegenüber dem Dollar und damit auch gegenüber dem Yuan stark abgewertet, dementsprechend waren ihre Produkte auf dem Weltmarkt nun günstig zu haben. Ein Exportturbo. Leidtragende waren die chinesischen Exporteure. Absatz und Einnahmen gingen zurück, die Arbeitslosigkeit stieg. Die Exportunternehmer aus Südchina und der Region Schanghai machten Druck in Peking, den Yuan so schnell wie möglich abzuwerten. Sollte Peking nicht reagieren, könne man für nichts mehr garantieren. Sie warnten vor einem düsteren Szenario: Auf Massenarbeitslosigkeit würden soziale Unruhen folgen, die politische Stabilität sei nicht mal zehn Jahre nach 1989 wieder gefährdet, die Bevölkerung würde die Autorität der Führung ohne einen Deng Xiaoping im Hintergrund anzweifeln.

Premierminister Zhu Rongji stand vor einer der schwierigsten Entscheidungen seines politischen Lebens. Täglich wetteten mehr Spekulanten vor allem gegen den Hongkongdollar. Zhu ging auf Konfrontationskurs. Seine Einschätzung war nüchtern. Sollte China abwerten, würde dies nur eine weitere Abwertungsrunde in Asien auslösen, und am Ende hätte China nichts gewonnen. Er hielt eisern am Wechselkurs fest und versuchte, die Krise mit anderen Mitteln der Geldpolitik zu bekämpfen. Er senkte die Zinsen in mehreren Schritten von über zehn Prozent im September 1997 auf knapp vier Prozent im Juni 1999. Hatte er bisher mit hohen Zinsen die Inflation bekämpft, wollte er nun der Wirtschaft mit niedrigen Zinsen Spielraum verschaffen und Investitionen ankurbeln. Insbesondere die großen Staatsunternehmen, die überwiegend kreditfinanziert waren, wurden entlastet. Ihre Gewinne sanken zwar wegen der Asienkrise, aber nicht so stark wie ohne die Zinssenkung.

Den Krisenländern stand diese Rettungsstrategie nicht mehr zur Verfügung, sie hatten bereits die Hoheit über ihre Geldpolitik verloren und hingen mehr denn je vom Ausland ab. Für die strauchelnden Tigerstaaten war es lebenswichtig, wieder ausländische Investoren anzulocken, die ihre Dollars in die jeweilige Währung investieren. Je mehr der asiatischen Währung gekauft wurde, desto einfacher war es, den Wechselkurs zu stabilisieren. So erhöhte die indonesische Notenbank den Geldmarktzins von gut zehn Prozent im zweiten Quartal 1997 auf über 68 Prozent im dritten Quartal 1998. Auch Malaysia erhöhte die Zinsen, wenn auch viel moderater, von 10,5 Prozent im zweiten Quartal auf 12,5 Prozent ab dem dritten Quartal 1997. Eine Politik, die die Rezession noch verschärfte: Höhere Zinsen bedeuten, dass Kredite teurer werden, und nehmen den Unternehmen weiter die Luft. In Indonesien führte dies schließlich zu öffentlichen Protesten, die im Sturz des diktatorischen Suharto-Regimes mündeten. Südkorea und Thailand versuchten, den Kurs ihrer Währungen mit dem Verkauf von Devisenreserven zu stützen, um somit auf eine Zinserhöhung verzichten zu können. Alle Krisenländer verloren im Laufe der Krise massiv an Dollarreserven: Thailand knapp ein Fünftel, Indonesien und Malaysia etwa ein

Viertel und Südkorea sogar knapp 60 Prozent. Am Ende zeigten alle diese Maßnahmen keinen Erfolg.

Der Druck auf China stieg. Mit Bestürzung stellte Premier Zhu fest, dass sich das internationale Kapital doch zwei Einfallstore nach China geschaffen hatte. Das erste war gewissermaßen eine Erblast: Hongkong. Der Hongkongdollar war an den US-Dollar gebunden, die Finanzindustrie und Immobilienwirtschaft der ehemaligen Kronkolonie war entsprechend tief in die Asienkrise verstrickt. Ein gutes Jahr nach Ausbruch der Krise, genau am 4. August 1998, versuchten westliche Hedgefonds, China an seiner schwächsten Stelle zu treffen: Sie hatten sich zusammengeschlossen, um gemeinsam Hongkongdollar zu verkaufen. Gleichzeitig tätigten sie sogenannte Leerverkäufe, sie fluteten den Markt mit Finanztiteln, die ihnen nicht gehörten, sondern die sie sich geliehen hatten. Parallel streuten sie in den Medien Gerüchte, der Hongkongdollar oder sogar der Yuan würde abgewertet. »Dort ist der schlimmste aller möglichen Albträume wahr geworden«, kommentierte der Wirtschaftsnobelpreisträger Paul Krugman. Doch mit der Unterstützung des Mutterlandes gelang es Hongkong, als einzigem der asiatischen Tigerländer, sich dem Abwertungsdruck zu entziehen. Und das, obwohl Hongkong das Jahr mit einem Wachstum von über minus fünf Prozent abgeschlossen hatte. Die schlimmste Krise in 40 Jahren. Allein zwischen Januar und September wandte Hongkong knapp zehn Milliarden US-Dollar auf, um den Hongkongdollar zu verteidigen.

Das zweite Einfallstor des internationalen Kapitals waren die Provinzen. Allen voran Hongkongs Nachbar, die Südprovinz Guangdong, auf Deutsch eher unter dem Namen Kanton bekannt, hatte sich völlig übernommen. Mit einem größeren Bruttosozialprodukt als Thailand handelte Guangdong wie ein eigener Tigerstaat – auch bei der Finanzierung des Wirtschaftswachstums. Das Investmenthaus Guangdong International Trust and Investment

Corporation (Gitic) war besonders ehrgeizig und hatte Wege gefunden, die Kontrollmechanismen der Zentrale in Peking zu umgehen. Es hatte sich genau wie die Krisenstaaten kurzfristig Geld auf dem internationalen Kapitalmarkt geliehen, und das, ohne die Zentralregierung in Peking zu informieren. Ihre ausländischen Geldgeber unterschätzten dabei das Risiko, sie gingen davon aus, dass die Zentralregierung schon für die Schulden der Provinzen einstehen würde. So war es der Gitic möglich, zwischen 1986 und 1998 20 verschiedene Anleihen in Japan, Hongkong, den USA und Europa aufzulegen. Das Geld versackte meist in unseriösen Investitionen. Erst als Zhu Rongji einen Controller als Vizegouverneur nach Guangdong schickte, wurde Peking das Ausmaß der Misswirtschaft bewusst: Gitic saß auf faulen Krediten von zwei Milliarden Dollar, das Institut Guangdong Enterprise hatte für 4,1 Milliarden Dollar faule Kredite in den Büchern.

Eine missliche Lage für die Zentralregierung. Sie sah sich einer Interessenkoalition aus selbstbewussten Provinzkadern und internationalen Banken gegenüber, die sie offen herausforderte und darauf drängte, für die Verluste der beiden Institute einzustehen. Allein Gitic kontrollierte Anfang 1997 bereits 4,5 Prozent aller Vermögen des chinesischen Banken- und Finanzsektors. Eine kritische Größe, die für das von unten ausgehöhlte, chinesische Finanzsystem gefährlich werden konnte.

Gitic und Guangdong Enterprise einfach dichtzumachen, war zu riskant. Zhu musste auf Zeit spielen. Zunächst ließ er als Warnschuss für Guangdong die beiden größten Finanzinstitute auf der Inselprovinz Hainan schließen, die sich in eine ähnlich heikle Lage manövriert hatten. Als die Krise weiter fortgeschritten war und schon an Fahrt verloren hatte, wagte er einen Coup. Am 6. Oktober 1998 ließ er Gitic und Guangdong Enterprise wegen Überschuldung schließen. Ein Schock für die internationalen Gläubiger. Ein Bündnis westlicher Großbanken unter der Führung von Morgan Stanley, an dem auch die Dresdner Bank und die Commerzbank beteiligt waren, blies zum Angriff und entsandte eine Delegation nach Guangdong. Bei der Abwicklung der Institute sollten ihre Forderungen als erste beglichen werden. Doch die Chinesen blieben hart. »Das chinesische Insolvenzgesetz behandelt Ausländer nicht vorrangig«, entgegnete der Chef des chinesischen Liquidationskomitees knapp. Das war übrigens Wang Qishan, der neue Chef der Disziplinkommission, der im Herbst 2012 in den Ständigen Ausschuss des Politbüros gewählt wurde.

Es war ein kritischer Moment für China. Das Land lief Gefahr, keine internationalen Kredite mehr zu bekommen, und die Großbanken drohten, zehn Milliarden Dollar sofort aus China abzuziehen. Am Ende wollte es sich niemand endgültig mit der aufstrebenden Nation verscherzen. Die 110 ausländischen Gläubiger verloren 75 Prozent ihres investierten Kapitals durch die Schließungen. Dennoch kehrte ihr Vertrauen in China schnell wieder zurück. Die Auslandsinvestitionen gingen nur vorübergehend im ersten Quartal 1999 zurück, danach zogen sie rasch wieder an.

Premier Zhu hatte geschickt gepokert. Sie konnten sich national gegen die Provinzregierung durchsetzen und international gegen die Macht der Großbanken. Ein enormer Prestigegewinn. Erstmals redete China in weltpolitischen Dingen wieder mit und konnte seine Interessen durchsetzen. Ein klares Zeichen für eine Machtverschiebung, die sich im Laufe der kommenden Jahre immer weiter fortsetzen sollte.

Die Vorsicht und das harte Durchgreifen wurden belohnt. China konnte nicht nur die Zinsen senken und die Konjunktur ankurbeln, sondern trotz der Krise sogar noch einen beachtlichen Handelsüberschuss einfahren und damit die Devisenreserven ausbauen, was wichtig ist, wenn man in Krisenzeiten den festen Kurs zum US-Dollar halten will. Die Reserven reichten zudem, um die Importe eines ganzen Jahres zu bezahlen. 1998 wuchs die chinesische Wirtschaft inflationsbereinigt um 7,8 Prozent. Die zuvor hohe Inflation sank – unter anderem durch die geringere Nachfrage aus Südostasien und dadurch, dass die Vorprodukte aus Südostasien billiger wurden – sogar knapp unter null. Das Preisniveau blieb nahezu stabil. Nach den Tumulten von 1989 hatte China seine zweite Bewährungsprobe bestanden, und seine Währung war erstmals ins Licht der weltweiten Finanzöffentlichkeit gerückt. Es waren die ersten Anzeichen, dass es in Asien zukünftig nur eine wichtige Währung geben würde, den chinesischen Yuan.

Ruhiges Fahrwasser

Die Asienkrise hatte viele Verlierer. Die südostasiatischen Schwellenländer büßten deutlich Wirtschaftskraft und internationales Ansehen ein. Der IWF, der ihnen eigentlich bei der Bewältigung der Krise helfen sollte, sah sich ebenfalls harscher Kritik ausgesetzt. Von vielen wurde er als zu dogmatisch eingeschätzt, und es drängte sich für manchen Beobachter der Verdacht auf, der IWF helfe vor allem westlichen Investoren, einen Teil ihres Geldes zurückzubekommen, nicht den betroffenen Ländern. Viel Geld verloren die Investoren trotzdem.

Finanzielle, wenn auch moralisch fragwürdige Gewinner der Krise waren die Spekulanten, die den richtigen Riecher gehabt hatten, wann die Blase platzen würde. Ihnen wurde vorgeworfen, sie hätten an dem Leid der anderen verdient und die unausweichliche Krise verschlimmert, weil sie den Ländern Zeit zur Behebung der Probleme raubten.

Der einzige echte Gewinner aber war China. Die chinesische Regierung hatte gezeigt, dass ihr Land auch in Krisenzeiten politisch und wirtschaftlich stabil bleiben konnte, und das, ohne Hilfe von außen in Anspruch zu nehmen. China war anscheinend deutlich besser für einen langfristigen Wirtschaftsaufschwung gewappnet als die Tigerstaaten. Die nächsten Jahre sollte das Reich der Mitte in den Fokus der Weltöffentlichkeit rücken, die anderen Entwicklungsländer spielten von nun an nur noch Nebenrollen.

Gekrönt wurde der Aufstieg durch den Beitritt zur WTO am 11. Dezember 2001. China musste sich die Mitgliedschaft in dem erlesenen Klub mit einer Menge Zugeständnisse in Form sinkender Zölle und zunehmender ausländischer Konkurrenz auf dem Heimatmarkt zumindest auf dem Papier teuer erkaufen, an der späteren Umsetzung haperte es dann, die Chinesen ließen sich Zeit. Für die chinesische Währung stellte hier insbesondere die geplante Liberalisierung des Finanzmarktes eine Herausforderung dar.

Innerhalb von fünf Jahren sollten die noch stark reglementierten ausländischen Banken die gleichen Rechte erhalten wie inländische Institute. Die heimischen Geschäftsbanken zu modernisieren und für den Wettbewerb vorzubereiten war eine der schwierigsten Aufgaben, die sich aus den WTO-Zugeständnissen ergaben. So schwierig, dass die chinesische Regierung diese Aufgabe in die Zukunft verschob. Zwar erfüllte sie die WTO-Auflagen auf dem Papier und gewährte den ausländischen Banken Zutritt zum chinesischen Markt. Gleichzeitig unterwarf sie die Institute aber so strengen Regulierungen, dass sich das Engagement für sie kaum mehr lohnte.

Die Vorsicht Pekings war nicht unbegründet. Man hatte aus der Asienkrise gelernt und wollte die Kontrolle über das Finanzsystem auf keinen Fall der Privatwirtschaft und erst recht nicht dem Ausland überlassen. Die Liberalisierung des Finanzmarktes wurde auf unbestimmte Zeit vertagt. Lieber wollte man etwas langsamer wachsen, dafür aber stabil. Entwicklungsmotor blieb die Exportwirtschaft.

Während der 2000er-Jahre begann eine Zeit riesiger Exportüberschüsse, die für den Yuan eine lange Phase der Ruhe mit sich brachte.

Der Kurs des Yuan zum US-Dollar wurde von der Chinesischen Volksbank künstlich niedrig gehalten, und die Exporte spülten immer höhere Devisenreserven in den Tresor der Notenbank. Für einige Jahre existierte ein erstaunlich stabiles System, auch wenn es auf Dauer nicht stabil sein konnte. Der Produzent China und der Konsument USA wurden immer abhängiger voneinander. »Chimerika« lautete der Spitzname dieser Beziehung. China lieferte Produkte an die USA und kassierte dafür Dollars. Die Volksbank tauschte diese in Yuan und legte die Dollars in den USA an, vorwiegend in amerikanischen Staatsanleihen. So finanzierte China die übermäßigen Ausgaben des amerikanischen Staates auf Pump. Dieser gab das Geld weiter an seine Bürger, die wiederum chinesische Produkte erwarben. Dann ging das Spiel wieder von vorne los.

Die nächste große Herausforderung für den Yuan kam erst, als im Jahr 2007 die Immobilienkrise in den USA ausbrach, die sich schließlich zu einer weltweiten Finanzkrise auswuchs. Die Weltfinanzkrise wurde genau zu dem Schicksalsereignis, durch das der Yuan auf seinen heutigen Weg gebracht werden sollte.

5 WELTWÄHRUNG IM AUFBAU

Bei den meisten Menschen im Westen hat sich inzwischen herumgesprochen, dass China eine der wichtigsten Wirtschaftsmächte der Welt ist. Der Yuan als bedeutende Währung dagegen ist kaum präsent. Doch längst ist China dabei, dem Yuan eine zentrale Bedeutung in der Weltwirtschaft zu geben. In den BRICS-Ländern ist er als Alternative zum US-Dollar bereits ein wichtiges Thema, vor allem im Handelsgeschäft. Aber auch in Hongkong und in eigenen Sonderwirtschaftszonen testen die Chinesen, wie fit der Yuan schon ist. Schleichend unterhöhlen sie dabei den US-Dollar und bremsen den Euro aus. Das Fanal für den Angriff auf den Dollar war die Immobilienkrise in den USA. Denn die Schwäche der alten Leitwährung ist entscheidend, damit die neue Währung ihre Stärken entfalten kann.

Die Immobilienblase in den USA als Startschuss

In Peking sah man das Unheil der Weltfinanzkrise 2008 aufziehen, lange bevor amerikanische Banker und Politiker es wahrhaben wollten. »Die Immobilienblase kann platzen«, warnte Zhou Xiaochuan, der ehemalige Chef der chinesischen Zentralbank, bereits 2003 bei der Frühjahrstagung des Internationalen Währungsfonds (IWF) in Dubai. Und was das bedeuten würde, führte er gleich mit aus: Bei einem plötzlichen Verfall der Häuserpreise in den USA würden »die Investitionen und der Konsum zusammenbrechen und die Weltwirtschaft in den Keller ziehen«.

Die Kollegen aus den Industrienationen hörten nicht auf Zhous prophetisch anmutende Worte. Das lag – abgesehen davon, dass sie von den Geschäften in den USA profitierten, während die Chinesen mit ihren riesigen US-Dollarreserven immer größere Risiken trugen und entsprechend sensibler und kritischer waren – vor allem daran, dass sie den Kommunisten in Peking schlicht und einfach nicht zutrauten, die Lage realistisch einzuschätzen. China war erst zwei Jahre zuvor der Welthandelsorganisation (WTO) beigetreten und saß noch am Katzentisch des internationalen Finanzparketts. Zhou vertrat ein Entwicklungsland mit einer Währung, die fest an den US-Dollar gekoppelt war und von der kaum jemand im Westen glaubte, dass es China in absehbarer Zeit gelingen würde, sie zu einem internationalen Spieler zu machen. Warum also die Bedenken von jemandem ernst nehmen, der schon mit dem Finger auf den Westen zeigt, bevor er überhaupt seine Hausaufgaben gemacht hat?

Der oberste chinesische Währungshüter hatte explizit davor gewarnt, dass die Risiken für die Weltwirtschaft in erster Linie aus den USA und Europa, also aus den Industrie- und nicht aus den Entwicklungsländern kämen. Deshalb, so seine Forderung, sollte der IWF »zuallererst den

Finanzsektor dieser Länder überprüfen, überwachen und die Warnsysteme verbessern«. Die westliche Mehrheit im IWF war – was wenig überrascht – anderer Meinung. Die wachsenden Finanzmärkte wurden als Ausdruck einer besseren Risikostreuung gesehen, durch die das Kapital über Ländergrenzen hinweg effizienter verteilt würde.

Rückblickend wirken die Einschätzungen dieser Finanzexperten erschreckend naiv: Die Wirtschaft werde durch die riesigen Finanzmärkte schneller wachsen, zum Nutzen aller. Im Abschlussdokument der Tagung hieß es dementsprechend auch, das »verbesserte Umfeld der Finanzmärkte« schaffe »wertvolle Spielräume für die Volkswirtschaften der Schwellenländer.« Es war das Statement der vermeintlichen westlichen Siegertypen gegenüber den kommunistischen Spielverderbern.

Nur fünf Jahre später sollte sich herausstellen, wie sehr Peking mit seiner Einschätzung richtiggelegen hatte. Die Chinesen hatten die komplexen Zusammenhänge offensichtlich besser verstanden, als es ihnen der Westen zugetraut hatte. Es passierte ziemlich genau das, wovor sie gewarnt hatten. Die über Jahre hinweg gestiegenen Immobilienpreise in den USA brachen ein. Die platzende Blase traf nicht nur die Finanzbranche in den USA, sondern alle großen Industrieländer.

Die Entwicklungsländer blieben nicht verschont, insbesondere China litt. Denn es war inzwischen in gleich dreifacher Weise vom Westen abhängig. Die USA waren Chinas wichtigster Exportmarkt, der Yuan war an den US-Dollar gekoppelt, und China hatte inzwischen so viele amerikanische Staatsanleihen gekauft, dass es zum größten Gläubiger der Amerikaner geworden war. Die Abhängigkeit von den USA und anderen westlichen Exportmärkten wirkte sich im Laufe der Finanzkrise beträchtlich auf die chinesische Wirtschaft aus. Zu Beginn der Krise 2007 gingen 26,4 Prozent der chinesischen Exporte in die USA, 19,1 Prozent in die EU. Zusammen genommen entsprach das 17 Prozent des chinesischen BIPs. Von 2007 bis 2009 sank der Wert der chinesischen Exporte in die USA nach einer langen Wachstumsphase von 321 Milliarden auf 296 Milliarden Dollar.

Die Zentralbank musste reagieren. Um die Exporte zu stützen und einer Abwertung des Dollar im Vergleich zum Yuan entgegenzuwirken, die chinesische Produkte für die Amerikaner verteuert hätte, stoppte sie den Aufwärtstrend des Yuan. Nach drei Jahren, in denen der Wechselkurs des Yuan dank der starken Nachfrage nach chinesischen Produkten um 21 Prozent aufgewertet hatte, wurde der Kurs wieder fest an den Wert des Dollar gekoppelt. Mit einem entscheidenden Nachteil: Um den Kurs stabil zu halten, musste die Chinesische Volksbank noch mehr Dollars kaufen, wodurch sich die Berge niedrig verzinster Devisenreserven weiter auftürmten.

Dazu kam die unangenehme Situation, dass China sein Geld einem Land geben musste, von dem es immer weniger den Eindruck hatte, es könne seine Schulden plus Zinsen zurückbezahlen. Möglicherweise würden die Chinesen die versprochenen Summen zurückbekommen, doch was würde der Dollar dann noch wert sein? In Krisenzeiten sind die Amerikaner traditionell nicht an Geldwertstabilität interessiert. In Zusammenarbeit mit den großen Notenbanken der Welt tat die Federal Reserve, was sie seit der Weltwirtschaftskrise Ende der 1920er-Jahre in wirtschaftlich schlechten Zeiten immer getan hatte: Sie erhöhte die Dollarmenge und versorgte die Banken mit mehr Geld, um die Kreditvergabe anzuheizen und somit die Wirtschaft wieder in Fahrt zu bringen. Durch diese expansive Geldpolitik steigt das Risiko einer Inflation, was für China bedeutet, dass seine Unmengen von amerikanischen Staatsanleihen an Wert verlieren.

Gleichzeitig zwingt die gestiegene Dollarmenge die Chinesen, noch mehr Dollars aufzukaufen, um ihren Wechselkurs stabil zu halten. Dadurch erhöht sich auch das Inflationsrisiko für den Yuan. Denn die Dollars kauft die Volksbank mit neu geschaffenen Yuan. Der Mechanismus: Bei gestiegener Dollarmenge muss parallel, wenn auch längst nicht im gleichen Umfang, die Menge des Yuan zunehmen, will man das Kursverhältnis halten. Der Yuan verliert damit an Kaufkraft. Importierte Inflation nennen Ökonomen dieses Phänomen, wenn ein Land das andere, übertragen durch einen festen Wechselkurs, mit Inflation ansteckt.

Da die Chinesen lieber exportieren als importieren, waren sie wenig erfreut über diese negativen Auswirkungen der US-Politik auf ihr Land. Doch die Abhängigkeit Chinas vom Dollar war inzwischen zu groß, noch brauchte China den Dollar, der im Gegensatz zum Yuan weltweit benutzt wird. Und solange China maßgeblich von den USA als Absatzmarkt und dem Dollar als international akzeptiertem Zahlungsmittel abhängig war, so lange würde China auch abhängig von den Entscheidungen der Federal Reserve und der amerikanischen Regierung bleiben. Ein Graus für die chinesische Führung, die stets jeglichen Einfluss des Auslandes auf die chinesische Politik zu vermeiden suchte. Nun rächte sich, dass die Chinesen zwar vor der Krise gewarnt, aber selbst keine Konsequenzen aus ihrer Warnung gezogen hatten.

In der Krise lebten die Amerikaner weiter auf Pump. Sie druckten weiterhin Geld und gaben es mit vollen Händen aus. Die Chinesen hatten keine Wahl, wenn sie nicht in die Abwärtsspirale hineingezogen werden wollten: Sie mussten unabhängiger werden von der Dollarherrschaft und den USA. Die Strategie konnte nur sein: Den eigenen Binnenmarkt ausbauen und andererseits der eigenen Währung international einen größeren Stellenwert verschaffen, um so eines Tages die Kopplung des Yuan zum Dollar aufgeben zu können.

Aufgeschreckt durch die Auswirkungen der Finanzkrise wurde die Internationalisierung des Yuan zum wichtigsten Ziel der chinesischen Politik. Der Richtungsschwenk, an dessen Ende eigentlich die Freigabe des Wechselkurses stehen müsste, war alles andere als selbstverständlich. Es wäre den Chinesen entschieden lieber gewesen, sie hätten noch eine Weile warten können, denn die enge Bindung des Yuan an den Dollar war immer einer der Stützpfeiler des erfolgreichen exportorientierten Entwicklungsmodells. Durch ihre fest gekoppelte Währung konnten die Chinesen ihre Preise auch garantieren, wenn der US-Dollar schwankte. Ein frei konvertierbarer Yuan würde einen Preisanstieg und damit einen Rückgang des Absatzes bedeuten. Die chinesische Wirtschaft, so die Sorge, könnte nicht mehr so wachsen wie zuvor. Hinzu kommt: Es wäre viel leichter für chinesische Investoren, sich Geld im Ausland zu leihen, wodurch Blasen entstehen könnten, die dann die chinesische Wirtschaft in Schwierigkeiten bringen. Die Japaner scheiterten letztlich an genau diesem Problem: Der große Zufluss an internationalem Geld produzierte eine Immobilienblase, von deren Platzen sich die japanische Wirtschaft bis heute nicht erholt hat. Es war zugleich das Ende für den Versuch der Japaner, ihre Währung zu internationalisieren. Für Peking ein warnendes Beispiel, welche Risiken auf dem Weg zur Weltwährung warten.

Dennoch blieb der chinesischen Regierung nichts anderes übrig, als die Internationalisierung ihrer Währung einzuläuten. Dabei muss der Yuan drei Hürden überwinden. Er muss Handelswährung werden, Reservewährung und schließlich Kreditwährung. Das erste und auch das einfachste Ziel ist es, den Yuan als internationale Handelswährung zu etablieren. Chinesische Im- und Exporteure sollen die Möglichkeit haben, ihre Geschäfte in Yuan statt wie bisher in US-Dollar abzurechnen. So könnten sie die Kosten des Geldwechsels sparen.

Schwieriger ist der Weg zu einer Reserve- und Kreditwährung. China müsste sich zu einem attraktiven Anlagemarkt entwickeln, mit Schanghai und Hongkong als den wichtigsten Finanzzentren. Internationale Anleger könnten ihre Investments diversifizieren und dem chinesischen Markt Kapital zur Verfügung stellen, ausländische Notenbanken könnten chinesische Staatsanleihen als Währungsreserven halten. Um die Rolle als Anlagewährung voll ausfüllen zu können, müsste der Yuan natürlich frei handelbar sein. Was hieße, dass er vom Dollar entkoppelt werden müsste.

Diese verschiedenen Prozesse zur Internationalisierung des Yuan wurden bereits eingeleitet. Dabei gehen die Chinesen ähnlich vor wie bei den meisten Reformanstrengungen der vergangenen 30 Jahre: Peking übt in kleinen Schritten, um am Ende ein System mit größerer wirtschaftlicher Freiheit zur schaffen. So soll ein gradueller Übergang von einem weitestgehend geschlossenen Finanzsystem zu einem modernen, offenen Finanzsektor vollzogen werden, ohne dabei die Schwächen westlicher Finanzsysteme zu übernehmen und ohne plötzlich die Kontrolle zu verlieren. Dementsprechend vollzieht sich der Prozess der Internationalisierung für kurzsichtige Beobachter bis jetzt nur schleppend und kaum merkbar. Doch die Schaffung einer neuen Weltwährung braucht Zeit. Der Übergang vom Pfund zum Dollar hat über 30 Jahre gedauert. Das Ende des Prozesses scheint jedoch klar: Ein starker, von Peking gesteuerter Yuan wird in einem Atemzug mit Dollar und Euro genannt werden, und er wird beide als meistbenutzte Zahlungsmittel auf der Welt ablösen.

Der Yuan als Handelswährung

Der erste und einfachste Schritt zu einer internationalen Währung ist, sie als internationale Handelswährung durchzusetzen, also Waren, die China ein- oder verkauft statt in Dollar in Yuan zu bezahlen. In diese Richtung hat Peking schon viel unternommen. Das ist relativ einfach, weil man sich mit den jeweiligen Ländern individuell einigen kann, ohne Einmischung einer internationalen Organisation oder eines dritten Landes.

Damit Ausländer chinesische Waren mit Yuan kaufen und verkaufen können, müssen sie logischerweise in den Besitz von Yuan kommen. Was nicht ganz so problemlos ist, da der Abfluss von Yuan aus China durch Kapitalverkehrskontrollen beschränkt ist. Die Chinesen sind deshalb auf eine behelfsmäßige, aber praktikable Lösung verfallen: Währungstauschgeschäfte, sogenannte Currency Swaps. Dabei tauscht die Chinesische Volksbank eine bestimmte Menge an Yuan gegen die Währung eines anderen Landes bei der jeweiligen Notenbank. Die Summe kann dann von Unternehmen als Zahlungsmittel beim Kauf chinesischer Waren verwendet werden.

Das erste dieser Swap-Geschäfte tätigte China im Dezember 2008 mit seinem ostasiatischen Nachbarn Südkorea. Hauptidee damals war, in der Weltfinanzkrise chinesische Produkte für die Südkoreaner attraktiver zu machen. Das Geschäft war zunächst auf drei Jahre beschränkt und erlaubte den Tausch von bis zu 180 Milliarden Yuan, etwa 26 Milliarden US-Dollar. Das Pilotprojekt war so erfolgreich, dass sich beide Länder im Oktober 2011 darauf einigten, das Volumen auf rund 50 Milliarden zu verdoppeln und die Frist bis Oktober 2014 zu verlängern. Nach den schlechten Erfahrungen in der Asienkrise wollten die Südkoreaner in der Finanzkrise 2008 sicher sein, genug Devisen zu haben, um im Ausland einzukaufen. Für die Chinesen ihrerseits war der Währungstausch ein Mittel, ausländische Käufer für ihre Fabrikprodukte zu gewinnen, ohne wie bisher im Falle der USA Staatsanleihen des jeweiligen Landes zu kaufen. Zudem wollten sie verhindern, dass südkoreanische Firmen ihre Standorte in der Volksrepublik schließen mussten.

Das Geschäft trug damit nicht nur dazu bei, in Zukunft den Handel mit Yuan zu ermöglichen, sondern machte die südkoreanische Volkswirtschaft generell unabhängiger von den USA. Bisher musste Südkorea stets die USA oder den amerikanisch geprägten IWF fragen, wenn es neue Devisen brauchte. Und der IWF stand in Korea nicht hoch im Kurs, hatte er doch das Land während der Asienkrise gezwungen, seine Märkte zu öffnen, und einen Ausverkauf der Industrie in Gang gesetzt. Südkoreas China-Deal kam zustande, nur zwei Wochen nachdem Politiker des Landes sich öffentlich gegen ein erneutes Swap-Geschäft mit den USA ausgesprochen hatten. Eine erstaunliche Verschiebung der Machtverhältnisse in Ostasien zuungunsten der USA.

Doch nicht nur bei den direkten Nachbarn stößt das chinesische Engagement auf Interesse. Überall dort, wo sich der Westen zurückzieht, sei es aus akuter wirtschaftlicher Atemnot, oder um durch Sanktionen politisch Druck auszuüben, klopft China an. Beispiel Iran: Während die USA ihre Sanktionen verschärfen und die EU ein Ölembargo für den Iran verhängt, kaufen die Chinesen weiter. Nur bezahlen sie das Öl nicht mehr in Dollar, sondern in Yuan. Im Mai 2012 beschlossen China und der Iran, die Öllieferungen künftig in chinesischer Währung abzuwickeln. Dabei geht es um Geschäfte im Wert von jährlich 20 bis 30 Milliarden Dollar. Im Gegenzug kauft der Iran mit den Yuandevisen im Reich der Mitte ein.

Die Maschinerie zur Etablierung des Yuan als Handelswährung ist also längst angelaufen. Mit seinen Swap-Geschäften vereint China inzwischen Staaten, die teilweise vom Westen aus ideologischen Gründen oder Fahrlässigkeit vernachlässigt werden, und solche, die zwar einerseits feste Partner der USA sind, aber andererseits nicht länger vom US-Dollar abhängig sein wollen. Als China im März 2012 einen der bisher größten Deals mit einem Volumen von 200 Milliarden Yuan mit seinem wichtigen Rohstofflieferanten Australien absegnete, waren ähnliche Swap-Geschäfte mit so unterschiedlichen Ländern wie

Argentinien, Weißrussland, Island, Indonesien, Kasachstan, Neuseeland, Pakistan, Singapur, Thailand, der Türkei, Malaysia, der Mongolei und den Vereinigten Arabischen Emiraten über ein Gesamtvolumen von mehr als 1,3 Billionen Yuan bereits geschlossen. Das Modell ist so erfolgreich, dass China inzwischen Swap-Geschäfte im Wert von 25 Prozent seines Handelsvolumens getätigt hat, Tendenz stark steigend.

Will man sich ein Datum merken, das als Durchbruch für den Yuan als Handelswährung gelten kann, dann ist es der März 2012. In diesem Monat wurde nicht nur der Australien-Deal unterzeichnet, auch die BRICS-Staaten, also neben China Brasilien, Russland, Indien und Südafrika, klinkten sich ein. Die fünf Staaten, die insgesamt 42 Prozent der Weltbevölkerung und 28 Prozent der weltweiten Wirtschaftsleistung erstellen, wollen in Zukunft den Handel untereinander in den Landeswährungen abwickeln. Das von China initiierte und maßgeblich vorangetriebene Abkommen soll den Handel unter den BRICS-Staaten bis 2015 auf 375 Milliarden Euro verdoppeln. Zudem wird die China Development Bank, die als Entwicklungsbank die chinesischen Expansionspläne im Ausland steuert, in Zukunft neben Dollarkrediten in den BRICS-Ländern auch Kredite in Yuan vergeben können. Am Rande des G-20-Gipfels im mexikanischen Los Cabos vom 19. bis 20. Juni 2012 vereinbarten die Währungsrebellen, dass ihre Finanzminister und Zentralbankgouverneure Swap-Vereinbarungen ausarbeiten sollten, um den Startschuss für einen Handel ohne Dollar zu geben. Eine Entwicklung, die nichts weniger ist als eine Sensation, die Rolle des US-Dollar würde damit langfristig und nachhaltig gefährdet. Die Amerikaner haben ihre Karten offensichtlich überreizt. Und das Vertrauen in die Stabilität des Yuan ist im Rest der Welt mittlerweile ähnlich hoch wie in die Stabilität des US-Dollar.

Damit der Handel direkt in Yuan funktioniert, muss er

allerdings erlaubt und gemäß den in China geltenden Kapitalverkehrskontrollen auch reglementiert sein. Deshalb gestatteten die chinesischen Behörden im Rahmen des »RMB Trade Settlement Scheme« chinesischen Importeuren und registrierten Exporteuren ab Juli 2010 eine Zahlungsabwicklung in Yuan mit allen Ländern weltweit. Gleichzeitig dürfen ausländische Unternehmen seit dem 29. September 2010 dank der sogenannten »Administrative Measures on Renminbi Settlement Accounts Opened by Overseas Entities« offiziell in Yuan zahlen.

Die Maßnahmen zeigen Erfolg. Inzwischen nehmen am RMB Trade Settlement Scheme 20 Provinzen, autonome Regionen und Städte teil, in denen 95 Prozent aller am chinesischen Außenhandel beteiligten Unternehmen angesiedelt sind.

Während Mitte 2010 nur knapp ein Prozent des gesamten chinesischen Außenhandels in Yuan abgerechnet wurde, waren es Ende 2011 bereits sieben, innerhalb Asiens sogar 13 Prozent. Im Jahr 2012 waren es schon 12,3 Prozent, nach Schätzungen der HSBC wird es 2015 gut die Hälfte sein.

Ein Bedeutungsverfall des US-Dollar als Handelswährung, wie er deutlicher kaum sein könnte. Und alles spricht dafür, dass dies so weitergeht. Die Lösung ist für chinesische Unternehmen von großem Vorteil. Für sie entfällt der Aufwand, Yuan in Dollar zu tauschen und umgekehrt. Wie bei einer sehr starren Dollarbindung tragen sie kaum Risiko bei Wechselkursschwankungen. Von dieser günstigen Konstellation profitieren auch die chinesischen Handelspartner. Zwar tragen sie alleine das Wechselkursrisiko. Dafür sind aber die chinesischen Händler bereit, ihre Preise zu senken, teilweise sogar bis zu fünf Prozent, wenn die Zahlung direkt in Yuan abgerechnet wird.

Dass auch nicht asiatische, ausländische Unternehmen einen Handel in Yuan schätzen, zeigt eine Umfrage der Deutschen Bank bei deutschen, niederländischen und britischen Unternehmen im August 2012. Demnach planen 80 Prozent der befragten Unternehmen, ihre Rechnungsstellung mit China künftig in Yuan abzuwickeln, immerhin 20 Prozent sind bereits so weit. Besonders aktiv waren nach Angaben der Deutschen Bank die deutschen Mittelständler, die sich neben Preisvorteilen auch erhoffen, neue Kunden zu erreichen, die bisher nur eingeschränkten Zugang zu ausländischen Devisen haben. Die Etablierung des Yuan als Handelswährung ermöglicht es erstmals auch kleineren, bisher schlechter vernetzten chinesischen Unternehmen, die Vorzüge der Globalisierung voll auszunutzen, und stellt damit das Wirtschaftswachstum in China auf ein breiteres Fundament. Der Yuan als Handelswährung scheint ein Selbstläufer zu sein, der sich bereits durchgesetzt hat. Doch dies ist auch der einfachste Teil der Internationalisierung. Den Yuan als Anlagewährung zu etablieren ist dagegen eine ungleich schwierigere Aufgabe.

Finanzmarktreform, Teil I: Erste kleine Schritte

Die Reform des chinesischen Finanzsystems ist die größte Aufgabe, die auf Chinas neue Führung um Staatspräsident Xi Jinping wartet. Denn eine Weltwährung Yuan – das setzt voraus, dass der Rest der Welt auch auf Yuan zugreifen und dass das internationale Anlagekapital von Staaten, institutionellen Investoren und Privatanlegern seinen Weg nach China finden kann, genauso wie man problemlos an den Börsen in London, New York oder Paris investieren kann.

Die Widerstände in der Volksrepublik gegen eine Reform und Öffnung des Finanzmarktes sind nach wie vor schwer zu überwinden. Während viele Industriesektoren mehr oder weniger modernisiert wurden und Chinas BIP sogar das der einstigen, zweitgrößten Wirtschaftsmacht

Japan überholt hat, wurde eine grundlegende Reform des Finanzsektors auf Eis gelegt. Die Banken sind derzeit kaum mehr als verlängerte Arme des Staates. Viele konservative Kommunisten beurteilen die um sich greifende Marktwirtschaft noch immer kritisch und sehen darin die Macht der Partei, aber auch ihre eigene Macht bedroht. Ihnen ist die Idee eines westlich geprägten Finanzsystems mit seinen hohen Schwankungen und geringen Kontrollmöglichkeiten alles andere als geheuer. Freie Finanzmärkte waren eine der ersten kapitalistischen Institutionen, die Mao nach der Machtübernahme abschaffen ließ. Ein schwerer Schlag, nicht nur für das chinesische Finanzzentrum Schanghai, sondern für das gesamte Weltfinanzsystem. Denn die Yangtse-Metropole war mit 24 staatlichen und 200 privaten Finanzinstituten bis 1949 hinter New York und London bereits der drittgrößte Finanzplatz der Welt. Damit war es schlagartig vorbei. Es folgte das von den Kommunisten etablierte Monobankensystem nach sowjetischem Vorbild, dessen Zentrale in Peking lag und das der Industrie Geld nicht nach Bedarf, sondern nur nach einem zentralen Plan zur Verfügung stellte. Schanghai verlor seine Banken und China den Anschluss an Finanzinnovationen.

Diesen Rückstand versucht das Land seit Beginn der Reformen 1978 wenigstens ansatzweise wieder aufzuholen. Die ersten vorsichtigen Versuche wurden in den 1980er-Jahren gemacht, als erstmals wieder der Handel mit Staats- und Unternehmensanleihen sowie Aktien aufgenommen wurde. Trotzdem hieß Geldanlage für Ausländer in China lange Zeit vor allem eines: unflexible Direktinvestitionen für den Bau von Fabrikanlagen. Kapital in Yuan tauschen und in der Volksrepublik investieren konnten Ausländer hingegen nicht.

Bis vor wenigen Jahren war keines der gängigen Finanzprodukte in China für Ausländer zu haben. Die Aktienmärkte in Shenzhen und Schanghai waren für Ausländer abgeschottet und sind es mit Ausnahme einer eingeschränkten Zulassung für einige wenige westliche Finanzinstitute noch immer. Ähnlich sieht es bei chinesischen Staats- und Unternehmensanleihen aus.

Inzwischen weicht Peking diese Regeln Schritt für Schritt auf. Es können sogar ausländische Privatinvestoren direkt oder mithilfe von Fonds Yuananleihen chinesischer Unternehmen kaufen. Sogar chinesische Staatsanleihen werden gehandelt. Das alles geschieht allerdings noch sehr eingeschränkt und nicht in China direkt, sondern in sogenannten Yuan-Offshore-Zentren. Zu diesen Zentren gehören mittlerweile die Finanzplätze Hongkong, Singapur und London. Der Markt ist aber noch sehr klein, und im Vergleich zum größten Anleihenmarkt der Welt ist er sogar verschwindend gering.

Der für Bond-Investments wichtigste Markt der Welt findet sich weiterhin in den USA. Auch größere Dollarmengen lassen sich problemlos zwischenparken. US-Staatsanleihen gelten trotz aller Skepsis über den amerikanischen Schuldenstand als relativ ausfallsicher. Zudem ist der amerikanische Anleihenmarkt derart groß, geradezu gigantisch, dass die Preise sich durch einzelne Geschäfte nicht verändern, sprich manipulieren lassen, oder zumindest nur bei einem extrem hohen Volumen. Ein entscheidender Grund, warum der Dollar heute für ausländische Notenbanken, die per se wertbeständige und jederzeit verkaufbare Anlagen bevorzugen, die Reservewährung Nummer eins ist. Im Gegensatz dazu leiden die Europäer unter ihrer Vielstaaterei. Der wichtigste europäische Anleihenmarkt ist noch immer der für deutsche Bundesanleihen, der erheblich kleiner ist als sein großer Bruder jenseits des Atlantiks.

China spielt in der Weltliga nicht mit. Bis Februar 2012 war die Volksrepublik mit gut 21 Billionen Yuan, rund drei Billionen US-Dollar, in Staatsanleihen verschuldet. Im Vergleich: Der Markt für Schatzpapiere des US-Finanzministeriums umfasste zu dem Zeitpunkt ein Volumen von über zehn Billionen Dollar, der gesamte amerikanische Anleihenmarkt gar ein Volumen von 37 Billionen. Ein großer Teil der Anleihen befindet sich in ausländischem Besitz, allein China hält mehr als eine Billion in amerikanischen Staatsanleihen. Für die Volksrepublik sieht das Bild fundamental anders aus, hier spielt das Ausland bisher nur eine verschwindend geringe Rolle. Über 80 Prozent der chinesischen Staatsanleihen werden von den staatlichen Banken selbst gehalten. Der chinesische Staat lebt damit auf Pump seiner Bürger. Denn mit dem Geld, das die Bürger mangels Alternativen auf die Bank tragen, kaufen die Banken nicht immer freiwillig die Staatsanleihen. Anleihekauf ist politische Pflicht, auch wenn es sich nicht lohnt.

Der Nachteil: Man wirtschaftet von einer in die andere Tasche. Der Vorteil: Der Staat ist im Gegensatz zu westlichen Regierungen unabhängig von den internationalen Finanzmärkten. Eine Vertrauenskrise wie in den südeuropäischen Staaten kann China nicht widerfahren. Nur sieben Prozent des gesamten chinesischen Anleihenmarktes sind im Besitz ausländischer Banken. Und selbst die chinesischen Privatanleger spielen im Anleihenmarkt keine Rolle. Sie halten nur rund ein Prozent aller chinesischen Anleihen. Über 92 Prozent befanden sich dagegen im Besitz staatlicher Akteure. Sie handeln kaum mit den Anleihen, sondern halten sie in der Regel bis zum Laufzeitende. Ein Verkauf von Staatsanleihen würde ja bedeuten, man traue dem Staat nicht, dass er seine Schulden zurückzahlt. Der funktionierende Handel insbesondere mit Staatsanleihen ist eine der wichtigsten Voraussetzungen für einen modernen Finanzmarkt.

Den Yuan zunehmend als Reservewährung zu etablieren ist erklärtes Ziel der chinesischen Regierung. So könnte sich China wie die USA das »unverschämte Privileg« sichern und sich sein Haushaltsdefizit – sollte es denn jemals eines haben – durch das Ausland finanzieren lassen. Doch wie überzeugt man die anderen Staaten davon, nun statt US-Dollars Yuan auf die hohe Kante zu legen?

Eine einfache Möglichkeit wäre, dass ausländische Notenbanken einen Teil ihrer Swap-Yuan nicht für Handelsgeschäfte nutzen, sondern stattdessen in chinesische Staatsanleihen investieren, die sie sich als alternative Devisenreserven zu US-Schatzpapieren ins Depot legen. Allerdings ist die Hürde in diesem Fall deutlich höher, denn anders als bei Handelsgeschäften, für die Yuan nur kurzfristig gehalten und mit einem klaren Gegenwert in Gütern gedeckt werden, sind Devisenreserven eine langfristige Wertanlage und haben eine viel wichtigere Funktion. Sie stützen die gesamte Volkswirtschaft. Die Ausländer binden sich mit Devisenreserven in Yuan viel nachhaltiger an China.

Ausgerechnet Japan entschloss sich im März 2012 dennoch, chinesische Staatsanleihen im Wert von zehn Milliarden US-Dollar zu übernehmen. Eine Summe, die anlässlich der japanischen Gesamtreserven von 1,3 Billionen US-Dollar sehr gering erscheinen mag, aber sie ist ein Anfang – und allemal ein starkes politisches Signal der drittgrößten Volkswirtschaft der Welt, das auf mehr hoffen lässt. Ein Signal, das angesichts der immer wieder aufflammenden Spannungen zwischen China und Japan politisch besonders wertvoll ist.

Ebenso wie der Schritt des rohstoffreichen Nigerias, neben Südafrika das mächtigste politische Land in Afrika, das innerhalb von sechs Monaten bis März 2012 Yuanreserven in Höhe von 500 Millionen US-Dollar aufbaute. Das ist zwar ebenfalls nur ein Bruchteil der gesamten Devisenreserven, knapp anderthalb Prozent, doch die Nigerianer wollen ihren Anteil so schnell wie möglich auf zehn Prozent aufstocken. Das hat Signalwirkung in Afrika. Tansania und andere afrikanische Länder ziehen bereits nach. Sogar Saudi-Arabien, größter Erdölexporteur der Welt und fester Verbündeter der USA, äußerte im Mai 2005

Interesse am Aufbau von Yuanreserven. Mitte 2012 wurde der Umfang der vom Ausland gehaltenen Yuanreserven auf 15 bis 20 Milliarden US-Dollar geschätzt. Selbst das amerikanische *Wall Street Journal* hält ein Wachstumspotenzial auf 100 Milliarden US-Dollar innerhalb der nächsten zwei Jahre für realistisch.

Um die Nachfrage nach Yuan befriedigen zu können, stellt die chinesische Regierung nicht nur ausgewählten Staaten direkt Staatsanleihen zur Verfügung, sondern setzt in großem Maße auf ihr von den Briten geerbtes Finanzzentrum Hongkong. Im Gegensatz zu Festlandchina ist Hongkong eines der am wenigsten regulierten Finanzzentren der Welt, wenn es um den Fluss von Finanzströmen geht. Hier wurde bereits im Juni 2007 der Startschuss für die Internationalisierung des Yuan gegeben. Seitdem dürfen chinesische Finanzinstitute in Hongkong Anleihen in Yuan auflegen, die nach kantonesischen Teigtaschen benannten Dim-Sum-Anleihen. Chinesische, aber auch westliche Unternehmen geben Anleihen in Yuan aus, die von ausländischen Investoren in westlicher Währung bezahlt werden. Oder noch einfacher: Die Unternehmen leihen sich US-Dollars bei Ausländern und zahlen sie später in Yuan plus Zinsen zurück. Chinesische Großbanken können sich so auf dem Hongkonger Markt mit frischem, internationalem Kapital eindecken.

Nachdem sich gezeigt hatte, wie gut das funktioniert, fing auch der Staat an, sich Geld zu leihen. Im Oktober 2009, als klar war, dass China es als erstes Land geschafft hatte, die Weltfinanzkrise ohne Dauerschäden hinter sich zu lassen, legte Peking Staatsanleihen im Wert von immerhin 900 Millionen US-Dollar auf. Ausländische, institutionelle Investoren, sprich Banken, Versicherungen und Pensionsfonds, aber auch andere Staaten hatten nun zum ersten Mal in der 5000-jährigen Geschichte Chinas die Möglichkeit, sich direkt an der Finanzierung des chinesischen Staates zu beteiligen. Im November 2010 folgte eine weitere Tranche mit einem Marktwert von über einer Milliarde Dollar.

Dies geschah nicht etwa, weil der chinesische Staat plötzlich in Geldnot gewesen wäre, sondern explizit mit dem Ziel, den Yuan international hoffähig zu machen und sicherzustellen, dass die heimischen Unternehmen an genügend Kapital kommen. Staatsanleihen erfüllen auf den Finanzmärkten eine wichtige Funktion, sie geben die Richtung für Unternehmensanleihen vor. Die Zinsen der sogenannten Corporate Bonds müssen angesichts des höheren Risikos einer Unternehmenspleite mindestens so hoch sein wie die der weitgehend ausfallsicheren Staatsanleihen, wenn nicht sogar höher. Die Faustregel gilt an den Märkten, und wollte China den Markt für Unternehmensanleihen fördern, ginge das nur über einen wenn auch noch so moderaten Handel mit Staatsanleihen.

Seit Juli 2010 hat jedes Unternehmen, egal ob aus Hongkong oder ausländischer Herkunft, die Möglichkeit, in Hongkong Dim-Sum-Anleihen auszugeben. Eine Vielzahl von Konzernen wie Volkswagen und sogar die deutsche Staatsbankengruppe KfW haben inzwischen solche Papiere auf den Markt gebracht, um damit ihre Geschäftsaktivitäten in China zu finanzieren. Selbst McDonald's, eines der amerikanischsten Unternehmen überhaupt, hat von dieser Möglichkeit Gebrauch gemacht. Getrieben vom Durst nach Anlagemöglichkeiten in Yuan wuchs das Volumen von gerade einmal 41,2 Milliarden Yuan im Jahr 2010 auf 166 Milliarden Yuan im Jahr 2011. Gleichzeitig stiegen die maximalen Laufzeiten der Anleihen von drei über fünf auf bis zu zehn Jahre. Die längste Laufzeit hatten mit zehn Jahren die im Oktober 2010 ausgegebenen Anleihen der Asiatischen Entwicklungsbank (ADB) und die vom chinesischen Finanzministerium aufgelegten Staatsanleihen.

Der Großteil der Bonds hat allerdings nach wie vor deutlich kürzere Laufzeiten, meist drei Jahre. Das zeigt deutlich, worauf die Investoren spekulieren. Sie achten beim Kauf der Anleihen weniger auf Ausfallrisiko und versprochene Verzinsung, sondern hoffen vielmehr darauf, dass der Yuan irgendwann doch gegenüber dem Euro und dem US-Dollar aufgewertet wird. Dies spielt neben den Liberalisierungen durch die Behörden in Festlandchina und Hongkong eine wichtige Rolle bei dem Boom der Dim-Sum-Anleihen. Der Markt wird dabei inzwischen nicht nur von institutionellen Kunden wie der indonesischen Zentralbank genutzt, die sich hier seit Juli 2012 ihre Yuanreserven zusammenkauft, er eröffnet auch internationalen Privatanlegern die Möglichkeit, am Aufschwung Chinas teilzuhaben. Sie können zwar selten direkt Anleihen kaufen, für die eine Mindeststückelung von einer Million Yuan besteht. Aber durch spezielle Yuanfonds, die das Kapital vieler Kleinanleger sammeln, können auch sie nun ihr Erspartes im Fernen Osten anlegen. Eine durchaus reizvolle Möglichkeit angesichts mauer wirtschaftlicher Zeiten im Westen.

Der Anleihenmarkt in Hongkong kann getrost als wichtigstes Projekt außerhalb Festlandchinas bezeichnet werden. Doch es ist bei Weitem nicht das einzige. Inzwischen sind auch die internationalen Finanzplätze London und Singapur zu Yuanhandelszentren aufgestiegen. Das Geschäft in London läuft allerdings schleppend, weil die an Yuananleihen interessierten Unternehmen eher in der Eurozone und vor allem in Deutschland sitzen. Insofern wäre Frankfurt als zusätzlicher Standort durchaus sinnvoll, da die Bankfilialen dort einen viel engeren Kontakt zu den deutschen Mittelständlern haben, die in China verkaufen oder produzieren. Die kleine Metropole am Main, deren Bankentürme schon von dem einen oder anderen chinesischen Investor im Landeanflug für die Behausungen der Flughafenmitarbeiter gehalten wurden, sollte bei dieser Entwicklung nicht den Anschluss verlieren. Durch die Eurokrise hat sich der Blickwinkel der Deutschen so verengt, dass viele globale Entwicklungen wie der Aufstieg des Yuan übersehen werden.

Finanzmarktreform, Teil II: Große Aufgaben

Der Anleihesektor ist nach wie vor klein, aber immerhin, es tut sich was. Die Ausländer haben einen Fuß in der Tür. Nach wie vor weitgehend abgeschottet ist dagegen der chinesische Aktienmarkt. Und noch völlig in den Kinderschuhen steckt der wichtigste Bereich der Unternehmensfinanzierung, das Kreditgeschäft. Eine Bank wie die Schweizer UBS gibt in London einem Schwarzwälder Mittelständler einen Kredit in Yuan, zu Zinsen, die die Bank und der Mittelständler untereinander aushandeln – das ist nach wie vor undenkbar. Aber auch in China selbst ist das Thema Kredite heikel.

Die Herausforderungen für die chinesische Regierung sind so groß, dass der kleine Anleihenmarkt in Hongkong momentan noch das höchste der Reformgefühle ist. Doch dabei wird es nicht bleiben können. Aktuelle Probleme drängen die chinesische Regierung weiter zu modernisieren. Denn das System ist zu starr und zu einseitig auf die Bedürfnisse der Staatswirtschaft ausgerichtet. Vor allem kleine und mittlere Privatunternehmen werden benachteiligt.

Wer diesen Missstand genauer verstehen will, der muss, genau wie die chinesische Regierung, einen Blick in das knapp 500 Kilometer südlich von Schanghai gelegene Wenzhou werfen. Die Stadt war im 19. Jahrhundert einer der wenigen für den Handel mit dem Ausland geöffneten Häfen. Diese Offenheit hat die Stadt geprägt. Und als Deng Xiaoping in den 1980er-Jahren das Land langsam für ausländische Investoren öffnete, waren die Menschen in Wenzhou schneller als in anderen Städten bereit, sich selbstständig zu machen. In der Hafenstadt blühte die

Leichtindustrie für den Export in den Westen. Heute ist die Multimillionenmetropole mit rund 4000 Schuhfabrikanten bekannt als »Chinas Schuhhauptstadt«, und ist unter anderem auch der weltgrößte Produktionsstandort für Feuerzeuge mit einem Anteil an der Weltproduktion von 70 Prozent.

Vor allem ist Wenzhou aber ein Gegenentwurf zum traditionellen, chinesischen Wirtschaftssystem. Während der Staat immer noch auf seine Großbanken als Finanziers und die zahlreichen Staatsunternehmen als wichtigste Stütze der Wirtschaft setzt, auch wenn sie inzwischen zum Teil wie Privatunternehmen arbeiten, gilt Wenzhou in China als die Hauptstadt der selbständigen Unternehmer. 80 Prozent der Beschäftigten sind hier in den fast 400 000 Privatunternehmen angestellt. Der Unternehmergeist der Stadt ist im ganzen Land berühmt – aber auch ihr Hang zu riskanter Spekulation.

In Wenzhou lässt sich im Kleinen beobachten, wie die Entwicklung eines Mittelstandes im ganzen Land verlaufen könnte. Unter starkem Konkurrenzdruck fangen die Mittelständler an, statt Schuhe und Feuerzeuge zunehmend ausgefeilte und innovative Produkte für den Export herzustellen. Und sie verlegen die Produktion zunehmend ins Hinterland, nach Südostasien, und sogar bis nach Afrika, weil dort die Löhne niedriger sind. Vor ein bis zwei Dekaden waren sie die glücklichen Empfänger ausländischer Direktinvestitionen, mit denen sie Gemeinschaftsunternehmen aufgebaut haben. Nun sind sie selbst Auslandsinvestoren. Diese punktuelle Entwicklung müsste in ganz China die Regel werden. Dass dies noch nicht so ist, liegt vor allem am rückständigen Finanzmarkt Chinas.

Während sich in Wenzhou ein privater Graumarkt für Kredite entwickeln konnte, sind die Mittelständler in den meisten Teilen des Landes auf den Staat angewiesen. Die Großbanken machen sich gar nicht erst die Mühe, die

Geschäftsmodelle kleinerer Unternehmen zu prüfen und mit ihnen gemeinsam eine Aufbauphase durchzustehen.

Privatunternehmer müssen sich deshalb auf ihre Netzwerke von Familien und Freunden verlassen, um sich finanzieren zu können. Wo diese Netzwerke nicht mehr ausreichen, leihen sie sich das Geld eben schwarz von offiziell nicht genehmigten Finanzinstituten. Das ist teuer, denn die Zinsen liegen mit bis zu 90 Prozent um ein Vielfaches höher als bei normalen Bankkrediten. Das System kann nur funktionieren, solange die Wirtschaft boomt, sonst droht die Finanzierungslast die Unternehmer schnell zu erdrücken. Und genau das passierte, als die weltweit sinkende Nachfrage im Zuge von Finanz- und Eurokrise auch Wenzhou traf. 2011 machten sich in einigen spektakulären Fällen Fabrikbesitzer, die ihre Kredite nicht zurückzahlen konnten, über Nacht aus dem Staub. Der inoffizielle Finanzmarkt der Stadt drohte zusammenzubrechen und geriet mit einem Mal ins Visier der Behörden. Diese reagierten nicht gerade zimperlich, auf illegale Kreditvergabe steht in China im Extremfall die Todesstrafe.

Die 30-jährige Geschäftsfrau Wu Ying etwa wurde tatsächlich wegen illegaler Kreditgeschäfte zum Tode verurteilt. Zum Glück schaltete sich schließlich die Zentrale in Peking ein. Sie hob das Urteil auf und reagierte erstaunlich milde, denn sie erkannte die Finanzierungsprobleme der Unternehmer. Statt eine große Kampagne gegen den schwarzen Finanzmarkt zu starten, versuchte sie, die Schattenbanken zu legalisieren. Wenzhou wurde zur offiziellen Versuchszone ernannt, in der private Finanzdienstleister legal Kredite vergeben können. Zwar müssen diese Institute mit staatlich anerkannten Banken zusammenarbeiten, und auch die Zinshöhe wird weiterhin vom Staat festgelegt. Dennoch ist die Entwicklung ein gewaltiger Fortschritt, denn die Institute bedienen ganz andere Kunden: Kleine und mittelständische Unternehmer haben nun endlich die Möglichkeit, sich legal, schnell und einigermaßen kostengünstig zu finanzieren. Und noch in einem weiteren Punkt sind die Behörden den Wenzhouer Bürgern entgegengekommen. Sie haben jetzt die Möglichkeit, einen Teil ihres Vermögens in Höhe von bis zu drei Millionen Dollar pro Person in Firmen im Ausland anzulegen.

In Wenzhou bekommt man einen Vorgeschmack darauf, welche Möglichkeiten ein liberalisierter Kapitalmarkt den chinesischen Bürgern eines Tages bieten kann. Westliche Banken, vor allem deutsche, hätten das Know-how, diesen Unternehmern zu helfen, wenn man sie nur ließe. Doch die Voraussetzung dafür wäre es, den Yuan zu liberalisieren, auch wenn womöglich die Korruption dadurch einstweilen noch größer wird, weil es einfacher wird, Geld über die Grenze zu transportieren. Ende November 2012 veröffentlichte die Provinzregierung bereits kurz nach dem Parteitag einen entsprechenden Zwölfpunkteplan. Spezialisten vermuten, dass allein in Wenzhou umgerechnet knapp 130 Milliarden US-Dollar darauf warten, angelegt werden zu können.

Das Beispiel zeigt: Die chinesische Regierung hat immerhin begriffen, wie ein neues Finanzsystem aussehen müsste. Die ehemalige Finanzmetropole Schanghai soll nun ebenfalls entsprechend umgebaut werden. Peking will die Stadt bis 2020 wieder zu dem internationalen Finanzzentrum machen, das sie einmal war. Eine gewaltige Aufgabe, müssen doch Strukturen und Know-how in vorher nie da gewesener Geschwindigkeit aufgebaut werden. Aber es wäre nicht das erste Mal, dass die Geschwindigkeit, mit der sich China wandelt, alle bisherigen Erwartungen übertrifft.

Der Reformwille ist da, und er kann unglaubliche Kräfte entfalten, wenn die neue chinesische Führung um Staatspräsident Xi Jinping die Reformen in Angriff nimmt, mit denen der ehemalige Premierminister Zhu Rongji in der zweiten Hälfte der 1990er-Jahre auf halbem Wege stecken geblieben ist. Damals war die Zeit noch nicht reif für die Internationalisierung des Yuan. Die Asienkrise gab den Gegnern einer Öffnung zunächst einmal recht, und es schien aussichtslos, gegen den US-Dollar punkten zu können. Nicht einmal in Asien. Das hat sich nun geändert.

Damit Schanghai als Finanzmetropole zurück zu altem Glanz finden kann, bleibt viel zu tun. Das zeigt sich insbesondere am Handel mit Aktien, der im Grunde genommen trotz spektakulärer Börsengänge und eines regen Handels noch in den Kinderschuhen steckt. Zwar kann die Shanghai Stock Exchange, was die technische Ausstattung wie elektronische Handelssysteme angeht, durchaus mit New York oder London mithalten. Doch die Modernität existiert nur an der Oberfläche. Was Schanghai so rückständig macht, ist das Primat der Politik über den Markt. Ein Großteil der gehandelten Aktien sind Anteile von Staatsunternehmen. Aktien repräsentieren daher keinen wahren Besitz an einem Unternehmen, denn das gehört weiterhin dem Staat. Eine vernünftige Bewertung von Unternehmen und Aktien findet nicht statt, die Kurse werden nicht durch effiziente Unternehmensführung, sondern durch politische Macht getrieben.

Dieses Dilemma könnte durch eine Privatisierung von Staatsunternehmen gelöst werden, doch davor schreckt Peking noch zurück. Immerhin haben sie inzwischen schon ausländische Investoren zugelassen, wenn auch nur eine kleine Anzahl etablierter, westlicher Finanzinstitute, welche eingeschränkt am Handel teilnehmen können. Damit der Yuan als Reserve- und Anlagemöglichkeit attraktiver wird, müsste der Markt weiter für ausländische institutionelle und natürlich auch private Investoren geöffnet werden.

Ein offenerer und weniger politisch beeinflusster Aktienmarkt wäre eine Revolution für China, nachdem der

Aktienhandel von der Kommunistischen Partei jahrzehntelang verboten war und erst in den 1980er-Jahren wieder erlaubt wurde. Wie unreguliert und chaotisch es am Markt zunächst zuging, illustriert eine Episode aus den Anfangstagen Ende der 1980er-Jahre in Shenzhen.

Hintergrund des Geschehens war die Ausgabe von Aktien durch die staatliche Shenzhen Development Bank (SDB) im Mai 1987. Die Aktien trafen auf so wenig Interesse, dass die lokale Abteilung der Kommunistischen Partei ihre Mitglieder aufrufen musste, fleißig die Papiere des Unternehmens zu kaufen. Doch selbst mit dieser offiziellen Unterstützung konnte gerade mal die Hälfte unters Volk gebracht werden. Die frisch gekürten Aktionäre konnten sich glücklich schätzen, denn sie bekamen im Frühjahr 1989 die erste Dividende ausgezahlt, während das ganze Land unter einer tiefen Rezession ächzte. Die Bank war sehr großzügig, sie bot jedem Aktionär pro Aktie eine satte Bardividende von zehn Yuan und eine zusätzliche Aktie obendrauf. Und das, obwohl die Aktien der Bank 1988 für weniger als 20 Yuan zum Verkauf standen. Wer welche gekauft hatte, verdiente innerhalb weniger Monate ein Vielfaches seines Anfangsinvestments.

Die Lukrativität des Geschäfts fiel auf, als auf einer öffentlichen Auktion plötzlich ein Investor 120 Yuan für alle an dem Tag angebotenen Aktien bot und diese komplett aufkaufte. Jetzt wurde es den Leuten klar: Aktien können im Wert steigen. Die Nachricht verbreitete sich wie ein Lauffeuer. Denn die neuen Anleger wussten noch nicht viel von solchen Preisbewegungen, sie hielten die Aktien, wie festverzinsliche Wertpapiere, nur wegen der Dividende. Das Wissen über Aktien war in den Jahrzehnten der kommunistischen Planwirtschaft verloren gegangen. Die neuen Erfahrungen führten noch 1989 zu Aktienbooms in anderen Großstädten, bei denen die Papiere teilweise einfach wild auf der Straße gehandelt wurden. Angesichts dieser chaotischen Zustände griff die Regierung in Peking ein, die nach den Ereignissen auf dem Platz des Himmlischen Friedens Ruhe im Land wollte. Sie schränkte den Aktienhandel stark ein.

Trotzdem wurde es die Stunde der Wiedergeburt für Chinas Börsen. Am 1. Dezember 1990 eröffnete die Shenzhen Stock Exchange als erste Börse Chinas nach Machtübernahme der Kommunisten den Handel. Knapp drei Wochen später folgte die Shanghai Stock Exchange, die Schanghaier Börse. Von da an waren Schanghai und Shenzhen die einzigen Plätze, an denen öffentlich mit Aktien in China gehandelt werden durfte. Die Unternehmen, die hier ihre Aktien anbieten wollen, müssen gewisse Regulierungsstandards erfüllen, bevor sie »gelistet«, also an der Börse aufgenommen werden. Über die Jahre entwickelte sich Shenzhen insbesondere als attraktiver Börsenplatz für kleinere und technologieorientierte Unternehmen, Schanghai wurde die erste Adresse für die Staatskonglomerate.

Inzwischen ist der chinesische Aktienmarkt nach Marktkapitalisierung, also dem Wert aller angebotenen Aktien, der größte Asiens, wenn auch in Festlandchina noch deutlich weniger Aktien notieren als im Euroraum, den USA und sogar Japan und Indien. 2009 wurden an Festlandchinas Börsen gerade einmal Aktien von 1700 Firmen gehandelt. Zum Vergleich, in der Eurozone waren es über 7000, in Indien knapp 6500, in den USA gut 5000 und in Japan gut 3500. Doch es ist nicht in erster Linie die Quantität, sondern vielmehr die Qualität des Handels, bei der China weit hinterherhinkt. Dazu muss man sich nur anschauen, wer an Chinas Börsen aktiv ist. Schätzungen zufolge befanden sich Ende 2006 über 40 Prozent aller an der Börse gehandelten Aktien in der Hand staatlicher Behörden und Unternehmen. Kleinanleger hielten demnach nur 16 Prozent, ausländische Investoren knapp fünf Prozent. Die Zahlen spiegeln eine wesentliche Zutat im bisherigen Erfolgsrezept der chinesischen Wirtschaftsreformen wider:

Große Staatsunternehmen unterstützen andere große Staatsunternehmen. Eine Hand wäscht die andere.

Viele nationale, chinesische Großkonzerne sind keine Traditionsunternehmen, sondern relativ jung. Sie wurden zwischen 1997 und 2006 gegründet. Mithilfe der Börse und insbesondere dem Know-how amerikanischer Investmentbanker mit Goldman Sachs an der Spitze gelang das Going-public von Konzernen, die es eigentlich noch gar nicht gab. Durch einen Börsengang wurde das nötige Kapital eingesammelt, mit dem mehrere Provinzunternehmen aus der gleichen Branche zusammengekauft und zu einem nationalen Großunternehmen verschmolzen wurden.

Den Anfang machte der Telekommunikationsriese China Mobile, ein Zusammenschluss aus ursprünglich sechs Provinzanbietern. Dieser wurde durch 4,5 Milliarden US-Dollar Kapital finanziert, das bei einem gleichzeitigen Börsengang in New York und Hongkong von internationalen Investoren eingesammelt wurde. So wurde aus einer Ansammlung provinzieller Unternehmen der größte Telekommunikationskonzern der Welt, mit mehr als 300 Millionen Kunden.

Auf Basis dieses Konzepts ließen Pekings Planer zusammen mit den Finanzstrategen von US-Investmentbanken auch andere nationale Großkonzerne aus der Taufe heben, wobei sich der Fokus der Börsengänge von New York auf Hongkong und vor allem Schanghai verschob. Denn inzwischen mangelte es nicht mehr an inländischem Kapital. Will heute ein staatlicher Konzern an die Börse, sichern sich nicht nur die chinesischen Staatsbanken ihren Teil, auch branchenfremde Staatsunternehmen schließen sich als große Käufer an. So beteiligte sich etwa der Kraftwagenhersteller und Nissan-Partner Dongfeng Motor als Großkäufer beim Börsengang der Agricultural Bank of China im Juli 2010, dem mit 22,1 Milliarden US-Dollar bis dato größten Börsengang der Weltgeschichte.

Die chinesische Regierung nennt solche Staatsunternehmen wie Dongfeng Motor und staatliche Fonds gern »strategische Investoren«. Sie verfügen über genügend Kapital, um jeden Börsengang erfolgreich zu machen. Sie erhalten Anteile, bevor sie privaten Investoren angeboten werden. Der Preis wird dabei künstlich niedrig angesetzt, sodass die Investoren gut daran verdienen. Denn dank der hohen Nachfrage schnellt der Kurs nach dem Börsengang sofort in die Höhe. Ein sicheres Geschäft.

Privatinvestoren haben nur noch die Möglichkeit, sich am Lotterieverfahren zu beteiligen. Wegen der hohen Nachfrage werden die Aktien einfach verlost. Die größten Chancen hat dabei, wer die meisten Aktien anfordert. So wird die Nachfrage nach den Aktien weiter künstlich angeheizt. Beim Börsengang der Staatsbank Industrial and Commercial Bank of China im Oktober 2006 waren die in der Lotterie verfügbaren Aktien tausendfach überzeichnet, das heißt, auf eine angebotene Aktie kamen etwa 1000 Gebote. Kein Wunder, dass Kleinanleger nur eine periphere Rolle am chinesischen Aktienmarkt spielen und große, institutionelle Anleger sowie strategische Investoren dominieren.

Das politisch konzipierte Design von Börsengängen führt dazu, dass die chinesischen Börsen intransparent und rückständig bleiben. Bis heute werden die Häuser in Schanghai und Shenzhen von den internationalen Investoren nicht ernst genommen, im Unterschied etwa zu Hongkong. In New York, Frankfurt oder Hongkong versucht ein Unternehmen bei der Ausgabe von Aktien, einen möglichst hohen Preis zu erzielen. Daher sind genaue Analysen seitens der Firmen notwendig, auf welche Nachfrage ihre Aktienausgabe bei verschiedenen Preisen stoßen wird. Zudem müssen die potenziellen Käufer genau analysieren, ob sich der Kauf der neuen Aktien für sie lohnt und ob der Preis nicht wie 2012 im Fall der Facebook-Aktie viel zu hoch angesetzt wurde.

All diese Überlegungen existieren am chinesischen Aktienmarkt nicht, denn hier gibt es bei neu ausgegebenen Aktien wegen des zu erwartenden Kurssprungs schlicht eine Gewinngarantie. Eine vernünftige Unternehmensbewertung im Vorfeld des Börsengangs erübrigt sich. Ist die Aktie erst einmal am Markt platziert, sind kaum unternehmerische Erfolge, sondern vor allem politische Entscheidungen für die Kursentwicklung relevant. Die Kurse von Staatsunternehmen werden durch Gefälligkeiten wie die Einschränkung des Wettbewerbs, durch subventionierte Bankkredite sowie durch politisch motivierte Käufe und Verkäufe großer Aktienpakete beeinflusst. Insofern ähnelt der Aktienmarkt in China eher einer Pferdewette, bei der sich eine kleine Gruppe abspricht, als einer international renommierten Börse.

Zudem ist es nicht möglich, dass Privatunternehmen Staatsunternehmen durch Aktienaufkäufe übernehmen. Generell werden an den chinesischen Börsen fast nie ganze Unternehmen gehandelt. Staatsunternehmen geben immer nur kleine Chargen zum Verkauf frei, sagen wir 30 Prozent, den Rest behält der Staat. Von diesen 30 Prozent gehört wiederum ein Teil staatlichen »strategischen Investoren«, die ihre Beteiligung langfristig halten und nur zu besonderen Anlässen zum Verkauf geben. Daher gibt es in China keinerlei ernsthaftes Geschäft mit Firmenübernahmen und Fusionen, bei denen eine nüchterne Gewinn-und-Verlust-Bewertung vorgenommen würde. Übernahmen und Fusionen gibt es nur auf staatliche Anordnung, marktwirtschaftliche Überlegungen spielen eine untergeordnete Rolle.

Letztlich haben chinesische Aktienanalysten nie gelernt, Unternehmen vernünftig zu bewerten. Weder kennen Investoren das Kurspotenzial ihrer Aktien noch das mit ihrer Investition verbundene Risiko. Denn in China ist es nicht zuallererst die Kompetenz eines Unternehmens, die den Aktienkurs treibt, sondern in weiten Teilen die Politik. Kluge Investitionsentscheidungen werden nicht durch gute Unternehmensbewertung möglich, sondern vor allem durch Insiderwissen, das die politische Wetterlage kennt. Dadurch ist die chinesische Börse im Gegensatz zu weiter entwickelten Finanzplätzen ein Platz der Intransparenz.

Dennoch sind Aktien bei privaten Investoren einerseits beliebt. Sie sind neben Immobilien der einzige Weg, sein Vermögen ohne Inflationsverlust anzulegen und auszubauen. Andererseits birgt der Markt aufgrund seiner Intransparenz natürlich auch ein hohes Risiko und schreckt damit potenzielle Investoren ab. Das schadet langfristig dem Wachstum. Gute Konzerne sollten durch steigende Kurse belohnt werden und umgekehrt. So würde die Effizienz der Unternehmen steigen, und das Geld könnte in die Firmen fließen, die am besten damit umgehen.

Es läge also durchaus im Interesse der chinesischen Führung, das Wirtschaftswachstum durch eine Reform des Aktienmarktes anzukurbeln. Allerdings gilt es dabei, große interne Widerstände zu überwinden. Denn die Staatskonzerne haben es sich am Aktienmarkt regelrecht gemütlich gemacht. Die nächsten Jahre werden zeigen, ob es der neuen chinesischen Führung gelingt, Privatisierungen voranzutreiben und einen echten Aktienmarkt zu schaffen, an dem der Besitz an Unternehmen und nicht nur Scheinanteile an Staatsunternehmen gehandelt werden. Ein reformierter Markt würde auch verstärkt internationale Investoren anziehen. Was Peking nutzen könnte, um eine weitere Öffnung des Aktienmarktes für ausländisches Kapital auf den Weg zu bringen. Findet dieses Kapital erst einmal seinen Weg nach China, wäre ein wichtiger Meilenstein für den Yuan auf seinem Weg zur Weltwährung erreicht.

Die Königsdisziplin: Wachsende Flexibilität

In der vergangenen Dekade stand der Yuan vor allem in der Kritik, weil seine Gegner ihn für künstlich unterbewertet hielten, ihn sogar als »manipuliert« anprangerten. Für die Chinesen hingegen war der niedrige Wert einer der wichtigsten Erfolgsfaktoren ihres Wachstumsmodells. Inzwischen ist die Handelsbilanz Chinas ausgeglichener und damit der Aufwertungsdruck deutlich schwächer geworden. Manche Analysten sprechen im Jahr 2012 sogar von einem leichten Abwertungsdruck. Doch das Grundproblem bleibt: Der Yuan kann nicht gehandelt werden.

Alle Bemühungen Pekings, die Währung international zu etablieren, konnten hieran bislang wenig ändern. Der große Wurf blieb aus. Die bisher wichtigste Maßnahme war, dem Yuan ein kleines Band einzuräumen, innerhalb dessen sein Wert zum Dollar schwanken kann. Die Idee, den Yuan nicht felsenfest an den Kurs des Dollar zu binden, sondern nur das Ausmaß der Abweichungen zu beschränken, ist nicht neu. Schon vor der Finanzkrise zwischen 2005 und 2008 hat Peking eine langsame Aufwertung des Yuan zum Dollar in engen Bahnen zugelassen, bis die Finanzkrise die Chinesen dazu zwang, den Kurs vorübergehend wieder fest an den Dollar zu koppeln. Seit Juni 2010 darf der Kurs des Yuan erneut leicht schwanken. Das Ausmaß dieser Bewegungen, die sogenannte Schwankungsbreite, wurde im April 2012 von 0,5 Prozent auf ein Prozent erweitert. Der Yuan kann innerhalb eines Tages maximal ein Prozent an Wert gegenüber dem Dollar gewinnen oder verlieren. Analysten rechnen damit, dass China bald die Schwankungsbreite auf zweieinhalb oder drei Prozent erweitern wird. Läuft alles glatt, könnte der Weg bald frei sein für Schwankungen von fünf oder zehn Prozent und letztlich sogar für einen weitgehend marktbestimmten Kurs, bei dem die chinesische Notenbank nur noch gelegentlich eingreifen würde.

Doch bevor der Yuan seine volle Freiheit gewinnen kann, probieren die Chinesen zunächst in überschaubarem Rahmen aus, wie ein moderner und freier Handel mit Yuan denn aussehen würde. Zu diesem Zweck kündigten Regierungsvertreter 2012 an, in der südchinesischen Stadt Shenzhen, der Grenzstadt zu Hongkong, eine Sonderfinanzzone einrichten zu wollen. Damit steht die Öffnung des Finanzmarktes ganz in der Tradition der bisherigen marktwirtschaftlichen Reformen. Diese wurden zunächst lokal begrenzt in sogenannten Sonderwirtschaftszonen durchgeführt. Erwiesen sie sich als erfolgreich, dehnte die Regierung sie auf das ganze Land aus.

In diesen Sonderwirtschaftszonen sammelte einst die mittlerweile so erfolgreiche Exportindustrie ihre ersten Erfahrungen. Im Mai 1980 eröffnete Deng Xiaoping, der nach dem Tod Maos marktwirtschaftliche Reformen in China durchsetzte, die erste dieser Zonen in der zu diesem Zeitpunkt gerade einmal 30 000 Einwohner zählenden Kleinstadt Shenzhen, die von der damals noch britischen Metropole Hongkong nur durch einen kleinen Fluss getrennt war. Hier sollte die Marktwirtschaft ausprobiert werden. Der Vogel sollte erst im Käfig fliegen. Das Experiment war ein voller Erfolg. Hongkonger Investoren strömten in Massen über den Fluss, um neue Produktionshallen zu eröffnen und die wegen hoher Löhne und Platzmangel darbende Industrie Hongkongs neu aufzustellen. Heute hat Shenzhen über zwölf Millionen Einwohner und ist eine der am schnellsten wachsenden Städte Chinas.

Der Erfolg in der Produktionswirtschaft soll nun im Geiste Deng Xiaopings in der Finanzindustrie wiederholt werden. Zu diesem Zweck wird in Shenzhen die »Qianhai Shenzhen-Hong Kong Modern Service Industry Cooperation Zone« eingerichtet, um, wie die Regierung es formuliert, »ein Experiment durchzuführen und Konvertierbarkeit innerhalb des Kapitalmarktes zu erforschen«. In Shenzhen wird der Yuan bis zu einem gewissen Volumen frei tauschbar sein. Westliche Importeure können sich hier mit Yuan eindecken, um chinesische Produkte zu kaufen. Chinesische Unternehmen können im Gegenzug internationales Kapital akquirieren. Der Börsenstandort Shenzhen stärkt mit seinem neu gewonnenen Sonderstatus seine Rolle als chinesischer Finanzplatz ungemein.

Für den Yuan sind die Maßnahmen ein wichtiger Schritt auf dem Weg zur Weltwährung. In Shenzhen wird Peking im Kleinen lernen, wie es später im Großen funktionieren kann. Eine komplette Liberalisierung verliert so ihren Schrecken, sie ist kein Sprung ins kalte Wasser mehr. »Die Politik des Landes läuft darauf hinaus, den Kapitalmarkt des Landes allmählich zu öffnen und die volle Konvertibilität des Yuan zu erreichen«, formuliert es der stellvertretende Vorsitzende der staatlichen Planungskommission Zhang Xiaqiang. Deutlicher geht es nicht.

Sollte dieser Tag kommen, wird der Yuan nicht nur innerhalb Chinas, sondern an Finanzplätzen weltweit gehandelt. Anbieten würden sich die heutigen Offshore-Zentren Hongkong, London und Singapur, an denen heute schon Yuandienstleistungen angeboten werden.

Die Nase vorn in Sachen Konvertierbarkeit hat aber momentan der alte Feind und mächtige Rivale Chinas in Ostasien, Japan. In der Hauptstadt Tokio wird den Japanern eine besondere Ehre in Sachen Währungspolitik zuteil. Im Gegensatz zu den Swap-Abkommen, die letztlich nur ein temporärer Umweg für die Beschaffung von Yuan sind, besteht für sie als Erste eine dauerhafte Lösung für einen direkten Währungstausch im eigenen Land. Seit dem 1. Juni 2012 können nicht nur in Schanghai, sondern auch in Tokio japanische Yen in chinesische Yuan und umgekehrt direkt getauscht werden, um den Handel zu finanzieren. Der Wechselkurs zwischen den beiden Währungen wird auf Basis der Angebote am Handel beteiligter Banken von der chinesischen Notenbank festgesetzt.

Die Stoßrichtung der beiden Rivalen China und Japan ist offensichtlich: Den gemeinsamen Feind bekämpfen. Der Dollar soll im Handel zwischen den beiden Ländern so weit wie möglich ausgemustert werden. Im Zeitraum von 2001 bis 2011 wurde weniger als ein Prozent des Handels zwischen China und Japan in Yuan abgewickelt. Diese Zeiten sind nun vorbei, und dabei wird Tokio nur der Anfang sein. Die beiden Länder legen den Grundstein für ein zukünftiges Netzwerk, auf dem eines Tages die chinesische Währung ähnlich frei gehandelt werden wird wie heute Euro oder Dollar.

In Schanghai kann der Yuan schon heute gegen eine Reihe ausländischer Währungen direkt getauscht werden, darunter der russische Rubel und der malaysische Ringgit. Frei ist der Kurs dabei allerdings nicht, der Rubelkurs kann pro Tag maximal um fünf Prozent vom Vortageskurs abweichen, ein politisches Geschenk an Putin. Für andere Währungen gilt eine Schwankungsbreite von drei Prozent. Doch auch dieser direkte Handel ist ein wichtiger Grundstein für das Fundament einer flexiblen und frei handelbaren Weltwährung Yuan.

Bei aller Euphorie darf man allerdings nicht vergessen, dass ein frei handelbarer Yuan in jedem Fall die letzte Stufe einer schrittweisen Liberalisierung des Yuan sein wird. Denn während die allmähliche Durchsetzung als Handelswährung relativ unkompliziert und vom chinesischen Finanzmarkt weitestgehend isoliert vollzogen werden kann, beträfe eine wirkliche Flexibilisierung des Wechselkurses das gesamte chinesische Finanzsystem. So weit sind die Banken längst noch nicht.

6 DIE WÄHRUNGSKRISE DES WESTENS

Eine Weltwährung funktioniert so ähnlich wie eine Weltsprache. Man verwendet am ehesten die, die vom Gegenüber verstanden wird. Aus diesem einfachen Grund, und nicht dank einer besonderen grammatikalischen oder ästhetischen Überlegenheit, hat sich Englisch als Weltsprache durchgesetzt und wird heute auch benutzt, wenn deutsche Unternehmer Geschäfte in China machen. Ähnlich ist es mit dem Dollar. Weil er weltweit akzeptiert wird, dient er auch als Zahlungsmittel für Geschäfte zwischen Indern und Chinesen oder als Währung, um den Ölpreis festzusetzen. Genau wie Englisch als Sprache seine herausragende Stellung einer besonderen Machtposition seines Mutterlandes in der Kolonialzeit verdankt, wird der Dollar heute verwendet, weil die USA das mächtigste Land der Welt sind.

Zwei potentielle Dollarkonkurrenten sind allerdings inzwischen herangewachsen: In der ersten Dekade des neuen Jahrhunderts wurde der Euro gegründet. Zu Beginn der zweiten löst sich der Yuan langsam aus seinen staatlichen Fesseln. Doch kaum entstanden steckt der Euro tief in einer Krise, deren Ausgang nicht abzusehen ist. Es ist einstweilen nicht daran zu denken, dass die europäische Kunstwährung den US-Dollar ablöst. Derweil werden die Chinesen immer selbstbewusster nicht nur gegenüber den Amerikanern, sondern auch gegenüber den Europäern. Und das ist, wie wir gesehen haben, keine Selbstüberschätzung oder gar Propaganda. Der Yuan hat durchaus das Potenzial zur Weltwährung.

Wie reagieren die amerikanischen Politiker und Zentralbanker auf diese neue Herausforderung? Die Antwort fällt für eine Supermacht überraschend aus: mangelhaft bis zutiefst kontraproduktiv. Historisch betrachtet ist das nicht ungewöhnlich. Die meisten Politiker, die Staaten regieren, welche ihren Zenit bereits überschritten haben, wollen der Wahrheit nicht ins Auge schauen. Fahrlässig untergräbt denn auch das einstige Land der unbegrenzten Möglichkeiten sein eigenes Fundament, die Basis, auf dem der American Dream und der Dollar ruhen. Typisch für Weltreiche zu Beginn ihres Abstiegs: Sie halten sich für einzigartig, glauben, außer Konkurrenz zu spielen. Niemand kennt diese Gefahr besser als die Chinesen. War es doch die eigene Überheblichkeit, die China im 19. Jahrhundert zum Spielball imperialistischer Interessen des Westens werden ließ. Peking hat aus seinen Fehlern der Vergangenheit gelernt. Washington noch nicht.

Weltwährung auf dem Abstieg – Die Krise der USA

Die Amerikaner sind träge geworden, unerschütterlich in ihrem Glauben, der einmal erarbeitete Reichtum sei eine Selbstverständlichkeit. Dass sie längst mehr ausgeben, als sie in ihrer Lebensspanne wieder einnehmen können, verdrängen sie. Solange ihnen niemand Paroli bieten konnte, machte das nichts. Doch in den vergangenen 30 Jahren wurden Länder wie China immer besser, wenn es darum ging, die Waren der Welt zu produzieren. Auch für US-Marken und Handelsketten war das attraktiv. Im Kampf um amerikanische, aber auch globale Marktanteile konnten sie nur gewinnen, wenn sie preiswert genug waren. Also verlagerten sie ihre Produktionen nach China und andere Schwellenländer. Der Anteil der Industrieproduktion in den USA sank seit den 1990er-Jahren stetig. Dadurch gerieten auch die amerikanischen Löhne unter Druck.

Doch trotz der schlechten Vorzeichen glaubten die Amerikaner, ihr Reichtum werde weiter wachsen. Die Produktion habe ausgedient, bekamen die Fließbandarbeiter zu hören. Jetzt breche das Zeitalter des Dienstleistungssektors an, und der werde so große Gewinne machen, dass es früher oder später für alle reiche. Und so lange würde man sich das Geld eben leihen.

Die Verschuldung der amerikanischen Haushalte übertraf beim Auftakt der Finanzkrise 2007 die Marke von 2,5 Billionen US-Dollar. Ein Großteil davon waren Konsumentenkredite, also Schulden, die nicht für den Hauskauf, sondern für eine neue Waschmaschine oder ein neues Auto ausgegeben wurden. Das Geschäft mit Kreditkarten und Sofortkrediten boomte, Anbieter lockten mit Ratenkauf ohne Zinsen. Zunächst schien es sogar so, als ob die Verlagerung der Produktion den Amerikanern nützen würde. Die Güter wurden durch die chinesischen Billiglöhne ja preiswerter. Man hoffte, das Problem würde sich von selbst lösen. Schließlich hatten zwar einige Menschen weniger Arbeit, aber alle Menschen profitierten von den Billigimporten. Eine goldene Zeit für Anbieter aus China brach an. Die Warenhauskette Wal-Mart, die vor allem in China einkauft, eröffnete immer mehr Supermärkte. Immer mehr Unternehmer verlegten ihre Herstellung nach Asien. Diejenigen, die nicht in China herstellten, konnten in dem Preiskampf nicht mithalten.

Die amerikanischen Politiker sahen das Problem, ändern konnten sie es nicht. Die amerikanischen Konsumenten waren wie Drogenabhängige auf Billigprodukte aus China angewiesen.

Als die Arbeitslosigkeit dann doch stärker anstieg als erwartet, schien es zu spät zu sein. Flächendeckende Importzölle wären die einfachste Lösung gewesen, um einen Teil der Produktion nach Amerika zurückzuholen. Doch das ging nicht mehr, es hätte auch den amerikanischen Unternehmen geschadet, die inzwischen in China produzierten. Nun musste der Dienstleistungssektor Amerika retten. Es klang wie ein Pfeifen im dunklen Walde. Sollte man doch die anderen produzieren lassen. Die USA wären eben schon weiterentwickelt. Selbst erfolgreiche Hersteller wie Apple gingen wie selbstverständlich davon aus, dass ihre begehrten Computer, MP3-Player und Touchscreen-Handys nicht »made in USA« waren, sondern in Amerika nur entwickelt und designt wurden. Mehr noch, es war ein elementarer Teil ihres Geschäftsmodells. Die amerikanischen Politiker wiegten sich weiter im Irrglauben, die Globalisierung könne für die führende Weltmacht nur Vorteile haben. Sie heizten den Konsum der Bevölkerung weiter an und gossen damit Öl ins Feuer.

Die Blase bläht sich auf

Obwohl die amerikanische Zentralbank eigentlich von der Politik unabhängig sein soll, fielen die Zentralbanker dem gleichen Trugschluss zum Opfer: Sie glaubten, sich aus der Krise konsumieren zu können. Nach dem Platzen der Dotcom-Blase im März 2000 versuchte die Fed nach alter Manier und mit Unterstützung der Politik, die Konjunktur mit expansiver Geldpolitik wiederzubeleben: Sie flutete den Markt mit frischen Dollars. Diese flossen über die Banken in den Aktienmarkt und über Kredite in das Wirtschaftssystem. Die Zinsen waren niedrig wie nie. Der Leitzins der Fed sank von 6,5 Prozent im Mai 2000 in mehreren Schritten auf ein Prozent im Juni 2003. Die Banken genehmigten nun immer riskantere Investitionen. Das Geld musste raus, es würde ja bald neues kommen.

Ein fast unlimitiertes Potenzial bot ihnen hier der Immobilienmarkt. Millionen von US-Bürgern träumten vom eigenen Haus, waren bisher aber nicht kreditwürdig. Das sollte nun anders werden. Die Nachfrage nach Immobilien stieg schneller, als man bauen konnte. Die Preise stiegen und die Banken gingen wie selbstverständlich davon aus, dass das so weitergehen würde. Je wertvoller die Häuser und Wohnungen auf dem Papier wurden, so die Logik der Banken, desto mehr Sicherheiten hatte man, um noch mehr Kredite zu vergeben. Konnte ein Schuldner seinen Kredit nicht zurückbezahlen, würde die Bank einfach sein Haus verkaufen und hätte ihr Geld wieder.

Die Immobilienfinanzierer gaben Kredite aus wie die Kölner Kamellen zu Karneval. Wer ein Haus haben wollte, bekam es. Ein Erdbeerpflücker konnte sich nun auf einmal eine Villa für 750 000 Dollar leisten. Kellner und Hausmädchen kauften sich nicht nur eine, sondern gleich mehrere Wohnungen. Sie bürgten mit den erwarteten zukünftigen Gewinnen ihrer Immobilien, auch wenn sie darauf gar keinen Einfluss hatten. Der vermeintlich lukrative Markt der armen Schuldner schien unerschöpflich, und so versuchten die Immobilienfinanzierer, an immer mehr frisches Geld zu gelangen. Sie fingen an, ihre Kredite an Investmentbanken weiterzuverkaufen, um in ihren Bilanzen Raum für immer mehr Kredite zu schaffen. Als das System eingespielt war, fungierten sie wie Verkäufer für die Investmentbanken. Sie bekamen bei jedem neuen Abschluss ihre Prämie und wälzten das Risiko eines Kreditausfalls auf die Investmentbanken ab. Die wiederum sammelten die Kredite und schnürten sie zu Paketen von Hypothekenanleihen zusammen, die sie sich von den großen Ratingagenturen Moody's und Standard & Poor's als sicher bewerten ließen und dann international weiterverkauften.

Sichere Papiere mit hohen Zinsen – die Anleger griffen zu. Da man immer damit rechnen musste, dass ein Teil der Hypothekennehmer das Geld doch nicht zurückzahlen würde, wurden die Anleihen in verschiedene Risikoklassen geteilt und von den Ratingagenturen entsprechend bewertet. Die mit AAA bewerteten Anleihen waren am wenigsten von Ausfall bedroht und ließen sich daher zum höchsten Preis verkaufen. Niedriger bewertete Anleihen, die naturgemäß mit einem höheren Ausfallrisiko behaftet waren, erzielten niedrigere Preise.

Die Investmentbanken verdienten gut mit dieser Restrukturierung der Kredite in Anleihen, aber es reichte ihnen noch nicht. Sie entdeckten Schwächen in den Bewertungssystemen der Ratingagenturen und nutzten diese aus. Sie sammelten Hypothekenanleihen mit relativ schlechter BBB-Bewertung und schnürten diese zu neuen Finanzpaketen zusammen, die sie erneut von den Ratingagenturen bewerten ließen. Die Agenturen unterschätzten die darin versteckten Risiken und gaben diesen neuen Finanzprodukten fahrlässig wieder ein AAA.

Die Papiere konnten nun von institutionellen Anlegern wie Lebensversicherungen, Pensionskassen oder Staatsbanken gekauft werden, denn die Note AAA war die Garantie dafür, dass die Forderungen nicht ausfallen würden. Deutsche Banken bissen genauso an wie der chinesische Staat. So finanzierten deutsche Landesbanken, irische Fonds und die Chinesen den Immobilienboom in den USA. Für die Staaten zählte dabei noch eine weitere Begründung: Die Hypothekenfinanzierer seien im Grunde staatlich und es sei unmöglich, dass staatliche Unternehmen der führenden Wirtschaftsmacht der Welt zahlungsunfähig werden. Sie merkten nicht – oder wollten es angesichts der guten Renditen nicht merken –, dass die Qualität der unterliegenden Kredite immer schlechter wurde.

Die Immobilienfinanzierer, die jetzt nur noch als schnelle Zwischenhändler agierten, bemühten sich, das Kreditvolumen immer weiter zu steigern, und weichten dabei ihre Kreditvergabestandards zunehmend auf. Sie forderten etwa keine Einkommensbelege mehr, mit denen sich realistisch einschätzen ließ, ob und wann der Kreditnehmer das Geld zurückzahlen würde. Banken wie Goldman Sachs, Wells Fargo und Morgan Stanley kauften die Kredite trotzdem, wollten sie doch selbst aus den Schulden Anleihen basteln, um sie möglichst schnell wieder international abzustoßen.

Ein weiterer beliebter Trick der Immobilienfinanzierer: neue Kunden mit einem niedrigen festen Zinssatz für die ersten zwei Jahre zu ködern. Nach Ablauf der Zweijahresfrist wurde der feste Zinssatz allerdings in einen variablen umgewandelt und schoss auf einmal in die Höhe. Einkommensschwache Schuldner waren so plötzlich mit hohen Zinsen konfrontiert, die sie nicht zahlen konnten. Doch das machte nichts. Denn der Preis der Häuser war inzwischen gestiegen. Sie konnten auf die Gewinne eine zweite Hypothek aufnehmen, um die Zinsen aus der ersten zu bezahlen. So entstand ein Schneeballsystem, das wie alle dieser Systeme irgendwann zusammenbrechen musste.

Es passierte das Unvermeidliche. Nach einer Aufwärtsrallye von mehreren Jahren glaubten immer weniger Immobilienbesitzer an die versprochenen steigenden Preise. Sie verkauften ihre Immobilien. Dadurch wurden auch andere nervös und entschieden sich ebenfalls, ihre Gewinne lieber schnell mitzunehmen. Plötzlich tummelten sich mehr Verkäufer als Käufer auf dem Immobilienmarkt.

Die Preise brachen schlagartig ein. Hoch verschuldete und mittellose Amerikaner verloren ihre Häuser, die Banken blieben auf unzähligen billigen Immobilien sitzen und gerieten in finanzielle Not. Auch die Investmentbanken der Wall Street wurden schwer getroffen, sie hatten nicht alle der giftigen Finanzprodukte rechtzeitig weitergegeben, sondern noch einen großen Teil in ihren eigenen Büchern stehen. Die Verluste waren gigantisch. Merrill Lynch verlor 50 Milliarden Dollar, die Citibank 60 Milliarden. Bei Goldman Sachs verursachte allein der Anleihehändler Howie Hubler mit seinem Team einen Verlust von neun Milliarden Dollar. In diesen chaotischen Tagen waren die Banker so verunsichert, dass sie sich untereinander kaum noch Geld liehen. Daraufhin brach als Erstes die Traditionsbank Bear Stearns zusammen und wurde für einen Spottpreis von JPMorgan übernommen. Und schließlich ging die Investmentbank Lehman Brothers pleite.

Doch dabei blieb es nicht. Da alle Welt die Finanzprodukte mit US-Immobilienkrediten gekauft hatte, brach überall Panik aus. Die Hypothekenanleihen, die lange als so sicher wie Staatsanleihen angesehen worden waren, galten nun als toxisch, als giftig. Ein Gift, das die Banken lähmte. Die finanziell angeschlagenen Institute wurden übervorsichtig mit neuen Krediten, auch wenn die Kredite gar nichts mit amerikanischen Immobilien zu tun hatten. Das wiederum traf die produzierenden Unternehmen, die auf neue Kredite angewiesen waren. Gleichzeitig gab es Millionen Amerikaner mit hohen Schulden und Häusern oder Wohnungen, die nur halb so viel wert waren, wie sie gehofft hatten. Sie waren auf Dauer pleite. Zahllose internationale Anleger hatten die Anleihen gekauft. Sie hatten viel Geld verloren. Diejenigen, die noch Geld hatten, wurden sehr vorsichtig. Sie alle konsumierten weniger oder gar nicht mehr. Die Krise hatte die Realwirtschaft erreicht.

Eine unheilvolle Komplizenschaft

Die amerikanische Politik stand vor einem Scherbenhaufen. Das Finanzsystem war zusammengebrochen, die Konjunktur im Keller, die Arbeitslosenquote schoss auf ein

Rekordhoch von zehn Prozent. Nun begann die Suche nach den Schuldigen. Und die Schuld liegt bekanntlich immer bei den anderen. Die anderen, das war in diesem Fall China. Eine Ursache der Immobilienblase in den USA sei die globale »Ersparnisschwemme« gewesen, erklärte Notenbankchef Ben Bernanke frech. Was er damit meinte: Die Menschen in den asiatischen Schwellen- und Industrieländern würden zu viel sparen und nicht genug amerikanische Produkte konsumieren. Noch knapper: Wer Schulden macht, ist ein Opfer, wer spart, ist ein Täter. Die Asiaten hatten ihre Ersparnisse vornehmlich im Dollarraum angelegt. Diese Nachfrage nach US-Dollaranlagen habe die Zinsen für Dollarkredite niedrig gehalten. Deshalb hätte sich eine Blase gebildet.

Was Bernanke allerdings verschwieg: Die USA brauchten unbedingt das ausländische Kapital. Wenn sich niemand im Ausland in US-Dollar verschuldet hätte, hätten die Amerikaner ihren Lebensstil ändern müssen, Konsum auf Pump wäre unmöglich gewesen. Längst hatten die Amerikaner aufgehört, zu sparen. Die Sparquoten der Haushalte waren von sieben Prozent Anfang der 1990er-Jahre auf fast null Prozent vor der Finanzkrise gefallen. Auch dieses Problem bleibt übrigens nach wie vor ungelöst, im September 2012 betrug die Sparrate noch immer gerade einmal 3,3 Prozent. Im Vergleich dazu: Die deutschen Haushalte sparten im ersten Halbjahr 2012 immerhin 10,4 Prozent, die Chinesen sogar mehr als ein Drittel ihres Einkommens.

Doch die Kritik des Fed-Chefs zielte nicht nur auf das Sparverhalten ausländischer Privathaushalte, sie traf auch die Staaten und insbesondere die asiatischen Notenbanken, die nach den traumatischen Erlebnissen der Asienkrise zu den fleißigsten Käufern amerikanischer Schatzanleihen und Anleihen halbstaatlicher Organisationen gehörten. Sie wollten sich mit Devisenreserven absichern, um für den Fall, dass ihre Währung plötzlich bei Investoren unbeliebt würde, in der Lage zu sein, länger US-Dollars gegen ihre Landeswährung zu tauschen, ohne unter Abwertungsdruck zu geraten. So erhöhte etwa Südkorea – das seine Währung Won in der Asienkrise so stark abwerten musste, dass der Verfall schließlich nur durch einen Dollarnotkredit der Fed gebremst werden konnte – seine Devisenreserven von fünf auf 25 Prozent des BIPs.

Der größte Devisensammler war China. Das Land exportierte immer mehr in die USA. Um den für die Volksrepublik günstigen, niedrigen Wechselkurs auf jeden Fall halten zu können, kaufte die chinesische Regierung für die Dollareinnahmen amerikanische Schatzpapiere. Mit fatalen Folgen, und zwar sowohl für die USA als auch für China. Zum einen gingen derart viele US-Bonds in die Volksrepublik, dass die ohnehin niedrigen, die Immobilienblase begünstigenden Zinsen in den USA noch niedriger blieben, als sie das ohne das Eingreifen Chinas gewesen wären. Zum anderen investierten die Chinesen in die staatlich geförderten Hypothekenbanken Fannie Mae und Freddie Mac, die später zum Epizentrum der Finanzmarktkrise werden sollten. Ausgerechnet die chinesische Notenbank, deren Präsident Zhou Xiaochuan die Finanzmarktkrise schon 2003 vorhergesehen und beim IWF-Treffen in Dubai die Vertreter der Industrienationen auf die Gefahren hingewiesen hatte, verschärfte diese noch durch das Anhäufen von Devisenreserven.

Eine widersprüchliche Währungspolitik, die zeigt, wie gefangen die Chinesische Volksbank durch die exportorientierte Wachstumsstrategie Chinas war. Chinas Finanzstrategen hatten schlicht keine Alternativen, es blieb ihnen nichts anderes übrig, als weiter Dollaranleihen zu kaufen, obwohl weitsichtige Finanzexperten die Risiken schon früh erkannt hatten. Zugleich verdeutlicht es, wie hilflos ein Land ist, dessen eigene Währung international nicht akzeptiert wird. Die enge Beziehung zwischen Schuldner und Gläubiger, zwischen den USA und China, hatte sich nun von einer Win-win- in eine Lose-lose-Situation gewandelt.

Entfesselte Schuldenpolitik

Die amerikanische Politik reagierte auf die Finanzmarktkrise wie üblich in schlechten Zeiten: Sie druckte Geld, und zwar in gigantischem Ausmaß. Das umfangreichste Konjunkturprogramm der amerikanischen Geschichte in Höhe von 838 Milliarden US-Dollar sollte die Wirtschaft ankurbeln, während die Fed gleichzeitig die Banken weiterhin mit günstigem Geld versorgte. Die Folgen waren ernüchternd. Vier Jahre später hat sich der amerikanische Staatsschuldenberg von zehn auf über 16 Billionen Dollar erhöht, für 2013 müssen die USA nach Schätzungen des IWF ein Defizit in Höhe von über sieben Prozent des BIPs verkraften. Trotzdem schwächelt die Konjunktur weiter. Immer mehr Dollars sind auf dem Markt. Ein Geldberg, dem kaum neue Güter gegenüberstehen, Inflation ist vorprogrammiert.

Zentralbankchef Bernanke kümmert das offenbar wenig. Seiner Meinung nach müsste man Geld zur Not regelrecht aus Hubschraubern abwerfen, um die Amerikaner wieder zum Konsumieren zu bewegen. Was ihm den Spitznamen »Helikopter-Ben« einbrachte. Auch ihn prägen kollektive historische Erfahrungen. Mehr als die drohende Inflation fürchtet er die Deflation, die in den 1930er-Jahren aus einer einfachen Wirtschaftskrise die große Depression werden ließ.

Bernanke hat sich wissenschaftlich intensiv mit diesem Phänomen beschäftigt. Und in der ökonomischen Fachwelt besteht ein Konsens, wie die Deflation der großen Depression hätte verhindert werden können: Die Fed hätte damals die Zinsen drastisch senken und neue Dollars drucken müssen. Die Dollarschwemme hätte die Preise gestützt, die niedrigen Zinsen hätten Unternehmen ermuntert, zu investieren. Eine Blaupause für die aktuelle Fed-Politik.

Die Lehre aus der Geschichte ist leider zu einfach: Sie blendet die Unterschiede zwischen damals und heute aus. Anders als Anfang der 20. Jahrhunderts hatten die Amerikaner Anfang des 21. Jahrhunderts schon bis zum Anschlag Geld gedruckt. Nicht zuletzt deshalb lag und liegt der Zinssatz bis heute in den USA bereits nahe null, weiter runter geht es kaum. Die Fed war an der Grenze ihrer Handlungsfähigkeit angelangt. Ökonomen nennen dieses Phänomen die Liquiditätsfalle. Das prominenteste Beispiel Japan leidet bereits seit zwei Dekaden unter Deflation, hoher Arbeitslosigkeit und niedrigem Wachstum, und das, obwohl die Zinsen in Japan sich seit vielen Jahren nahe null bewegen.

Um das japanische Szenario zu verhindern und die Menschen zum Konsum zu ermutigen, versucht die Fed, sie seit Jahren davon zu überzeugen, dass sie statt einer Deflation eine Inflation erwartet. Vor diesem Hintergrund ist auch Bernankes Hubschrauberbemerkung zu werten. Da sich die Zinsen kaum weiter senken lassen, erhöht die Fed auf unkonventionelle Art und Weise die Geldmenge: Sie kauft im Rahmen ihrer »Quantitative Easing«-Programme US-Staatsanleihen. Quantitative Easing bedeutet frei übersetzt die Lockerung der Menge. Ein Wort, das verschleiern soll, dass die Fed nichts anderes tut, als weiterhin Geld zu drucken. Während die Notenbank also versucht, die Rezession zu lindern und einen deflationären Teufelskreis zu vermeiden, verschlimmert sie eines der grundlegenden Probleme der USA, nämlich die ausufernden Schulden.

Damit gehen die USA genau den gleichen Weg weiter, der sie bereits in die Finanzkrise 2008 geführt hat: Billiges Geld zu niedrigen Zinsen, schnelles Wachstum um jeden Preis. Die niedrigen Zinsen werden allerdings nur erneut den Konsum anheizen und dadurch auch nicht das zweite Grundproblem der USA lösen, nämlich die Sparrate der Amerikaner zu erhöhen und die private Verschuldung zu stoppen. Eine zweite Krise ist sehr wahrscheinlich. Angesichts des Lebens auf Pump wird das amerikanische Wachstumsmodell früher oder später an seine Grenzen stoßen, mit der steigenden Verschuldung verbauen sich die USA ihre Chancen auf stabiles und langfristiges Wachstum.

Das macht es den Chinesen nicht nur leichter, ihre Währung zu internationalisieren, sondern zwingt sie auch, sich zu beeilen. Denn bisher wurde die Schwäche der amerikanischen Wirtschaft durch die internationale Sonderrolle des Dollar als Weltwährung ausgeglichen. Das Ausland finanzierte Amerikas Konsum. Wer wie die Chinesen im Dollarraum investierte, hatte zwar keine hohe Rendite zu erwarten, sah sein Geld aber wenigstens in einer sicheren Währung angelegt. Genau dieses Fundament wird durch die laxe Geldpolitik der Fed jeden Tag mehr untergraben. Es ist inzwischen offensichtlich, dass die amerikanische Politik, geplagt von ihrem Außenhandelsdefizit und ihrer steigenden Staatsverschuldung, eine Abwertung des Dollar willkommen heißen würde. Die Exporte würden steigen, der Wert der Staatsschuld sich verringern.

Die expansive Geldpolitik der Fed – letztlich kann sie auf nichts anderes abzielen als auf eine Abwertung. Die für die Zukunft des Weltwährungssystems entscheidende Frage ist, ob die USA noch so mächtig sind, dass ihnen die internationalen Dollarhalter das einfach so durchgehen lassen. Denn für sie, vor allem aber für die Chinesen, wäre eine Abwertung mit hohen Verlusten verbunden. Die Kaufkraft des Dollar sinkt, ihr Devisenvermögen schmilzt. Es ist also weniger politische Heimtücke oder maßloser Nationalismus, der die Chinesen zu dem Schluss kommen lässt, der Dollar tauge nicht mehr als Leitwährung für das internationale Währungssystem, als vielmehr die Sorge um den Wert ihrer Devisen. Mit ihrer Sorge sind sie nicht allein. Kein gutes Zeichen für den Dollar. Die US-Politik macht ihn zum Bauernopfer ihrer Schuldenpolitik.

Konkurrenz aus Europa

Der US-Dollar wird schleichend, aber unaufhaltsam Tag um Tag unattraktiver. Doch für eine Revolution des Weltwährungssystems und eine endgültige Abkehr vom Dollar müsste es zunächst eine verlässliche Alternative geben. Nicht zum ersten Mal richtet sich der Blick auf Europa. In den 1970er-Jahren schwächelte die amerikanische Wirtschaft schon einmal. Damals trauten manche kurzzeitig sogar der D-Mark zu, den instabilen Dollar als Leitwährung zu ersetzen. Die erfolgreiche Politik der Bundesbank, die konsequent Inflation vermied und so die D-Mark stabil hielt, ließ sie insbesondere in der amerikanischen Hochinflationsphase von 1977 bis 1980 glaubwürdiger erscheinen als den angeschlagenen Dollar. Doch der D-Mark fehlte es an einer entsprechend großen Volkswirtschaft und einem starken Finanzmarkt im Rücken, um sich weltweit als Leitwährung durchzusetzen. Die USA waren die führende Handelsnation, die Bundesrepublik war nur ein politisch und wirtschaftlich abhängiger Zwerg, wenn auch ein starker. Der US-Dollar hatte objektiv gesehen keinen ernst zu nehmenden Wettbewerber und konnte sich deswegen Zeit lassen, sich von seiner Schwäche wieder zu erholen.

Heute ist das anders. Heute steht den USA nicht mehr die Bundesrepublik mit ihrer D-Mark gegenüber, sondern die Europäische Union mit ihrem Euro, der bewusst als Gegenstück zum Dollar konzipiert wurde. Mit seiner Hilfe hätte Europa die Möglichkeit, sich von den USA zu emanzipieren. Der alte Kontinent erfüllt eine grundsätzliche Voraussetzung für eine Weltwährung, an der es der

D-Mark gemangelt hat: einen starken Wirtschaftsraum mit mehr Einwohnern und höherer Produktionskapazität als die USA. 2012 betrug das BIP der EU nach Schätzungen des IWF 16,41 Billionen US-Dollar, für die USA nur 15,65 Billionen. Zudem ist die EU im Welthandel noch besser vernetzt als ihr transatlantischer Partner. Der Anteil der EU am Weltexport betrug für das Jahr 2010 16 Prozent, der Anteil am Weltimport 17,5 Prozent. Für die USA lagen die Werte bei 11,4 und 16,9 Prozent.

Für die Handelspartner des Euroraums macht es also eigentlich mehr Sinn, Euros zu halten als US-Dollars. Und tatsächlich: Der Euro breitet sich zunehmend als Handelswährung aus. Nach Angaben der Society for Worldwide Interbank Financial Telecommunication (SWIFT) wurden Mitte 2011 schon knapp 40 Prozent der über ihre Plattform abgewickelten internationalen Zahlungen in Euro vorgenommen, der US-Dollar kam gerade auf gut 35 Prozent. Dies verwundert kaum, schließlich übersteigt das Handelsvolumen des Euroraums das der USA bei Weitem.

Auffällig ist allerdings, dass ein Großteil des Handels unter Drittstaaten immer noch in US-Dollar und nicht in Euro abgewickelt wird. Fragt man sich, warum der Euro sich nur langsam als weltweite Handelswährung durchsetzen kann, hilft wieder einmal der Verweis auf die Gemeinsamkeiten zwischen einer Weltwährung und einer Weltsprache. Heute spricht die ganze Welt Englisch. Bevor Englisch durch Chinesisch verdrängt werden könnte, würden viele Jahrzehnte vergehen, denn viele Menschen müssten Chinesisch erst lernen. Genauso verhält es sich mit Euro und Dollar. Die Händler müssen sich erst einmal daran gewöhnen, dass ihre Handelspartner nun auch Euros akzeptieren. Die Durchsetzung einer neuen Handelswährung braucht also selbst unter günstigen Umständen Jahre.

Und eine Weltwährung ist mehr als nur eine Handelswährung. Sie muss sich tiefer verankern. Zunächst muss es für Unternehmen interessant sein, einen Teil ihrer

Kriegskasse in der neuen Währung zu halten. Meist sind die westlichen Unternehmen die ersten, deren Einnahmen in der jeweiligen Währung verbucht werden. Später legen auch Unternehmen außerhalb des Verbreitungsgebiets der neuen Währung einen Teil ihrer Reserven in der Währung an. Privatleute folgen, weil ihnen die Währung Sicherheit und Stabilität verspricht. Und schließlich halten Notenbanken sie als Reserve. Auch auf diesem Gebiet macht der Euro dem Dollar inzwischen Konkurrenz. Immerhin gut 25 Prozent der internationalen Devisenreserven sind inzwischen in Euro angelegt. Damit hat der Euro es geschafft, dem Dollar zumindest einen Teil des Reservekuchens abzunehmen.

Allerdings hat dieser Anstieg Grenzen. Denn dem Euro mangelt es an einer weiteren Grundvoraussetzung für eine Weltwährung: Ihm fehlt ein großer und »liquider« Anleihemarkt. Notenbanken halten ihre Devisenreserven in der Regel in Staatsanleihen, manchmal auch in Anleihen halbstaatlicher Institutionen oder großer Unternehmen. Der Grund dafür ist einfach. Eine Notenbank braucht die Flexibilität, Devisenreserven jederzeit verkaufen zu können, falls dies erforderlich sein sollte. Der Markt für Anleihen muss also so groß sein, dass Käufe und Verkäufe den Marktpreis nicht zu stark beeinflussen. Wer auf dem Markt zwei Kilo Tomaten kauft, will schließlich auch nicht, dass während des Kaufs die Tomatenpreise steigen. Der Markt für amerikanische Schatzanleihen ist ein großer, liquider Markt, während die Eurozone noch keinen Markt für Eurobonds entwickelt hat. Als Pendant hat die EU nur die Staatsanleihen der einzelnen Mitgliedsstaaten zu bieten. Die sind jedoch längst nicht so stark, längst nicht so eine sichere Geldanlage wie die amerikanischen. Das war schon vor der Eurokrise so und gilt jetzt erst recht.

Zwar ist es inzwischen sehr wahrscheinlich, dass der Euro überlebt, doch wie er überlebt, das traut sich kaum jemand einzuschätzen. Die Zeiten, in denen Politiker den

Euro als starken Konkurrenten zum Dollar gepriesen haben, sind einstweilen vorbei. Zuletzt schaffte der Greenback es sogar, wieder etwas Boden im Vergleich zum Euro gutzumachen. Der Dollaranteil an den Weltdevisenreserven stieg von knapp 61 Prozent zum Jahresanfang 2011 auf knapp 62 Prozent zur Jahresmitte 2012. In der gleichen Zeit sank der Euroanteil von 26,5 auf 25,1 Prozent.

Die Währungsvision wird zum Albtraum

Schuld an der Eurokrise ist ein Konstruktionsfehler des Euro. Er vereinigt so schwache Länder wie Griechenland und so starke Länder wie Deutschland. Bei der Euroeinführung hielten die meisten Politiker dies für eine Chance. Der Euro war schon immer mehr als nur eine einfache Währung, er war die Verkörperung der europäischen Idee. Er sollte die unterschiedlichen Länder zwingen, enger zu kooperieren. Das Vertrauen in die neue Währung würde es den wirtschaftlich schwächeren Ländern Südeuropas ermöglichen, Kredite zu vorher undenkbar niedrigen Zinsen aufzunehmen. Die niedrigen Zinsen, so hofften die Eurobefürworter, sollten die Wirtschaft der schwächeren Länder ankurbeln und am Ende für ein wirtschaftlich ausgeglichenes, prosperierendes Europa sorgen. Die unterschiedlichen Wirtschaftsräume der Europäischen Union würden gewissermaßen zu einem harmonischen Ganzen verschmelzen.

Das Kalkül schien zunächst aufzugehen, die Zinsen glichen sich europaweit an und sanken in den Südländern. Doch der Traum wurde schnell zum Albtraum. Die niedrigen Zinsen führten zwar in der Tat dazu, dass die jeweiligen Staaten und Privathaushalte mehr Kredite aufnahmen. Allerdings nahm wie in den USA in den 2000er-Jahren auch die Risikobereitschaft dramatisch zu. Besonders tollkühn waren die Griechen. Schon beim Eintritt in die Eurozone nahmen sie es nicht so genau. Weil die Kriterien für die Aufnahme in den exklusiven Euroklub eine maximale Neuverschuldung der Staaten von drei Prozent zuließen, verschleierten sie mit Bilanzierungstricks ihr riesiges Staatsdefizit.

Die EU drückte beide Augen zu. Es war politisch gewollt, Griechenland aufzunehmen. Die EU sollte so schnell wie möglich so groß wie möglich werden. Deshalb wurde 2001 auch in Griechenland der Euro eingeführt. Die hellenische Regierung konnte nun ihre Defizite viel günstiger finanzieren. Das wurde jahrelang toleriert. Doch im Oktober 2009 ließen sich die Haushaltslöcher endgültig nicht mehr verstecken. Statt einer zuvor öffentlich verkündeten Neuverschuldung von etwa sechs Prozent des BIPs rechnete der griechische Staat nun mit einer Neuverschuldung um 12,7 Prozent. Die Märkte waren geschockt. Bei einer Gesamtverschuldung von über 100 Prozent des BIPs war es unmöglich, dass das kleine Griechenland mit seiner schwachen Exportwirtschaft seine Schulden jemals wieder begleichen könnte. Die EU-Verträge beinhalteten zudem die No-Bailout-Klausel, die die Haftung der Europäischen Union sowie aller Mitgliedsstaaten für ein anderes EU-Land ausschloss.

Eine Illusion, wie sich im Ernstfall herausstellte. Entweder man steht füreinander ein oder nicht. Der Euro konnte das Versprechen der Stabilität, mit dem er eingeführt worden war, nicht halten. Den Euroinvestoren aus dem Ausland wurde nun allmählich klar, dass die Staatsanleihen der europäischen Südländer voller versteckter Risiken waren, ähnlich wie die amerikanischen Hypothekenanleihen. Sie verlangten deshalb immer höhere Risikoaufschläge. Lagen die Zinsen für griechische Staatsanleihen vor der Finanzkrise im August 2008 noch bei 4,87 Prozent und damit nicht viel höher als die Zinsen für deutsche Bundesanleihen bei 4,2 Prozent, spreizten sich die Zinsen nun immer stärker.

Ein vorläufiger Höhepunkt war im Januar 2012 erreicht, als das von Investoren als sicher empfundene Deutschland keine Zinsen mehr zahlen musste, um neue Schulden aufzunehmen, sondern von den Anlegern eine Prämie erhielt. Die Investoren sagten sich: Lieber verlieren wir in Deutschland, dem Fels in der Brandung, ein klein wenig Geld, als mehr Geld in Nachbarstaaten. So kam ein kurioser Negativzinssatz von genau 0,0122 Prozent zustande. Die Anleger schenkten Deutschland also Kapital, während sie Griechenland zur gleichen Zeit mit über 25 Prozent Zinsen abstraften. Der Euro half nun nicht mehr, die Unterschiede in Europa zu beseitigen. Im Gegenteil, er verschärfte sie sogar noch.

Ausufernde Staatsschulden waren nicht die einzige Ursache für die Krise. Die niedrigen Zinsen nach der Euroeinführung befeuerten nicht nur staatliche, sondern auch private Investitionen. Ein Problem, das vor allem Spanien betraf. Die Spanier liehen sich Geld und bauten Häuser – mehr als gebraucht wurden und je gebraucht werden. Eine Immobilienblase entstand, die 2008 platzte. Der Crash ließ die Grundstückspreise zwischen 2008 und 2012 um gut 30 Prozent sinken, die Banken bekamen ihre Kredite nicht mehr zurück, es wurde nicht mehr gebaut, die spanische Wirtschaft geriet ins Trudeln.

Die Rezession traf auch Unternehmen, die gar nichts mit der Baubranche zu tun hatten. Denn die Banken, bei denen auf einmal Milliarden fauler Kredite in den Büchern standen, hatten kein Geld mehr, das sie verleihen konnten. Viele Firmen mussten Mitarbeiter entlassen. Die Arbeitslosigkeit stieg auf über 25 Prozent. Die Staatsschulden schossen in die Höhe, von gerade mal 36 Prozent des BIPs im Jahr 2007 auf 90 Prozent 2012. Die Rettung der Banken mit Steuergeldern könnte die spanische Staatsschuld in Zukunft sogar auf über 100 Prozent katapultieren. Ab 90 Prozent, so fanden US-Wirtschaftsexperten erst kürzlich heraus, leidet das Wirtschaftswachstum langfristig.

Die Spanier mussten, wie schon die Griechen, nun viel höhere Zinsen für ihre Staatsanleihen bieten. Im August 2008 lagen die Zinsen bei viereinhalb Prozent, im Juli 2012 waren es schon 6,8 Prozent. Ein Abstand von fünfeinhalb Prozent zu deutschen Staatsanleihen. Und dass die Zinsforderungen an den spanischen Staat nicht noch höher ausfielen, war nur dem Eingreifen der Europäischen Zentralbank zu verdanken. Die Eurozone war zum Bersten gespannt.

Auch in anderen Bereichen zeigte sich mehr und mehr, wie grundverschieden die Länder der Eurozone sind. Die Produktionskosten in den verschiedenen Ländern etwa waren immer weiter auseinandergedriftet. In Deutschland, Anfang der 2000er noch als kranker Mann Europas in Verruf, einigten sich die Tarifparteien jahrelang auf relativ niedrige Lohnsteigerungen. In Spanien dagegen war der Reallohn sehr viel schneller als in anderen Ländern gestiegen. Vor der Euroeinführung hatten Nationen die unterschiedlichen Lohnniveaus ausgleichen können, indem sie ihre Währungen abwerteten. Unter dem Euroregime ist dies nicht mehr möglich. Im Gegenteil: Deutschland wurde mit seiner traditionell starken Exportindustrie noch wettbewerbsfähiger, als es sowieso schon war, während die Krisenstaaten immer weiter zurückfielen. Die Handelsungleichgewichte innerhalb der Europäischen Union verschärften sich. Allen hätte klar sein müssen, dass es nicht ewig so weitergehen konnte.

Gebrochene Regeln und verlorenes Vertrauen

Die Südländer kauften so lange immer mehr deutsche Waren auf Pump, bis sie sich irgendwann kein Geld mehr leihen konnten. Das Wirtschaftswachstum brach zusammen. Europas Regierungen müssen heute sparen, und das gegen den Willen der Bevölkerung. Die Menschen begehren dagegen auf, in Spanien ebenso wie Griechenland und Frankreich. Sie gehen zu Hunderttausenden auf die Straße. Ein Kontinent in Katerstimmung.

Für die Ambitionen des Euro als Weltwährung bedeutet das: schlechte Karten. Angesichts der Wirren in der Eurozone scheinen selbst die USA und der Dollar trotz all seiner Probleme den Investoren noch als sicherer Hafen. Nur wenn Europa die aktuelle Krise überwindet und dauerhaft stabiler und erfolgreicher wirtschaftet als die USA, kann es im Wettbewerb zwischen US-Dollar und Yuan eine entscheidende Rolle spielen. Nur wenn die Menschen außerhalb der Eurozone dem Euro mindestens so viel vertrauen wie dem US-Dollar, ist er wettbewerbsfähig.

Von diesem Ziel ist der Euro momentan weiter entfernt denn je. Nicht einmal die Bürger innerhalb der Eurozone vertrauen ihrer Währung. In Deutschland glaubten im Herbst 2012 zwei Drittel der Bürger, mit der D-Mark würde es ihnen besser gehen als mit dem Euro.

Der wichtigste Grund für die Misere ist hausgemacht: Die Politiker hielten es nicht für nicht nötig, ihre selbst geschaffenen Spielregeln einzuhalten. Jedes Land, das dem Euro beitreten wollte, durfte mit nicht mehr als 60 Prozent des BIPs verschuldet sein und nur drei Prozent des BIPs pro Jahr neue Schulden machen. Schon bei der Einführung des Euro wurden diese Kriterien missachtet. Griechenland umging sie wie oben beschrieben von Anfang an mit Bilanztrickserei, Italien durfte trotz Schulden von deutlich über 100 Prozent des BIPs den Euro einführen. Wenig später brach selbst das von Bundeskanzler Gerhard Schröder regierte Deutschland den sogenannten Stabilitätspakt, obwohl gerade die Deutschen größten Wert auf Haushaltsdisziplin legten. Der Regelverstoß blieb de facto straflos, woraufhin auch andere Länder wie Frankreich alle Vorsicht fahren ließen. Die Schuldengrenze von 60 Prozent des BIPs war 2011 von Belgien, Frankreich, Deutschland, Österreich, Malta, den Niederlanden und natürlich von den Krisenländern Griechenland, Portugal, Italien, Zypern, Spanien und Irland überschritten.

Und nicht nur die Politiker brachen Regeln. Ausgerechnet die Herausgeberin und Hüterin des Euro, die Europäische Zentralbank, fand es im Zuge der Eurokrise plausibel, vorher klar gezogene Grenzen bis zur Unkenntlichkeit zu verwischen. Wichtigster Auftrag der EZB ist es, das Geld stabil zu halten und die Inflation zu bekämpfen. Diese zentrale Aufgabe hatte sie von der Bundesbank übernommen. Als die Finanzmärkte Griechenland nicht mehr zutrauten, seine Schulden zu begleichen, stand die EZB vor einem Dilemma. Griechische Staatsanleihen waren so schlecht bewertet, dass die Zentralbank sie eigentlich nicht mehr als Sicherheiten für die Herausgabe von Euros hätte akzeptieren dürfen. Damit wäre den griechischen Banken allerdings der direkte Zugang zu EZB-Geld versperrt worden, was ihren Zusammenbruch bedeutet hätte. Griechenland hätte den Euroraum verlassen müssen. Das war politisch nicht gewollt, und so blieb der EZB nichts anderes übrig, als griechische Anleihen weiter als Sicherheiten zu akzeptieren. Genauso wie sie später auch die Anleihen anderer Krisenländer kaufte, damit diese nicht zu hohe Zinsen für die Schuldenaufnahme zahlen mussten. Im September 2012 kündigte die EZB sogar an, zur Not unbegrenzt Staatsanleihen aufzukaufen.

Damit ist auch Europa dort angekommen, wo die USA schon seit Jahren sind. Nun drucken die Europäer ebenfalls haltlos Geld. Denn die EZB kann nur Staatsanleihen der Krisenländer kaufen, wenn sie die Geldmenge erhöht. Auch in Europa ist jetzt Inflation vorprogrammiert. Die EZB riskiert damit ihr wichtigstes Ziel: die Stabilität der Preise. Eine Wahl hat sie nicht. Solange die Politik sich nicht auf einen Weg zur Krisenbekämpfung einigt, muss die Zentralbank als Feuerlöscher herhalten, um zu verhindern, dass die Eurozone auseinanderbricht.

Die Rettung des Euro

Die dringend nötige politische Einigung ist nicht in Sicht. Europas Politiker streiten weiter, und dabei geht es längst nicht mehr nur darum, die aktuelle Eurokrise zu lösen, sondern auch darum, wie sich verhindern lässt, dass sich solche Katastrophen wiederholen. Hektische, lebensrettende Maßnahmen auf der einen Seite, langfristige, grundlegende Reformen auf der anderen. Das macht die Diskussionen nicht einfacher.

Um die EZB aus ihrer misslichen Lage zu befreien und die Eurozone zu stabilisieren, schuf die Politik zunächst den vorläufigen Rettungsschirm mit dem umständlichen und unverständlichen Namen Europäische Finanzstabilisierungsfazilität (EFSF). Da dieser sich als nicht groß genug erwies, wurde er von dem nun dauerhaften Europäischen Stabilitätsmechanismus (ESM) abgelöst. Die EFSF wurde zunächst im Juni 2010 als Antwort auf die Krise Griechenlands gegründet. Sie hebelte die Regel aus, dass stabile Eurostaaten eigentlich nicht für die Schulden anderer Euroländer einstehen sollten. 440 Milliarden Euro konnten sich überschuldete Eurostaaten nunmehr über die EFSF leihen und so ihren Bankrott zumindest vorläufig abwenden. Der totale Zusammenbruch Griechenlands, der im schlimmsten Fall auch den Zusammenbruch der kompletten Eurozone eingeleitet hätte, konnte so verhindert werden.

Erkauft wurde diese sogenannte »alternativlose« Maßnahme allerdings mit dem Tabubruch, dass reichere Eurostaaten plötzlich doch für ärmere hafteten. Wieder einmal waren die Euroverträge nicht das Papier wert, auf dem sie gedruckt waren. Die EU setzte genau das um, was ausländische Gläubiger wie China immer gefordert hatten und was gleichzeitig vor allem die deutschen Politiker und allen voran Bundeskanzlerin Angela Merkel verhindern wollten.

Der Mechanismus des Füreinander-Einstehens wurde durch die Einrichtung des ESM für die Zukunft zementiert. Dessen Finanzkraft soll die Finanzmärkte beruhigen und es verschuldeten Staaten möglich machen, günstige Kredite aufzunehmen. Im besten Fall funktioniert der ESM wie eine Bürgschaft. Durch die Garantie werden die internationalen Kredite billiger. Das genügt den Krisenländern, so die hoffnungsvolle Theorie, um sich zu erholen, ohne dass sie das Geld des ESM tatsächlich in Anspruch nehmen. Wie gesagt, eine optimistische Annahme. Um die Hemmschwelle für die Krisenländer so hoch wie möglich werden zu lassen, haben die Europolitiker sich schmerzliche Auflagen für ein Land ausgedacht, wenn es tatsächlich in den Topf greift. Eine Lösung, die immerhin ein wenig besser ist als die amerikanische, denn Reformen sind vorgesehen.

Und Reformen sind nötig, wenn die Eurozone langfristig wieder erfolgreich werden will. Rettungsschirme allein reichen nicht, sie kaufen bestenfalls Zeit. Ein zukunftsfähiges Europa muss privater wie staatlicher Verschuldung klare Grenzen setzen, innere Handelsungleichgewichte abbauen und die wirtschaftlichen Unterschiede der Mitgliedsstaaten zumindest mittelfristig verringern. Gerade die Deckelung der privaten Verschuldung wird eine schwierige Aufgabe. Schließlich kann man Geschäftsbanken nicht vorschreiben, wie viele Kredite sie in bestimmten Branchen maximal vergeben dürfen. Ebenso wenig wie man Unternehmen und Bürgern vorschreiben kann, wie viel Geld sie maximal aufnehmen und wofür sie es verwenden dürfen.

Die Reformvorschläge setzen denn auch indirekt an. Für die Banken sollen strengere Spielregeln gelten, die es ihnen schwieriger machen, Geld zu verleihen. Zum Beispiel kann man die Rücklagen erhöhen, die die Banken für Notfälle haben müssen. Zudem will man die Banken zwingen, füreinander einzustehen, damit nicht mehr der

Staat einspringen muss, wenn eine Bank in eine Schieflage gerät. Gleichzeitig wird versucht die Verschuldung der Staaten zu bekämpfen. Ein europäischer Fiskalpakt soll für mehr Haushaltsdisziplin sorgen. Alle Unterzeichner sollen Schuldenbremsen nach deutschem Vorbild einführen. Um die Altschulden zu verringern, liegen Vorschläge wie ein Schuldentilgungsfonds oder die von Deutschland geschmähten Eurobonds auf dem Tisch. Zudem sollen Staatsunternehmen privatisiert werden, ihr Verkauf soll Geld in die Kassen spülen.

Wann und wie diese Spielregeln durchgesetzt werden können, weiß derzeit niemand so recht. Und selbst wenn sie durchgesetzt werden: Papier ist bekanntlich geduldig, wie die Maastrichtverträge und der damals beschlossene Stabilitätspakt zeigen. In den USA gibt es bereits seit 1917 Schuldenobergrenzen. Gebracht haben sie wenig, wann immer der Politik das Geld ausgeht, wird die Grenze einfach angehoben.

Auch in Europa tendieren viele Politiker dazu, die Schuldentilgung nach hinten zu verschieben. Ihr Argument: Man darf sich nicht kaputtsparen. Genau wie in den USA drohte auch in Europa die Gefahr, in die Deflation abzurutschen. Wenn der Staat und seine Bürger sparen, sprich weniger konsumieren, können die Firmen nichts mehr verkaufen. Bevor sie pleitegehen, senken sie die Preise und die Löhne ihrer Angestellten gleich mit. Die Menschen können sich immer weniger leisten, die Preise fallen weiter. Gleichzeitig sinkt die Wirtschaftskraft. Weil die Steuern wegbrechen, drückt die Altschuldenlast immer schwerer.

Ein Teufelskreis, der die Eurozone früher oder später zwangsläufig sprengen würde. Politiker wie der französische Präsident François Hollande wollen daher zunächst nicht nur nicht sparen, sondern sogar noch mehr Schulden aufnehmen, um die Wirtschaft anzukurbeln. Dank der höheren Nachfrage, so das Kalkül, würden die angeschlagenen Volkswirtschaften langsam wieder Fahrt aufnehmen. Eine wachsende Wirtschaft erleichtert dann den späteren Schuldenabbau. Der Haken an der Strategie: Zunächst treiben höhere Staatsausgaben natürlich die Staatsschulden und verschärfen eines der Grundprobleme der Eurozone, während es für die positiven wirtschaftlichen Effekte keine Garantie gibt. Das Beispiel USA zeigt, dass eine wirtschaftliche Erholung trotz hoher Staatsausgaben auf sich warten lassen kann.

Das Dilemma macht deutlich: Europa steht heute am Scheideweg. Versucht es, rasch seine Schuldenprobleme in den Griff zu kriegen, bietet sich langfristig die Chance auf stabiles und nachhaltiges Wachstum. Allerdings nur unter der Voraussetzung, dass die Eurozone nicht von einer Deflation gebeutelt wird. Setzt der Kontinent hingegen auf neue Schulden, kann es die Probleme noch eine Weile verdecken. Verzichtet man aber gleichzeitig, wie im Fall USA, aus dem falschen Glauben, die Krise bereits überwunden zu haben, auf die notwendigen Reformen, wird Europa in einigen Jahren mit einer noch heftigeren Krise zu kämpfen haben.

Im Moment sieht es nach letzterer Variante aus. Denn damit nicht alles zusammenbricht, verlässt man sich vorsichtshalber erst mal auf die amerikanische Politik des Mehr-Wachstum-durch-mehr-Schulden. Die EZB unterstützt diesen Kurs. Sie druckt Geld und kauft Staatsanleihen krisengeschüttelter Länder auf, damit diese nicht von ihren Zinsen erdrückt werden. Eine Geldschwemme, die zu Inflation und zu einer Abwertung des Euro führen dürfte. Die europäische Politik wird diesen Prozess nicht aufhalten, im Gegenteil, er ist sogar in ihrem Interesse. Ein billiger Euro hilft den europäischen Exporten, die Inflation senkt die Schulden des Staates. Durch eine laxe Geldpolitik wird letztlich auch der Druck nachlassen, grundlegende und schmerzhafte Reformen durchzusetzen.

Keine guten Nachrichten für die europäischen Bürger und den Leitwährungsanwärter Euro. Seine Chancen, eine ernsthafte Alternative zum Dollar zu werden, stehen schlecht. Der Euro hat international nur eine Chance, wenn die momentane Politik, in der Staatsschulden und weiches Geld Wachstum garantieren sollen, zeitlich begrenzt bleibt. Wenn Europa seine Schulden in den Griff bekommt, die aktuelle Wirtschaftskrise überwindet und vor allem mittelfristig die großen Ungleichgewichte zwischen den Mitgliedsländern verringert. Nur dann wird der Euro gegen den abwertenden Dollar wettbewerbsfähig und für die aufstrebenden Nationen, die in der Vergangenheit ihre Währungen am Dollar ausrichteten, interessant. Bis zu einem grundlegenden Politikwechsel liegt die Kandidatur des Euro um den Weltwährungsthron auf Eis.

Des einen Leid ...

Die Folgen der Eurokrise sind weltweit spürbar. Das Ausland traut inzwischen den Rückzahlungsversprechen der klammen Regierungen Europas nicht mehr. Selbst die vormals spendablen Chinesen ziehen sich zurück. Im Oktober 2010 kaufte China noch griechische Staatsanleihen im Wert von fünf Milliarden US-Dollar, inzwischen ist es vorsichtiger geworden. Nur ein gutes Jahr später stufte die führende chinesische Ratingagentur Dagong griechische Staatsanleihen auf Ramschniveau herab. Damit hat sich für die Chinesen der Kauf solcher Anleihen erledigt. Zwar braucht die chinesische Führung in Peking den Euro als Gegengewicht zum Dollar. Doch sie kann nicht zu viel riskieren, um den Euro zu stützen. Sie hat schon genug Schwierigkeiten, weil sie den Großteil ihrer Devisenreserven in US-Staatsanleihen gesteckt hat und nicht abzusehen ist, wie viel von dem investierten Geld am Ende bleibt. Noch so einen unsicheren Kandidaten können Chinas

Finanzstrategen sich nicht leisten. Der neue Premierminister Li Keqiang will sich ebenso wie der alte von der Bevölkerung nicht vorwerfen lassen müssen, er zocke nun auch noch in Europa, während es in China noch genug aufzubauen gilt.

Nichtsdestotrotz schafft Peking es, aus der Krise Europas Kapital zu schlagen. Mit kleinen Schritten kauft China sich im geschwächten Kontinent ein. Dabei investieren sie zuerst in den weniger entwickelten Randregionen. Im September 2009 gewann der Staatskonzern China Overseas Engineering Group (Covec) die Ausschreibung für den Bau eines Teilstücks der Autobahn A 2 zwischen Berlin und Warschau. Ein Schlag für die deutschen Wettbewerber. Im Nachhinein gab es dann zwar Ärger mit den billigen Chinesen, weil sie ihre Versprechen nicht halten konnten, doch solche Rückschläge sind kein Hindernis für Pekings Ambitionen.

Sie sind gekommen, um zu bleiben. Bereits Anfang 2009 unterzeichnete Serbien mit China ein Abkommen über eine strategische Partnerschaft, die China Aufträge im Wert von mehr als einer Milliarde Euro eingebracht hat. Allein für 170 Millionen Euro bauen chinesische Firmen mit serbischen Juniorpartnern bis 2013 eine dringend benötigte zweite Donaubrücke in Belgrad. Den Auftrag bekamen sie ohne Ausschreibung.

Im April 2012 traf Wen Jiabao dann Staats- und Regierungschefs aus 16 osteuropäischen Staaten in Polen. Mit ihm kamen 300 chinesische Wirtschaftsführer – und zehn Milliarden Dollar Kredite. Es ist ein kraftvoller Ausdruck der neuen Osteuropastrategie Chinas. Zwei Monate zuvor begann die Produktion im ersten europäischen Automobilwerk der Chinesen, einer Anlage von Great Wall Motors in Bahovitsa in Nordbulgarien. Gleichzeitig übernahm die chinesische LiuGong Machinery den polnischen Straßenbaumaschinenhersteller Huta Stola Wola für 100 Millionen US-Dollar.

Europas Sparzwang spielt China in die Hände. Überall in den schwächeren Eurostaaten ist ein Modell zu beobachten, das Peking bis jetzt nur in Afrika umgesetzt hat: Chinesische Banken vergeben günstige Kredite, mit denen die finanzschwachen Regierungen Konjunkturprogramme auflegen und Großaufträge bezahlen können, die dann von chinesischen Firmen umgesetzt werden. Und anders als die EU oder der Internationale Währungsfonds vergeben die Chinesen die Mittel ohne lästige Mahnungen zu unpopulären Strukturreformen oder Kürzungen der Staatsausgaben.

Im Fall der Belgrader Donaubrücke stellt die Export-Import Bank of China 145 Millionen Euro zu einem Zinssatz von drei Prozent bereit, rückzahlbar über 15 Jahre. Bedingungen, die in diesen Krisenzeiten niemand anderes bietet. So hat der Kleinstaat Montenegro einen Kredit von 47 Millionen Dollar bei der Export-Import Bank aufgenommen, um den Kauf von chinesischen Schiffen zu finanzieren.

Die chinesische Cosco Pacific, einer der größten Hafenbetreiber der Welt, erwarb bereits 2008 für dreieinhalb Jahrzehnte die Konzession für den Containerumschlaghafen in Piräus, den wichtigsten griechischen Hafen. Mehr als drei Milliarden Euro wollen die Chinesen nach griechischen Angaben in den kommenden Jahrzehnten in den Hafen investieren. Er soll zu einer Drehscheibe für chinesische Importe in der Region ausgebaut werden. »Alle Regierungen der Region haben große Pläne, aber kein Geld«, fasste Radovan Jelaši, der Zentralbankchef Serbiens, die Lage 2010 zusammen. »Die Chinesen haben Geld, und sie sind schneller als andere Länder bereit, es zu investieren. Seit etwa zwei Jahren bemerken wir ein ziemlich aggressives Auftreten der Chinesen. Sie wollen hier eindeutig präsenter sein.«

Zwar sind die chinesischen Investitionen in Europa im Vergleich zu den europäischen in China noch verschwindend gering, und man kann mitnichten davon sprechen, dass China Europa unterwandert. Dennoch zeigen die Investitionen deutlich, wie China von der Eurokrise profitiert und in ihrem Zuge zum wichtigsten Finanzier einiger EU-Länder werden kann. Für diese Länder wird natürlich auch Chinas Währung interessanter. Es dürfte nicht mehr lange dauern, bis Peking die ersten Yuankredite in Europa vergibt. Denn warum sollten die Europäer die chinesischen Firmen und Waren nicht gleich in Yuan bezahlen?

China zieht seine Schlüsse

In Peking ist man dennoch über die offensichtliche Schwäche Europas enttäuscht. Das zeigte sich deutlich, als Bundeskanzlerin Angela Merkel mit dem Großteil der deutschen Regierung Ende August 2012 zu den deutsch-chinesischen Regierungskonsultationen in Peking weilte. Der damalige Premier Wen Jiabao fuhr ihr öffentlich in die Parade: Als Merkel ausführte, die Lage in Europa sei stabiler, konterte Wen, er mache »sich auch persönlich ganz große Sorgen um die Stabilität des Euro« und fordere die starken Länder des Euro auf, »endlich ihre Hausaufgaben zu machen« und nicht zu warten, bis die »ganze Welt in Mitleidenschaft« gezogen werde. China sei erst zu weiteren Investitionen in europäische Staatsanleihen bereit, wenn »die Bedingungen das zulassen«. Noch nie hatte ein chinesischer Ministerpräsident öffentlich solche Töne angeschlagen.

Gleichzeitig betont Wen, wie wichtig übernationale Institutionen seien. Man wolle der EU zwar weiter helfen, werde aber abwarten, ob Griechenland im Euro bleibe und Italien und Spanien am Ende nicht doch komplett unter den Rettungsschirm müssten. Eine genaue Vorstellung darüber, was die Europäer tun müssen, hatte Wen auch:

Das Vertrauen wiederherstellen, indem sie eine Balance zwischen Sparsamkeit und Konjunkturspritzen finden. Kurz: Die EU dürfe die Wirtschaft nicht kaputtsparen. Damit sind die Chinesen der amerikanischen und der französischen Position näher als der deutschen. Wens Äußerungen sind nicht nur Ausdruck des neuen Selbstbewusstseins der aufsteigenden Weltmacht. Sie zeigen auch, in welcher Zwickmühle Peking steckt. Denn China braucht Europa nicht nur als Absatzmarkt, die chinesische Führung sieht im Euro auch ein wichtiges Gegengewicht zum US-Dollar.

Wenige Wochen nach Merkels Chinabesuch ging Zentralbank Chef Zhou Xiaochuan noch einen Schritt weiter als sein Premierminister und machte einen konkreten Reformvorschlag, der auf nichts weniger als den grundlegenden Umbau des gesamten in den USA und Europa üblichen Staatsanleihesystems abzielt. Auf dem ersten China-Finanzmarktforum in Köln lässt Zhou über die einflussreiche Chefredakteurin des chinesischen Wirtschaftsmagazins *Caixin*, Hu Shuli, ein neues finanzpolitisches Konzept vorstellen.

Darin beschreibt er, wie europäische Staatsanleihen aussehen sollten, damit sie für China wieder interessant sind: Privatanleger aus den jeweiligen Ländern sollen für den Kauf von Staatsanleihen in die Pflicht genommen werden, getreu dem im Westen vergessenen Prinzip: Wer Leistungen vom Staat erhält, soll auch am Risiko des Staates beteiligt werden. Dadurch würde den Menschen in den Krisenländern deutlicher, welches Risiko die Schuldenpolitik ihrer Regierungen mit sich bringt. Ist die Bevölkerung auch Gläubiger des Staates, wäre es leichter, so Zhous Logik, sie von der Notwendigkeit eines Sparkurses zu überzeugen. Damit würden Staatsanleihen viel attraktiver für internationale Gläubiger, weil das Risiko ein geteiltes Risiko wäre. Was aber, wenn die Sparguthaben im Inland gar nicht mehr ausreichen, um die Anleihen eines Landes zu finanzieren? Auch darauf hat Zhou eine Antwort: Privatunternehmen, ja sogar Privathaushalte, erläutert er, könnten sich im Ausland Geld leihen, für das sie den ausländischen Geldgebern Sicherheiten geben.

Bisher, so bemängelt der chinesische Zentralbankchef, gebe es für Staatsanleihen nicht einmal Rückzahlungsgarantien, geschweige denn Zwangsmaßnahmen, wenn Anleihen nicht mehr bedient werden. Er fordert entsprechend mehr Mitspracherechte für die Gläubiger als heute vorgesehen sind. Seine Einschätzungen muss man ernst nehmen. Die Wahrscheinlichkeit, dass die Chinesen schon in wenigen Jahren in der Lage sind, solche Konstruktionen bei internationalen Verhandlungen durchzusetzen, ist hoch.

Besonders interessant: Das Zhou-Modell erhöht nicht nur die Pflichten nationaler Privatanleger, sondern auch ihre Rechte. Als Ausgleich für ihre Risiken sollen die Anleger etwa mitbestimmen können, wie viele neue Anleihen der jeweilige Staat auflegt. Ein Vertreter der Anleger müsste in einer Art Aufsichtsrat zustimmen. So würden die inländischen Gläubiger im eigenen Interesse sicherstellen, dass ihre Politiker vernünftig handeln. Fehlentwicklungen würden sie sofort im eigenen Portemonnaie spüren. In Zhous Überlegung fließen offensichtlich auch die schlechten Erfahrungen mit US-Staatsanleihen ein, die angesichts der amerikanischen Schuldenpolitik langsam ihren Wert verlieren.

Der Plan des Zentralbankchefs sieht darüber hinaus internationale Organisationen wie den IWF und die Weltbank als Kreditgeber vor. Auch sie sollen im Gegenzug mehr Einflussmöglichkeiten bekommen. Ein Ansatz, der versucht, von zwei Seiten Kontrollmechanismen in das in die Jahre gekommene Konzept der Staatsanleihen zu bringen, das zudem von amerikanischen und den europäischen Regierungen missbraucht wurde. Er impliziert, dass die internationalen Organisationen als Kontrollinstanzen nicht – wie der IWF in den 1990er-Jahren – einzelne nationalstaatliche Interessen vertreten dürften, sondern das globale Gemeinwohl im Blick haben müssten. Das wäre in der Tat ein bemerkenswerter Fortschritt. Unter diesen Bedingungen, so betont Zhou, würden Länder mit Handelsüberschuss sofort in Staatsanleihen investieren und müssten sich keine Sorgen über Rückzahlung oder schleichende Entwertung machen.

Zhous Lösungsansatz zeigt eine neue Qualität der chinesischen Beteiligung an Weltfinanzfragen, an die wir uns im Westen gewöhnen müssen. Interessant ist denn auch, wie selbstbewusst die chinesische Journalistin Hu Shuli die Ausführungen von Zhou kommentiert. Eine Frau, die vom *Time Magazine* 2011 in die Liste der 400 einflussreichsten Menschen der Welt aufgenommen wurde. »Ich halte es für sehr wichtig«, sagt sie, »dass China sich mehr an der internationalen Debatte über die Spielregeln des globalen Finanzsystems beteiligt.« Dies spiegele Chinas wachsende internationale Bedeutung, aber auch seine wachsende Offenheit wider. »Gemeinsam können wir neue Mechanismen entwickeln«, so Hu, »die unsere Finanzsysteme stabiler, effektiver und effizienter machen. China wird sich dabei mehr und mehr von einem Lehrling zu einem aktiven Mitspieler mausern.«

Premierminister Wen Jiabao wurde gegenüber Kanzlerin Merkel noch deutlicher: »Wir halten den Euro für wichtig, aber wir freuen uns auch, dass der Yuan eine immer größere Rolle spielt.«

7 DAS WELTWÄHRUNGSSYSTEM DER ZUKUNFT

US-Dollar und Euro leiden an einem Virus. Einem Virus, der die Währungen immer mehr aushöhlt: die Verschuldung ihrer Heimatstaaten und die Hilflosigkeit der Politik dieser Entwicklung gegenüber.

Im Rest der Welt macht man sich – zu Recht – inzwischen ernsthaft Sorgen. Welche verlässlichen Alternativen gibt es, um sich abzusichern? Gold oder gar die künstliche Währung des IWF? Sind diese Alternativen vielleicht nicht doch besser als der Yuan?

Die Lage ist jedenfalls ernst. Die Staatsschulden der USA beliefen sich 2012 nach Schätzungen des IWF auf 16,8 Billionen US-Dollar und damit auf 107 Prozent des BIPs. Die staatliche Verschuldung der Eurozone betrug in absoluten Zahlen etwa die Hälfte, die 17 Euroländer standen in der zweiten Hälfte 2012 mit 90 Prozent ihres BIPs in der Kreide.

Gegen den Schuldenvirus gibt es nur ein teures Antibiotikum, das wirkt: Inflation. Nur so und nicht mehr durch Sparen gibt es überhaupt eine kleine Chance, dass die Schuldenberge eines Tages wieder geringer werden.

Die anderen beiden Alternativen – eine Staatspleite mit radikalem Schuldenschnitt, also dem Verzicht der Gläubiger auf ihr Geld, oder ein jahrzehntelanges Abbezahlen der Verbindlichkeiten – lassen sich politisch kaum durchsetzen. Allenfalls mehrere partielle Schuldenschnitte sind denkbar, zumindest in Europa. Betroffen davon wären vor allem die Deutschen. Die Bürger würden es der Politik kaum verzeihen, wenn ihre sicher geglaubten Bundesanleihen auf einmal an Wert verlieren oder sie kaum noch Rente bekommen. Ein, zwei Prozent mehr Inflation sind da durchaus unauffälliger, reichen aber längst nicht mehr. Wenn die Inflation höher wird, kann sie leicht außer Kontrolle geraten und ebenfalls politischen Unmut in der Bevölkerung auslösen. Mit anderen Worten: Einen einfachen, schmerzlosen Weg aus dem Dilemma gibt es nicht mehr.

Eine höhere Inflation zu verhindern ist eigentlich die Aufgabe der Notenbanken, also der Fed und der EZB. Doch die sind momentan mit ganz anderen Problemen beschäftigt. Sie versuchen sich als Krisenmanager, stabilisieren die Wirtschaft mit billigem Geld und haben sich darüber hinaus noch ganz andere Ziele aufgeladen. Die Fed, deren zweite große Verantwortung neben der Inflationsbekämpfung die Gewährleistung von Vollbeschäftigung ist, versucht, die hohe Arbeitslosenquote in den USA zu senken. Was wiederum ebenfalls nur geht, indem man frisches Geld in die Unternehmen pumpt, damit sie investieren und wieder einstellen. Die EZB wiederum löscht als Eurofeuerwehr die finanzpolitischen Flächenbrände der überschuldeten Eurostaaten, weil sie sich nicht mehr oder nur zu sehr hohen Zinsen am freien Markt finanzieren können.

Dass der Geldregen der beiden wichtigsten Notenbanken der Welt bei einer anziehenden Konjunktur zu Inflation führt, ist zwar jedem klar. Aber sowohl den Arbeitsbeschaffern der Fed wie auch den Eurorettern in der EZB erscheint ihre Politik als alternativlos.

Leider: Mit Geldspritzen und Inflation gedopte Konjunktur produziert langfristig auch Verlierer, und das sind nicht nur Sparer und Angestellte, sondern alle Bürger in Europa und den USA. Denn eine niedrige und stabile Inflation ist eine wichtige Voraussetzung für nachhaltiges Wachstum. Wenn die Inflation übermäßig steigt, infiziert sie das Wachstum. Menschen von Drittstaaten werden ebenfalls getroffen. Schließlich füttert das viele frische Geld der Weltwährungen nicht nur die eigenen Märkte, die Dollars und Euros fließen auch in andere Länder und treiben dort auf der Suche nach Anlagemöglichkeiten die Preise hoch. Ein idealer Nährboden für Spekulationsblasen.

An diesem Punkt steht die Welt 2013. Sie wird überschwemmt mit billigem Geld. Für ihre internationale Verantwortung interessieren sich Fed und EZB nur in zweiter Linie, sie kümmern sich zuallererst um ihre Länder. Und niemand ist in Sicht, der sie stoppen könnte. Der IWF ist nicht mächtig genug, die jeweiligen Regierungen zu zwingen, die Welt nicht als Müllhalde für ihre nationalen Probleme zu missbrauchen.

Was die Geldpolitiker in Kauf nehmen: Sie schaden mit ihrer maßlosen Politik auch ihren eigenen Währungen. Sie verlieren an Wert gegenüber Währungen, die vernünftiger gemanagt werden. Dollar und Euro werden billiger, sie werten ab. Was ganz im Interesse von Notenbanken und Politikern ist. Denn die eigenen Produkte werden dadurch billiger, es wird mehr exportiert, die Handelsbilanz »verbessert« sich. Die kurzfristig denkenden Politiker untergraben die Rolle von US-Dollar und Euro als Weltwährungen. Warum sollten internationale Investoren ihr Geld in einer Währung halten wollen, die immer weniger wert ist? Das ist keine Zukunftsmusik. US-Dollar und Euro sind heute schon viel unattraktiver als noch vor fünf Jahren. Dass sie nicht schon tiefer gesunken sind, liegt einzig daran, dass die Alternativen noch nicht so verlockend sind, wie sie auf den ersten Blick aussehen.

Gold – Die Mutter aller Währungen

Papierwährungen leiden seit ihrer Erfindung im China der Song-Dynastie (960 bis 1279 nach Christus) unter einem Glaubwürdigkeitsproblem. Das Geld ist oft nicht das Papier wert, auf das es gedruckt wurde, weil diejenigen, die das Geld auflegen, bis heute der Verlockung nicht widerstehen können, mehr davon zu drucken, als sie sollten. In solchen Zeiten wollen die Menschen etwas Handfestes, und das heißt meist: Gold.

In dem Maße, in dem es den USA und Europa nicht gelingt, die Wirtschaftskrise ohne Inflation zu lösen, kommt das alte Misstrauen wieder hoch. Aus Verunsicherung kaufen die Menschen dann lieber Immobilien oder Gold. Dass die Angst nicht unbegründet ist, zeigt die Leistungsbilanz der Fed: Seit ihrer Gründung im Jahr 1913 hat der Dollar über 95 Prozent an Wert verloren. Und das, obwohl Wertstabilität eines der Hauptziele der Notenbank ist. Das Misstrauen zeigt sich am Goldpreis. Wer sich am 2. Januar 2002 einen Barren Gold im Wert von 111 520 US-Dollar gekauft hätte, dessen Vermögen hätte sich im Lauf von nur zehn Jahren auf 629 080 Dollar erhöht. Der Goldpreis stieg in diesem Zeitraum um 464 Prozent.

Ein so starker Anstieg ist alles andere als selbstverständlich. Auch der Goldpreis durchlebte in den vergangenen Jahrzehnten Höhen und Tiefen, die sich fast ausschließlich durch Veränderungen der Nachfrage erklären lassen, da die Goldfördermenge kaum schwankt.

Wann immer die Angst vor Inflation größer wurde, stieg auch der Goldpreis. Als das Bretton-Woods-System Anfang der 1970er-Jahre zusammenbrach, schoss der Wert in die Höhe, von 41,25 Dollar je Feinunze 1971 auf 159,74 nur drei Jahre später. Auftrieb erhielt Gold zudem in den späten 1970er-Jahren, als sowohl Europa wie auch insbesondere die USA nach den Ölpreisschocks eine Zeit hoher

Inflation und niedrigen Wirtschaftswachstums durchmachten. Ein Hoch erreichte der Goldkurs 1980 mit 612,56 Dollar. Danach fiel er allerdings plötzlich wieder.

Als Ronald Reagan zum US-Präsidenten gewählt wurde und Paul Volcker Chef der amerikanischen Notenbank war, läuteten beide eine Zeit niedriger Inflation und stabilen Wachstums in den USA ein. Volcker vertrat eine wertstabile Geldpolitik und reduzierte die Geldmenge, die Zinsen erhöhte er 1981 auf 20 Prozent. Während die Inflation von gut zwölf Prozent im Jahr 1980 auf gut ein Prozent im Jahr 1985 zurückging, halbierte sich der Goldpreis fast auf 317,66 US-Dollar. Bis Anfang der 2000er-Jahre verharrte er dort größtenteils auf Werten zwischen 300 und 400 Dollar in einer Art Dornröschenschlaf. Gold war altmodisch, stattdessen ließen die niedrige Inflation der 1980er- und der Internetboom der 1990er-Jahre die Aktienmärkte in ungeahnte Höhen schießen.

Verstärkt wurde diese »Golddepression« durch die nationalen Notenbanken, in deren Tresoren der Großteil des Goldes schlummerte. Sie hatten Gold ursprünglich gemeinsam mit US-Dollars als Reserven im Bretton-Woods-System gehalten. Nachdem das System geplatzt war, mussten die Notenbanken ihr Geld nun nicht mehr mit Gold absichern, worauf sich manche entschlossen, Teile ihrer Reserven zu verkaufen. In den 1980ern und 1990ern warfen sie insgesamt 6000 Tonnen auf den Markt. Unter der Ägide des britischen Schatzmeisters und späteren Premiers Gordon Brown verkaufte beispielsweise die Bank of England 1999 allein 400 Tonnen, für die es gerade einmal einen Durchschnittspreis von 270 Dollar pro Unze erzielte. Im Nachhinein kein sehr kluges Geschäft. Devisenhändler witzeln daher, der »Brown-Kontraindikator« wäre zuverlässiger als jede Chartanalyse. Doch 1999 stand Brown nicht allein, Goldverkäufe waren en vogue. Deshalb erlegten sich noch im gleichen Jahr 15 der wichtigsten Notenbanken die Selbstbeschränkung auf, pro Jahr nicht mehr als 400 Tonnen Gold zu Geld zu machen, um die Preise nicht noch weiter zu verderben.

Nur ein gutes Jahrzehnt später hat sich diese Lage drastisch verändert. Statt so teuer wie möglich Gold abzustoßen, kaufen die Notenbanken jetzt wieder. Wie alle anderen haben sie erkannt, dass Dollar und Euro schwächeln. Allein die Chinesen erwarben in der ersten Jahreshälfte 2012 383 Tonnen. Nach offiziellen Angaben verfügen sie mit gut 1000 Tonnen über den sechstgrößten Goldschatz der Welt, Experten schätzen das wahre Goldvermögen der Chinesen sogar schon auf das Doppelte.

Inzwischen stellen nicht mehr nur Goldfans die Frage, ob die Renaissance nicht doch zu einem neuen Goldstandard führen könnte. Vor 100 Jahren hatte das schließlich auch wunderbar funktioniert. Ein Goldstandard würde das Problem mit der Inflation durch das begrenzte Goldangebot sehr einfach und vor allem schnell lösen können. Die Geldmenge könnte nur noch proportional zur Goldmenge erweitert werden, ohne das Vertrauen in die Währung zu untergraben.

Der größte Vorteil ist gleichzeitig der größte Nachteil. Genau hierin liegt, wie bereits angedeutet, das entscheidende Argument, gegen einen neuen Goldstandard: die mangelnde Flexibilität. Der Spielraum der Notenbanken wäre beschränkt, sie würden dann nur noch Gold an- und verkaufen sowie die entsprechend gedeckte Menge an Dollars, Euros oder Franken ausgeben. Geldpolitik im eigentlichen Sinne könnten sie nicht mehr betreiben. Niemand entmachtet sich freiwillig selbst, und so ist es wenig verwunderlich, dass Notenbanker wie Fed-Chef Ben Bernanke zu den schärfsten Opponenten eines neuen Goldstandards zählen.

Unterstützung erhalten die Notenbanker mit dieser Haltung von der Politik. Sie hat am wenigsten ein Interesse daran, die bestehende Vermögensverteilung in Gold gießen zu lassen, schließlich stehen die Staaten bereits mit sagenhaften 50 Billionen Dollar in der Kreide. So hoch schätzten Volkswirte die Verschuldung der Industrienationen zuletzt für 2011. Schulden, die man mit einer auf Gold basierten Währung nicht los wird. Die durch eine inflationäre Papierwährung hingegen auch ohne eine harte Sparpolitik langsam aufgefressen werden. Und »eher legt sich ein Hund einen Wurstvorrat an als eine demokratische Regierung eine Budgetreserve«, wie es der österreichische Ökonom Joseph Alois Schumpeter einst formulierte.

Die politischen Widerstände zur erneuten Einführung eines Goldstandards scheinen unüberwindbar. Zu stark wäre der Kontrollverlust für Notenbanker und Politiker. Zudem würden die Amerikaner, die Amtsinhaber auf dem Währungsthron, alles daransetzen, goldene Zeiten zu verhindern. Die USA genießen lieber weiterhin ihr Privileg, sich mit Dollars überall auf der Welt Waren kaufen zu können, als plötzlich wieder mit hartem Gold bezahlen zu müssen. Ähnlich denken die Europäer, die noch hoffen, dass sich der Euro eine ähnlich wichtige Stellung wie der Dollar erkämpfen kann. Und die Chinesen sind momentan genug damit beschäftigt, ihre eigene Währung ins Spiel zu bringen.

Sonderziehungsrechte – Das Geld des IWF

Notenbanken sind in erster Linie ihrem eigenen Währungsgebiet verpflichtet und orientieren sich an dessen Interessen. Die Nachteile, die entstehen, wenn eine nationale Währung als Leitwährung verwendet wird, sind schon seit den Bretton-Woods-Verhandlungen bekannt. Damals hatte der britische Verhandlungsführer Lord Keynes eine internationale Verrechnungseinheit namens »Bancor« vorgestellt, die statt von einer nationalen Notenbank von einer supranationalen Organisation ausgegeben und überwacht werden sollte. Diese hätte zu einem festen Wechselkurs in andere Währungen umgetauscht werden können. Der Bancor hätte das bereits in Kapitel drei beschriebene sogenannte Triffin-Dilemma gelöst. Der Ökonom Robert Triffin hatte darauf hingewiesen, dass die USA sich immer stärker verschulden würden, weil sie das Ausland mit Dollarreserven in Form von amerikanischen Staatsanleihen versorgen mussten. Die Schulden wurden schließlich so hoch, dass der Wert des Dollar in Gold gerechnet zusammenbrach.

Insofern wäre es ein großer Fortschritt gewesen, eine übernationale Organisation damit zu beauftragen, eine unabhängige Weltwährung aufzubauen. Die Idee war ebenso alt wie schwierig durchzusetzen. Im Vorfeld des Bretton-Woods-Treffens hatten die englischen Ökonomen John Maynard Keynes und Ernst Friedrich Schumacher sich die Währung Bancor ausgedacht. Gesteuert werden sollte die Währung von der neu zu schaffenden International Clearing Union (ICU). Mit dem Bancor wäre das Bretton-Woods-System in den 1970er-Jahren nicht gescheitert. Die Kunstwährung hätte unbegrenzt gedruckt werden können und als Handels- und Reservewährung gedient. Eine Nation hätte nicht mehr unter dem Druck gestanden, die ganze Welt mit Staatsanleihen zu überschütten, um den Durst nach Währungsreserven stillen zu können. Doch Keynes war als Brite in einer schwachen Verhandlungsposition gegenüber den Amerikanern, der Dollar setzte sich als Ankerwährung durch.

1969 etablierte der IWF allerdings so etwas wie den »Bancor light«. Er führte die sogenannten »Sonderziehungsrechte« (SZR) ein. Diese sind so etwas wie internationales Geld, sie stehen in den Konten der Notenbanken als Reserven und können zum Beispiel bei der Fed gegen Dollars oder bei der EZB gegen Euros eingetauscht werden. Umgetauscht wird entweder freiwillig oder auf Anweisung des IWF. Der SZR-Wechselkurs ist nicht frei, sondern leitet sich aus einem Währungskorb aus US-Dollar, Euro, japanischem Yen und britischem Pfund ab. Die Zusammensetzung dieses Korbes wird alle fünf Jahre vom IWF neu festgesetzt. Infrage kommen nur Währungen, die weltweit eine wichtige Rolle als Reserve- oder Handelswährung spielen. Peking hat mit seinem Yuan zuletzt angestrebt, zum 1. Januar 2011 in das System aufgenommen zu werden. Dieses Mal wurden sie noch abgelehnt, aber bis zur nächsten Wahl 2016 könnte der Yuan bereits alle Voraussetzungen erfüllen.

Die ihnen zugedachte Aufgabe haben die Sonderziehungsrechte aber eigentlich längst verloren. Sie sollten ursprünglich dazu dienen, das Bretton-Woods-System fester Wechselkurse aufrechtzuerhalten. Hatte ein Land keine Dollars mehr, konnte es seine SZR gegen neue Dollars eintauschen. Dem Empfänger mussten Zinsen gezahlt werden.

Kurz nachdem der SZR eingeführt worden war, brach das Bretton-Woods-System allerdings zusammen. Trotzdem wurden nach der Erstausgabe, die zwischen 1970 und 1972 stattfand, auch zwischen 1979 und 1981 sowie zwischen 2009 und 2011 Sonderziehungsrechte ausgegeben. Grund war die jeweilige Schwäche des Dollar, angesichts der die Mitgliedsländer sich in den entsprechenden Fällen auch nach anderen Reserven sehnten. Die zugeteilte Menge richtete sich dabei stets nach dem Gewicht der einzelnen Länder im IWF.

Nichtsdestotrotz sind SZR heutzutage in den Notenbankbilanzen nur Lückenfüller. Im Frühjahr 2011 machten sie weniger als vier Prozent der weltweiten Währungsreserven aus. Letztlich haben sich die eigensinnigen nationalen Notenbanken durchgesetzt. Sie bestimmen lieber selbst über ihren Dollar oder Euro, als sich über Sonderziehungsrechte in ihr Geschäft reden zu lassen. Denn Sonderziehungsrechte sind kein echtes Geld, mit ihnen lässt sich nichts direkt kaufen, sie müssen zuerst in Landeswährungen umgetauscht werden. Da ist es natürlich viel praktischer, die entsprechenden Landeswährungen direkt als Reserve zu halten. Zudem gibt es keine Märkte, auf denen SZR gehandelt werden, sodass man sie immer nur in Abstimmung mit den beteiligten Notenbanken oder dem IWF umtauschen kann. Vielen nationalen Notenbankern ist das zu umständlich. Reservedollars oder -euros hingegen können jederzeit verwendet und sogar in zinsbringenden Staatsanleihen angelegt werden.

Die Sonderziehungsrechte liegen denn auch seit Jahrzehnten im Dornröschenschlaf. 2008 zeigte sich, dass das nicht so bleiben muss. Es sind günstige machttaktische Konstellationen denkbar, bei denen ein Land mit einer neuen aufsteigenden Währung die SZR fordert, um die Etablierten zu schwächen. Während der Finanzmarktkrise sorgten die Chinesen für Schlagzeilen, als sie auf einmal das Ende des dollarbasierten Währungssystems und stattdessen eine größere Rolle der SZR forderten. Der damalige Gouverneur der Chinesischen Volksbank Zhou Xiaochuan forderte, dass der IWF anstreben sollte, die SZR zur internationalen Reservewährung auszubauen.

Die Welt war beeindruckt, Russland und Frankreich schlossen sich dem Anliegen an, auch sie haben ein Interesse an einem schwachen US-Dollar. Selbst die Deutschen trauten sich den Affront gegen die USA. Und natürlich nahm der IWF die Idee begeistert auf, wären doch seine Topmanager dadurch global viel mächtiger geworden. In einer Studie mit dem Titel »Die internationale monetäre Stabilität verbessern – eine Aufgabe für die Sonderziehungsrechte?« beschreibt der IWF, wie ein Markt für SZR-Anleihen künstlich geschaffen werden könnte. Eine Grundvoraussetzung, wenn die SZR tatsächlich eine Weltwährung werden sollten.

Der IWF-Bericht sieht vor, dass Institutionen wie die Weltbank und regionale Entwicklungsbanken Anleihen in SZR ausgeben, die von Staatsfonds oder auch international agierenden Konzernen gehalten werden könnten. Dabei nimmt der IWF kein Blatt vor den Mund, wenn er darauf hinweist, dass »diese Wertpapiere den Embryo einer Weltwährung« formen würden. Der IWF könnte sich so Schritt für Schritt zur Notenbank der Welt entwickeln, und der alte Vorschlag von Keynes würde doch noch Wirklichkeit werden.

Eine Weltwährung SZR wäre zwar keinesfalls perfekt. Ihr Wert würde sich immer noch aus den Werten anderer Währungen ableiten. Sollte die Notenbank einer der im Korb vertretenen Währungen die Inflation anfachen, würde das auch die SZR treffen. Entweder gäbe es dann einen Inflationswettlauf aller Währungskorbmitglieder. Oder die anderen würden versuchen, den Ausreißer zu disziplinieren. Das hängt vor allem davon ab, wie einflussreich das IWF-Management ist. Nichtsdestotrotz hätten SZR eine gute Chance, die Auflagen einer Weltwährung nach Wertstabilität und einem entwickelten Anleihemarkt irgendwann zu erfüllen. Und statt nur einer starken Volkswirtschaft hätten sie die gesamte Weltwirtschaft im Rücken, denn mit SZR könnte man per Gesetz überall auf der Welt Handelswaren einkaufen. Eine Schuldenkrise wie jetzt bei Euro und Dollar könnte gar nicht erst entstehen.

Allerdings lässt sich noch nicht absehen, ob die Chinesen ihren Vorstoß weiterverfolgen oder sich inzwischen darauf verständigt haben, sich doch noch auf ihre eigene Währung zu konzentrieren. Womöglich fahren sie sogar zweigleisig. Wenn der US-Dollar weiter an Einfluss verliert, könnte es allerdings durchaus sein, dass sich eines Tages sogar die Amerikaner für die SZR einsetzen. Sollte dieser Tag kommen, müsste noch eine weitere günstige historische Konstellation gegeben sein: Der Yuan müsste nach wie vor so schwach sein, dass die Chinesen ein zumindest vorübergehendes Interesse an den SZR hätten. Entwickelt der Yuan sich schon zu vielversprechend, wird es aus Peking tönen: Warum brauchen wir eine Weltwährung SZR oder »Bancor« oder wie auch immer die Kunstwährung heißen mag? Wir haben doch schon eine neue Weltwährung: den Yuan.

Chinas Chance – Vom Wirtschaftsboom zur Weltwährung

Gold hat keine Lobby und große Nachteile, die Unterstützung für die Sonderziehungsrechte hängt zu sehr von günstigen, aber unwahrscheinlichen Machtkonstellationen sowie der Stärke des IWF ab – die Chance für eine Weltwährung Yuan ist womöglich doch größer, als man dies auf den ersten Blick vermuten würde. Das Reich der Mitte erfüllt mehr und mehr die Voraussetzungen, um mit dem Yuan einen Kandidaten ins Rennen zu schicken, der es mit dem Dollar aufnehmen kann.

Wirtschaftlich gesehen holt China schon lange auf, seit 2010 ist es das Land mit dem zweitgrößten BIP der Welt, vor dem ewigen Rivalen Japan und vor Deutschland, der größten Volkswirtschaft Europas. 2012 betrug das BIP der USA nach Schätzungen des IWF mit 15,65 Billionen US-Dollar noch knapp doppelt so viel wie das Chinas mit 8,25 Billionen. Bei Wachstumsraten zwischen sieben und zehn Prozent können die Chinesen die USA innerhalb der nächsten zehn Jahre aber leicht überholen.

Die BIP-Meldungen der Chinesen wirken auf viele unheimlich und irgendwie unglaublich. Letztlich ist es aber wenig überraschend, dass ein gut organisiertes Land mit mehr als viermal so vielen Einwohnern die USA früher oder später als größte Volkswirtschaft der Welt ablöst. Selbst dann ist noch viel Entwicklungsspielraum: Ein Durchschnittschinese würde noch immer nur ein Viertel dessen verdienen, was ein Amerikaner bekommt. So betrachtet scheint der Aufstieg Chinas zur Weltwirtschaftsmacht schon weniger erstaunlich. Es gibt keinen Grund, warum sich Lebensverhältnisse in einer globalisierten Welt nicht langsam angleichen sollten.

Doch wie die Geschichte von Pfund und Dollar gezeigt hat, ist nicht nur die wirtschaftliche Größe eines Landes entscheidend für den Status als Weltwährung. Die USA waren lange vor dem Aufstieg des Dollar die größte Wirtschaftsmacht. Mit der Weltwirtschaft waren sie noch nicht sehr verflochten – ein wichtiges Kriterium für den Erfolg einer Weltwährung. Darin waren die Briten den Amerikanern bis zum Ersten Weltkrieg um einiges voraus. Heute haben die USA diese Stellung bereits fast an China verloren. Im Export sind die Chinesen schon vorne, mit Gütern im Wert von 1,9 Billionen US-Dollar waren sie im Jahr 2011 zum dritten Mal in Folge Exportweltmeister. Bei den Importen holt China auf, 2011 importierten sie mit Gütern im Wert von 1,74 Billionen US-Dollar nur 530 Milliarden weniger als die USA. 2011 lag das Handelsvolumen der USA noch knapp über dem Chinas, doch spätestens 2013 wird das Reich der Mitte aller Voraussicht nach den Sprung zur größten Handelsnation der Welt geschafft haben.

Die Voraussetzung dafür, dass China die USA demnächst auch in der Gesamtgröße seiner Volkswirtschaft überholen kann, ist natürlich, dass das Land seine hohen Wachstumsraten beibehält.

Die Ausgangsposition dafür ist eigentlich gut, die Erfahrung zeigt, dass Länder, die sich in einem wirtschaftlichen Aufholprozess befinden, so lange schnell wachsen können, bis sie die sogenannte Technologiegrenze erreicht haben. Mit anderen Worten, China könnte theoretisch so lange schneller als die USA wachsen, bis es technologisch mehr oder weniger mit Amerika gleichauf ist. Wenn China das ökologisch aushält und nicht zuvor etwa das Wasser ausgeht. Bei den Japanern, einem 120-Millionen-Volk, ging die Rechnung auf. Doch bereits Ende der 1980er-Jahre, als fast jeder fast alles hatte, flaute das Wachstum ab. Je weiter ein Land industrialisiert ist, desto weniger kann es sich auf Know-how-Transfer stützen, desto mehr muss es Wachstum durch eigene Innovationen schaffen.

Wie weit ein Land von der Technologiegrenze entfernt ist, lässt sich an der Produktivität seiner Bürger ablesen, die sich wiederum in Einkommen und BIP pro Kopf widerspiegelt. Vereinfacht gesagt kann man an den immer noch extrem niedrigen Löhnen in China ablesen, wie viel Wachstum und Entwicklungsspielraum es gibt. Außerdem besitzt das Land einen großen Vorteil gegenüber Japan, aber auch Südkorea und selbst gegenüber den USA: Es hat einen riesigen Binnenmarkt, der für die Ausländer interessant ist. Damit können die Chinesen lokale Marktanteile gegen internationale Technologie tauschen.

Doch Technologietransfer ist nicht alles. Vielmehr sind es eine kluge Politik und eine günstige Lage der Weltwirtschaft, die über Aufstieg und Niedergang von Volkswirtschaften entscheiden. Gerade in diesen Bereichen zogen in den vergangenen Jahren dunkle Wolken für das exportgestützte, chinesische Entwicklungswunder auf. Durch die Krisen im Westen brechen den Reformkommunisten die entscheidenden Märkte weg, die ihren wirtschaftlichen Aufstieg genauso befeuert haben wie zuvor den Japans und den der asiatischen Tiger. Wie sollen die Chinesen mehr produzieren, wenn der Westen weniger kauft? Und zudem auf einmal billigere Konkurrenten aus der Nachbarschaft auf den Plan treten wie Vietnam und Bangladesch, auch wenn sie, weil sie so klein sind, nur partiell Konkurrenz machen können.

Die Antwort auf dieses Dilemma ist so einfach wie radikal und wird sowohl von der chinesischen Führung als auch von Ökonomen weltweit vertreten: China muss mehr auf den Binnenkonsum setzen und damit seine Exportabhängigkeit verringern. Wenn der Westen die chinesischen Produkte nicht mehr kaufen will, dann müssen die Chinesen sie eben selbst kaufen. Was leichter gesagt ist als getan.

Die notorischen Sparer müssten erst lernen, mehr Geld auszugeben und weniger auf die Bank zu bringen.

Zudem braucht das Land dazu ein Sozialsystem. Die USA, die jahrzehntelang hohe Konsumraten mit einem gering ausgeprägten Sozialsystem hatten, sind eher die Ausnahme. In China wird es mindestens eine, wenn nicht zwei Generationen dauern, bis sich die Menschen daran gewöhnt haben, weniger Geld zurückzulegen, weil der Staat ihnen unter die Arme greift, wenn sie krank und alt sind. Die chinesische Politik muss zugleich aufpassen, dass sie mit ihren Reformen nicht zu weit geht. Ein ausufernder Sozialstaat wäre auch in China ein sicheres Rezept für hohe Staatsverschuldung und schrumpfendes Wachstum. Zugegeben, eine Gefahr, die momentan noch weit entfernt ist, und Europa dient auch den Chinesen als Negativbeispiel, dass man es mit dem Sozialstaat nicht zu weit treiben darf.

Eine andere Frage in diesem Zusammenhang ist ebenfalls schwierig zu beantworten. Konsumieren die chinesischen Bürger, anstatt zu sparen, steht zunächst einmal weniger Kapital für Investitionen zur Verfügung, denn die Banken bekommen weniger Spareinlagen. Gleichzeitig jedoch können die Unternehmen mehr absetzen und verdienen. Doch: In welchem Verhältnis stehen diese beiden Bewegungen zueinander? Wenn die Menschen mehr konsumieren, haben sie weniger Erspartes oder sogar Schulden – und die Banken weniger Geld, um es an die Betriebe zu verleihen. Wird dies durch die Einnahmen des höheren Konsums wieder ausgeglichen, oder kommt es zu einer Kreditklemme? Es könnte auch sein, dass die bisher stark unterstützten Staatsunternehmen kaum etwas von den Konsumeinnahmen abbekommen. Ein Teil der Staatsunternehmen geriete schnell in finanzielle Probleme, wenn der Zustrom billiger Kredite versiegen sollte. Soziale Unruhen wären nicht ausgeschlossen. Die Unsicherheit, welches der richtige Weg sein könnte, ist also hoch: Solche Entwicklungsrichtungen sind hochkomplex und schwierig vorauszusehen. Und in dem Maßstab Chinas hat das weltweit noch niemand probiert.

Um ein relativ hohes Investitionsniveau aufrechtzuerhalten, hat die chinesische Regierung mehrere Möglichkeiten. Sie kann wie gesagt den Konsum ankurbeln, was den Nachteil hat, dass sich nicht sicher abschätzen lässt, ob die Rechnung aufgeht. Sie kann die Investitionen ins Ausland runterfahren, was denn Nachteil hat, dass sie dann wichtige internationale Märkte den anderen überlässt und weitere Wachstumschancen verpasst. Und sie kann versuchen, mehr ausländisches Kapital nach China zu locken, was den Nachteil hat, dass das Land von diesem Kapital abhängig werden kann. So wie die USA derzeit von China.

Momentan wird ein erheblicher Teil des chinesischen BIPs im Ausland investiert. Verantwortlich dafür ist in erster Linie die chinesische Währungspolitik. China hat inzwischen große Bestände an US-Dollars angesammelt, mehr als sie braucht, um ihre dollargebundene Währung zu stützen. Bestände, die es jetzt nutzt, um Öl- und Gasverträge abzuschließen oder sich an westlichen Unternehmen zu beteiligen. Der Großteil lagert allerdings in amerikanischen Staatsanleihen und finanziert damit die Schulden der USA. Wäre der Wechselkurs des Yuan frei, würde er aufwerten und die Schuldenspirale beenden.

Es kämen dann nicht mehr so viele Dollars in die Kassen. Um mehr ausländisches Kapital ins Land zu holen, müsste China seinen Finanzmarkt öffnen. Denn für Finanzinvestitionen in Aktien, Anleihen oder andere Instrumente ist, wie wir gesehen haben, der chinesische Markt noch weitgehend abgeschottet.

Um das Risiko zu minimieren, fährt die Regierung mehrgleisig. Auf der einen Seite lässt sie den Yuankurs mehr schwanken und langsam gegenüber dem US-Dollar aufwerten. Völlig freigeben will Peking den Wechselkurs nicht. Zu groß ist die Angst, die Kontrolle zu verlieren; zu groß ist die Gefahr, dass der Kurs zu schnell steigt, dass die Produkte auf dem Weltmarkt sprunghaft teurer würden und die ohnehin schon darbende Exportwirtschaft weiter abrutschen würde. Auf der anderen Seite versucht China, ausländisches Kapital durch internationale Börsengänge sowie den Aufbau eines Anleihemarktes in Hongkong einzusammeln und gleichzeitig vorsichtig und stetig den Binnenkonsum anzukurbeln.

Ein moderner Finanzmarkt für Wirtschaftsaufschwung und Währungsambitionen

Die Mehrfachstrategie ist schwierig auszubalancieren, aber sehr sinnvoll. Zur Erinnerung: Eine Weltwährung muss zwei Grundvoraussetzungen erfüllen, sie muss erstens frei handelbar sein, damit Ausländer leicht in ihren Besitz kommen können und sie auch beim Handel mit Drittstaaten verwenden. Und sie muss zweitens einen starken, lebendigen Finanzmarkt im Rücken haben, mit attraktiven Zinsen und Produkten, die auch für Ausländer interessant sind.

Bis dahin ist es noch ein weiter Weg, und es wird eine der größten Herausforderungen der neuen Regierung um Premier Li Keqiang. Erste Schritte sind getan: Zum einen sind da die vielen neuen Gesetze und Sonderregelungen, die den Yuan immer mehr zur Handelswährung machen. Regeln, die es etwa deutschen Maschinenbauern, die einen Produktionsroboter nach China verkaufen, erlauben, sich direkt in Yuan bezahlen zu lassen.

Natürlich könnte der Maschinenbauer das Geld gleich wieder in China ausgeben, um dafür, sagen wir mal, Kabel und Schrauben zu kaufen, die er zum Bau der Maschine braucht. Er könnte das Geld aber auch erst mal »lagern«. In Zeiten fallender Eurokurse und eines steigenden Yuan eine sinnvolle Geldanlage. Nicht nur Staaten, sondern auch Unternehmen und Privatpersonen halten dann Yuan als Reservewährung. Noch sinnvoller wäre diese Anlage, wenn es dafür auch noch Zinsen gäbe. Und zwar international wettbewerbsfähige. Doch Ausländer dürfen bisher erst sehr eingeschränkt in chinesische Wertpapiere und Finanzprodukte investieren und dann auch nur in Hongkong. Dort werden auch ausländische Notenbanken mit chinesischen Yuananleihen versorgt, wenn auch wieder nur in kleinen, vorsichtigen Dosen.

Die Internationalisierung des Yuan läuft stetig, aber vorsichtig und Schritt für Schritt. Die Regierung steht hier vor einem weiteren Dilemma, von dem noch nicht abzusehen ist, wie es sich lösen lässt. Einerseits haben Euro- und Immobilienkrise in den USA gezeigt, dass die Internationalisierung des Yuan beschleunigt werden muss. Andererseits zeigt der Westen, wohin maßlose Deregulierung der Finanzmärkte führen kann. Zu welcher Seite die chinesische Führung eher tendiert, ist eine politische Frage, über die sich die neue Führung dringend einigen muss.

Eines zeichnet sich ab: Der große Wurf, nämlich die Öffnung und Modernisierung der Finanzmärkte in China selbst, die bis jetzt durch zahlreiche Schranken vom Finanzplatz Hongkong und der übrigen Außenwelt abgeschirmt sind, wird wohl zunächst ausbleiben. Auch wenn eine solche Reform sowohl das Investitionsniveau in China erhöhen als auch die Attraktivität des Yuan im Ausland stärken würde – wahrscheinlicher ist trotzdem, dass China weiterhin eine Politik der kleinen Schritte fährt. Zu frisch sind die Erinnerungen an die Asienkrise, in der freie Finanzmärkte bei festen Wechselkursen die Wirtschaft in den Tigerstaaten schlagartig einbrechen ließen. Zudem ist der Ständige Ausschuss des Politbüros machtpolitisch so austariert, dass Befreiungsschläge sehr unwahrscheinlich sind.

Wie ein Szenario der kleinen Schritte in Zukunft aussehen wird, darüber lassen sich nur Vermutungen, wenn auch gut begründete, anstellen. Nehmen wir an, China würde tatsächlich mehr ausländisches Finanzkapital anlocken wollen und dazu die Kapitalverkehrskontrollen, die noch immer den Zu- und Abfluss von Finanzkapital stark einschränken, allmählich abbauen. Damit die Kontrollen abgebaut werden können, müsste den Banken zunächst erlaubt werden, Zinsen selbst festzusetzen. Derzeit hält der Staat die Zinsen künstlich niedrig. Aktien- und Immobilienmarkt bieten zwar höhere Renditen, sind aber spekulativer. Wenn der Staat den chinesischen Sparern zuerst erlauben würde, ihr Geld auch ins Ausland zu bringen, würden viele die Chance angesichts der niedrigen Zinsen zu Hause nutzen. Es käme zu einer Kapitalflucht. Schlimmstenfalls würde mehr Geld das Land verlassen als aus dem Ausland nach China fließt. Daran kann die chinesische Regierung kein Interesse haben. Also muss die Devise lauten: Erst modernisieren, dann öffnen. Erst wenn die chinesischen Banken so wendig sind wie die westlichen, kann man sie der westlichen Konkurrenz aussetzen. Das Dilemma: Erst wenn sie die Konkurrenz spüren, ist der Druck hoch genug, sich zu reformieren. Nur auf Befehl des Staates funktioniert das nicht.

So oder so muss China einen attraktiven Anleihemarkt aufbauen. Bis jetzt werden die Zinsen auf Staatsanleihen von der Regierung künstlich niedrig gehalten, damit sich der Staat günstig refinanzieren kann. Über 80 Prozent der niedrig verzinsten Staatsanleihen werden von Banken gehalten, die sie aus politischen Gründen kaufen müssen. Sie halten die Anleihen bis zum Laufzeitende und verkaufen sie nicht weiter, weil die Käufer auf dem freien Markt keine so geringe Verzinsung akzeptieren und dementsprechend weniger zahlen würden als den staatlich gesetzten Kaufpreis, den die Bank ursprünglich bezahlt hat. Damit würden die Institute zwangsläufig Verluste machen. Ein Markt kann sich so nicht entwickeln, chinesische Staatsanleihen sind im Grunde so unverkäuflich wie altes Brot.

Wären die Zinsen frei, würde der Markt das Problem lösen und China international wettbewerbsfähiger machen. Denn Staatsanleihen spielen in modernen Finanzsystemen eine wichtige Rolle. Sie geben die Marschrichtung an: Weil sie als ausfallsicher gelten, bildet ihre Zinsen eine Untergrenze. Wenn jetzt Unternehmen Anleihen ausgeben, verlangen die Käufer dieser Anleihen diesen Mindestzinssatz plus Risikoaufschlag. Staatsanleihen spielen auch für die Internationalisierung des Yuan eine extrem wichtige Rolle, sie sind die wichtigste Form der Devisenreserven. Doch ein Anleihenmarkt funktioniert nur, wenn er so groß ist, dass einzelne Käufe und Verkäufe ihn nicht nennenswert bewegen können. Erst wenn der Markt für chinesische Staatsanleihen annähernd die Größe des Anleihemarktes für US-Staatspapiere, dem größten Finanzmarkt der Welt, erreicht hat, wird der Yuan über dem Dollar thronen.

Soll der Yuan abheben, bleibt China auch eine Reform des Aktienmarktes nicht erspart. In den Industrieländern belohnen Aktienmärkte gute Unternehmen mit einem steigenden Aktienkurs und entsprechend mit einem steigenden Unternehmenswert. Schlecht aufgestellten Firmen widerfährt genau das Gegenteil, sie werden immer billiger, bis sie sich für effizientere Konkurrenten zum günstigen Kauf anbieten. In China nicht. In China geben die staatlichen Großkonzerne nur einen kleinen Teil ihres Besitzes an die Börse, die Mehrheit wird von staatlichen Einrichtungen und anderen Staatsunternehmen gehalten. Damit sind sie dem Spiel der Märkte nicht wirklich ausgesetzt. Böse Überraschungen mögen damit ausbleiben – aber eben auch gute. Für ausländische Investoren ist ein Aktienhandel unter diesen Bedingungen nicht interessant.

Effizientes Kapital – Der Abschied vom Sozialismus

Drei Maßnahmen sind es, die im Zentrum der skizzierten Reformen stehen: Die Zinsen für Kredite sollten schrittweise freigegeben werden, die Zinsen für Staats- und Unternehmensanleihen ebenfalls, und der Aktienmarkt sollte marktorientierter werden. Das wäre selbst für China eine Reform von historischer Dimension.

Chinas Wirtschaft würde zu ihrem zweiten Steigflug abheben. Und damit an den Reformschub anknüpfen, den Premierminister Zhu Rongji mit moderner Geldpolitik und der Mitgliedschaft Chinas in der WTO erreicht hat. Der Fokus würde sich wie schon bei vorangegangenen Reformen weiter von der Staats- auf die Privatwirtschaft verschieben. Kleine und mittelständische Unternehmen hätten besseren Zugang zu Kapital, sowohl über Bankkredite als auch über die Börse. Es wäre nunmehr möglich, dass ein kleines Unternehmen an der Börse ganz groß wird alleine dadurch, weil Anleger Vertrauen in das Geschäftsmodell haben.

Das Zinsgeschäft würde sich damit dramatisch wandeln. Banken und andere Finanzdienstleister bevorzugen Kredite an diejenigen, die die höchsten Zinsen zahlen und die meisten Sicherheiten als Schutz vor einem Ausfall bieten. Es würde mehr Geld an Privatunternehmen fließen, die gemeinhin profitabler sind als die Staatskonzerne.

Aber das ist schon sehr weit vorausgeschaut. In der Praxis ist das Thema Staatskonzerne ein ganz eigenes, denn im Grunde sind sie nichts anderes als die chinesische Variante einer Sozialversicherung: Sie sichern Arbeitsplätze, egal ob mit oder ohne Arbeit. Das ist für manche Politiker wichtiger als die Frage, ob sie Geld verdienen. Ihre Manager wechseln denn auch häufig in die Politik und umgekehrt, bei Unternehmensentscheidungen hat meist der Betriebsparteisekretär das letzte Wort. Dementsprechend werden Staatsunternehmen sowohl durch politische als auch durch betriebswirtschaftliche Überlegungen beeinflusst, wodurch Zielkonflikte entstehen.

Da einige bereits reformiert wurden, gibt es inzwischen ganz unterschiedliche Formen von Staatsbetrieben. Manche sind staatlich, werden aber geführt wie Privatunternehmen. Der Parteisekretär ist nur ein Frühstücksdirektor, der Manager handelt fast allein. Dann gibt es Doppelspitzen von Parteisekretär und Manager. Und schließlich gibt es den guten, alten Staatsbetrieb, in dem der Parteisekretär entscheidet, etwa weil der Betrieb längst hätte zugemacht werden müssen, die Politik sich aber anders entschieden hat.

Die Gefahr, durch freie Zinsen die Kontrolle über die Unternehmen und damit womöglich über die soziale Stabilität zu verlieren, ist mithin nicht so groß, wie konservative Politiker befürchten. Es ist durchaus möglich, eine Bank zu schaffen, die Staatsbetrieben weiter Kredit, sprich Subventionen gibt, wie es auch in den Industriestaaten üblich ist. Die Deutsche Bahn ist so ein Beispiel für ein Staatsunternehmen, das trotz einer marktwirtschaftlichen Kreditwirtschaft weiter mit Milliarden jährlich vom Staat unterstützt wird. Zudem haben große Staatsunternehmen auch Vorteile aus der Sicht einer marktwirtschaftlichen Bankenindustrie: Sie verfügen aufgrund ihrer Größe und ihres Beziehungsgeflechts über attraktive Sicherheiten. Eine Bank gibt gerne einem staatlichen Großbetrieb Kredit, der im Zweifelsfall vom Staat gerettet wird oder zumindest bei einer Krise einen Teil seines Vermögens verpfänden kann.

Der Zugang mag einfach sein, die Kreditkosten für Staatsunternehmen werden jedoch steigen, wenn der Staat sie nicht stützt. Manche werden sicher pleitegehen. Eine Möglichkeit, eine Pleitewelle zu verhindern, ist, die Staatsunternehmen an der Börse zu listen. So könnten selbst halbmarode Staatsunternehmen, wenn sie denn über ein vielversprechendes Geschäftsmodell verfügen, Geld von privaten, bei offenen Finanzmärkten sogar von ausländischen Investoren anziehen. Im besten Fall bringt ein Großinvestor das nötige Know-how zur Modernisierung gleich mit.

Dies nur als kleiner Einblick in die Komplexität und die Verflochtenheit der Zusammenhänge, die der Versuch einer Internationalisierung und Öffnung des Yuan mit sich bringt. Große Chancen, aber auch große Risiken. Letztere liegen auf der Hand: Die Abhängigkeit vom Ausland nimmt zu. Und es ist bekannt, wie einige der ausländischen Investoren vorgehen. Sie könnten ihre Anteile plötzlich wieder verkaufen, sie wetten gegen ganze Branchen oder zerlegen die Unternehmen, um Filetstücke zu veräußern und den nutzlosen Rest dem Staat zu überlassen. Die vorsichtigeren unter den chinesischen Politikern liebäugeln denn auch mit Unternehmensanleihen. Ausländische Investoren könnten sie problemlos kaufen, würden aber nicht wie bei Aktien Besitz am Unternehmen erwerben. Die Manager oder der Staat kontrollieren das Unternehmen weiter.

Welchen Weg China auch einschlagen wird, eines steht schon jetzt fest: Der Aufstieg des Yuan zur Weltwährung wird dazu führen, dass Kapital in China künftig anders verteilt wird, und dass das Land sich noch schneller als in den vergangenen beiden Jahrzehnten in Richtung Privatwirtschaft entwickeln wird.

Finanzmarktreform – Ein attraktiver Weg für Chinas Politiker?

Diese kurze Übersicht über die Vor- und Nachteile einer Finanzmarktreform zeigt: Der Preis ist hoch, und doch ist sie womöglich in vorsichtigen kleinen Schritten der richtige Weg zur richtigen Zeit, um das hohe Wachstum aufrechtzuerhalten. Ein klarer Vorteil wäre, dass die Privatunternehmen einfacher und günstiger an Kredite für Investitionen kommen. Das Kapital wird effizienter eingesetzt, kann also mehr Wachstum generieren als derzeit. Gleichzeitig würden moderne Aktien- und Anleihemärkte mehr ausländisches Geld ins Land holen und den Entwicklungsspielraum erhöhen. Das fördert den Konsum. Unprofitable Unternehmen werden nicht länger durchgefüttert, sondern müssen sich sanieren, sonst kriegen sie kein Geld mehr. Über das Tempo kann man diskutieren, das Ziel aber müsste klar sein. Einige würden wieder auf die Beine kommen, weil sie sich an der Börse listen lassen.

Die Nachteile: Der Staat, der in den vergangenen drei Dekaden China sehr erfolgreich aufgebaut hat, verliert weiter Kontrolle. Ausländer, denen die eigenen Gewinne näher liegen als das Wohl des Landes, gewinnen an Einfluss und können nun ihr eigenes Spiel treiben, möglicherweise Hand in Hand mit ihren jeweiligen Regierungen. China wäre in jedem Fall den Schwankungen der Weltwirtschaft viel stärker ausgesetzt als heute. Einer Weltwirtschaft, die auch in der kommenden Dekade Kapriolen schlagen wird.

Risiken, die nicht unbeträchtlich sind, doch eines ist klar: Ohne weitere Reform kann der Yuan keine Weltwährung werden. Große Währungen brauchen große offene und internationale Volkswirtschaften. Das muss nicht bedeuten, dass die Chinesen keine Spielregeln für ihre Finanzmärkte entwickeln, die extreme Blasen und haltlose Spekulationen wie in den 2000er-Jahren in den USA verhindern.

Die Widerstände gegen eine weitere Öffnung dürften auch in der neuen chinesischen Führung unter Staats- und Parteichef Xi Jinping und Premier Li Keqiang stark sein. Das wohl gewichtigste Argument der Gegner: Gerade, weil China seine Finanzmärkte nicht liberalisiert habe, sei es so erfolgreich. Und: Die Privatisierungswelle erzeuge so viel

Arbeitslose, dass die soziale Stabilität des Landes und die Machtbasis der Partei gefährdet sein könnten. Zudem würden Wirtschaft und Wachstum höheren Schwankungen ausgesetzt, wenn die Partei ihre Kontrolle über die Kreditvergabe abgibt. Sogar über die Staatsfinanzierung würde die Partei in gewissem Maße die Kontrolle verlieren, wenn sich die Verzinsung von Staatsanleihen am Markt orientiert und nicht mehr künstlich niedrig gehalten wird.

All diejenigen, denen ein Kontrollverlust der Partei in solchem Ausmaß zu unheimlich erscheint, werden weitreichende Reformen behindern. Und das sind viele. Sie werden von den Parteisekretären der Staatsbetriebe unterstützt, die durch die Reformen unter Druck geraten und fürchten, ihre Machtbasis zu verlieren.

Auf der anderen Seite stehen die Reformer in der Parteiführung, die sich darüber bewusst sind, dass China nicht mehr nur über den Export wachsen kann, dass es noch gefährlicher für Chinas Wachstum ist, keine Reformen durchzuführen. Und wie schon in den vergangenen Dekaden ist Wachstum nur um den Preis geringerer Kontrolle zu haben. Zudem haben die Reformer einen weiteren Anreiz auf ihrer Seite: die Macht und das Prestige einer Weltwährung.

Der Yuan als Weltwährung

Noch ist offen, ob konservative oder reformorientierte Ansichten in den kommenden Jahren die chinesische Politik dominieren. Wahrscheinlich sind Kompromisse in kleinen, später größeren Ausmaßen. Denn eines sollte man nicht unterschätzen: China ist einem enormen internationalen Wettbewerbsdruck ausgesetzt, und die eigene Bevölkerung hat nicht endlos Geduld. Auch wenn sie ihre Politiker nicht wählen können – kontrollieren können sie

sie. Sie können ihrem Unmut nicht zuletzt in großen Demonstrationen Luft machen und damit das Land destabilisieren. Davor haben Chinas Führer Angst und deswegen handeln sie.

Zuerst dürften einfache Reformschritte umgesetzt werden. Der Yuan setzt sich als Handelswährung immer mehr durch, der Anleihenmarkt in Hongkong wird ausgebaut, und private Finanzinstitutionen nach dem Wenzhou-Modell werden weiter gefördert.

Sitzt die neue Regierung, die im Frühjahr 2013 die Führung für die kommenden zehn Jahre übernahm, erst fest im Sattel, und nimmt der Handlungsdruck aufgrund der Krisen im Westen weiter zu, wird sie gezwungen sein, auch tiefer gehende Reformen anzustoßen. Dann werden die Zinsen freier, was Staatsunternehmen zwingen würde, sich zu reformieren, und es wiederum ermöglichen würde, die Kontrollen des Geldtransfers zwischen China und der Welt zu lockern, damit mehr Ausländer in China investieren können.

In dem Zusammenhang dürfte auch der Yuan konvertibler werden, damit Ausländer die Währung halten und wiederum in China anlegen können. Das alles wird langsam und kontrolliert geschehen, um Spekulationsblasen zu vermeiden. Der Yuan wird flexibler, wenn auch immer in vorsichtigen Schritten und mit punktuellen Eingriffen der Notenbank, um zu starke Schwankungen zu vermeiden.

All diese Maßnahmen werden dazu beitragen, dass das Weltwährungssystem in den kommenden Jahren multipolarer wird. Der Yuan wird zunächst seinen größten Konkurrenten aus Asien, den japanischen Yen, als drittgrößte Handels- und Reservewährung der Welt ablösen. Wie schnell er dann den Euro einholen kann, hängt nicht nur von China ab, sondern auch davon, ob Europas Politiker bis dahin die Konstruktionsfehler des Euroraums beseitigen können. Im Idealfall geht die EU ihren Weg der Integration weiter und überlebt als gestärkte Institution die Eurokrise. Den Euro würde das stärken. Die politischen Widerstände sind jedoch hoch. Zu schwer wiegen nationalstaatliche Interessen und unterschiedliche Vorstellungen darüber, wie ein geeintes Europa aussehen würde. Hält Europas Uneinigkeit an, ist eines klar: Schneller, als wir glauben, wird der Yuan den Euro von Platz zwei der Weltwährungen vertreiben.

Nach dem Euro steht der chinesischen Währung nur noch der Dollar im Weg. Wird der Yuan es schaffen, die Jahrhundertherrschaft des Dollar zu beenden?

Selbst wenn Chinas Wirtschaft bald größer ist als die US-amerikanische – der Umbau des Finanzsystems und der Aufbau des entsprechenden Know-hows in der Finanzbranche brauchen Zeit. Außerdem hat es der Dollar geschafft, zur Konvention zu werden. Gelingt es Amerika, seine immensen Schulden einzudämmen und wieder auf einen stabilen Wachstumspfad zu gelangen, wird der Dollar seine Position noch einige Jahre länger halten können. Letztlich jedoch wird die Welt nicht ewig auf den Dollar setzen. Spätestens dann, wenn der Yuan die Währung der größten Volkswirtschaft ist, wird der Druck größer.

Hat der Yuan es schließlich zur Leitwährung geschafft, kommen die Chinesen in den Genuss all der Vorteile, die bis jetzt den Amerikanern zustanden. Stellen wir uns einmal die Yuanwelt vor, stellen wir uns vor, China regiere die Welt wie heute die USA: China könnte Waren und Dienstleistungen, aber auch Fabriken und Rohstoffe mit Papiergeld kaufen, deren Menge sie allein und kein anderer kontrolliert. Umtauschgebühren in andere Währungen werden für chinesische Händler nicht mehr nötig sein, sie hätten kein Wechselkursrisiko. Chinas Regierung würde sich auf dem internationalen Kapitalmarkt Geld zu sehr niedrigen Zinsen leihen können, da Anlagen in Yuan als relativ wertstabil und ausfallsicher gelten werden.

Politische und wirtschaftliche Schocks wie eine Bankenkrise, die schlagartig die Staatsschulden in die Höhe treiben, könnte China mit einer Leitwährung Yuan vergleichsweise leicht überwinden. Das Land würde zudem seine außenpolitische Machtposition stark ausbauen können, gäbe doch der Yuan China die Möglichkeit, anderen Ländern finanzielle Gefälligkeiten zu erweisen. Staaten in Zahlungsschwierigkeiten wären von Zeit zu Zeit auf eine Yuanspritze angewiesen, um ihre Auslandsschulden zu begleichen. Statt des IWF oder der Fed würde dann die Chinesische Volksbank einspringen. Hilfe, die natürlich ihren Preis hätte: Die Staaten würden sich für die unbürokratische Hilfe bedanken, indem sie China unterstützen, ihre internationalen politischen Ziele umzusetzen. Deutschland war noch lange nach dem Zweiten Weltkrieg ähnlich abhängig von den USA.

Doch die Macht einer Leitwährung ist auch verführerisch. China kann in Versuchung geraten, sich zu sehr zu verschulden und zu abhängig vom Ausland zu werden. Genau wie die USA unter Johnson und Nixon in den 1960er- und 1970er-Jahren sowie später unter Bush und Obama am Anfang des neuen Jahrtausends. Sie alle verschuldeten sich hoch im Ausland. Schulden, die sie dank Inflation nur zum Teil zurückzahlen müssen. Je nachdem wie präsent Dollar und Euro dann noch als Yuanalternativen sind, würde das Ausland selbst einem hoch verschuldeten China Geld zu niedrigen Zinsen leihen, ähnlich wie heute den hoch verschuldeten USA.

In der neuen Währungswelt würden die Chinesen nur das Angebot an Yuan kontrollieren, die Nachfrage würde zunehmend vom Ausland bestimmt. Dementsprechend wird der Kurs größeren Fluktuationen ausgesetzt sein. Die Arbeit der Chinesischen Volksbank wird komplexer werden, denn sie muss nicht nur die Geldnachfrage im eigenen Land, sondern auch die des Auslandes berücksichtigen, wenn sie Zinsen und Geldmenge steuert.

Die Herausforderungen an das Management sind das eine, politische Gefahren des Yuan in der Hand von Ausländern sind das andere – wenn auch weniger groß, als es von den Hardlinern gerne dargestellt wird. Sicher, die Besitzer hoher Yuanreserven könnten drohen, diese plötzlich auf den Markt zu werfen und so den Kurs des Yuan unter Druck zu setzen. Dem gleichen Risiko sind die USA momentan durch China ausgesetzt, das theoretisch seine Dollarreserven verkaufen und so einen Crash auslösen könnte.

Erfolg könnte eine solch aggressive Strategie außerdem nur haben, wenn andere Reservehalter ebenfalls auf den Verkaufsknopf drücken. Das tun sie in der Regel nur, wenn ein Land bereits hoch verschuldet ist oder unter hoher Inflation leidet, mit anderen Worten, wenn eine Vertrauenskrise in die Währung herrscht.

Die Chinesen hätten es also weitgehend selbst in der Hand, das Risiko eines solchen Angriffs auf ihre Währung zu minimieren. Es wäre sogar möglich, dass sie aus der Vorsicht, die ihren eigenen schlechten Erfahrungen entsprungen ist, und aus den Fehlern des Westens, die sie genau beobachtet haben, ein marktwirtschaftliches Finanzsystem mit wenigen einfachen, aber strengen Spielregeln entwickeln, das zum Vorbild für eine neue Weltfinanzordnung wird. So wie der Jüngste in einer großen Familie, der besonders pfiffig ist, weil die Älteren ihm schon vorgemacht haben, was man nicht tun sollte.

ZUSAMMENFASSUNG

Im Wettbewerb der großen Nationen spielte die Politik des Geldes stets eine zentrale Rolle. Für China jedoch ist die Währungspolitik so wichtig wie für keine andere Nation zuvor in der Geschichte. Denn Chinas Aufstieg zur Weltmacht basiert auf seiner Währung. Das liegt einerseits am technischen Fortschritt: Geld lässt sich innerhalb von Sekunden um die Welt transportieren lässt. Geld kann auf elektronischem Weg mit einem Tastendruck schützen wie einst die Chinesische Mauer, aber auch globale Krisen auslösen. Zum anderen liegt es an Chinas Sonderweg: Das Reich der Mitte ist die erste Weltmacht, die bei ihrem Aufstieg nicht auf Militär setzt, sondern auf wirtschaftliche Kooperation. Waren statt Waffen. Anders als die Sowjetunion im Kalten Krieg muss Peking keinen Angriff der Atommacht USA befürchten. Im Gegenteil: Just als China aufsteigt, ziehen die Amerikaner ihre Armeen aus fernen Regionen zurück. Dafür gibt es gute Argumente. Die USA haben sich ihre Vormachtstellung in den beiden Weltkriegen der ersten Hälfte des 20. Jahrhunderts erstritten, als sie der damaligen Weltmacht England zweimal gegen die Deutschen zur Hilfe eilten. Seitdem jedoch bringen ihnen Kriege immer weniger ein. Im Gegenteil. In Korea, Vietnam, Irak und selbst Afghanistan hieß es für die USA am Ende stets: Außer Spesen nichts gewesen.

Und in Asien, der Weltregion, in der US-Präsident Barack Obama 2012 noch einmal mit dem Kommentar »Wir sind gekommen, um zu bleiben« politisch in die Offensive ging, sind immer weniger US-Truppen stationiert, weil sie dort immer weniger willkommen sind. Niemand der Nachbarn Chinas will sich Ärger mit dem mächtigsten Staat der Region einhandeln, und auch die muslimische Bevölkerung im eigenen Land will man nicht unnötig provozieren. Erschwerend kommen die hausgemachten Probleme der Amerikaner hinzu. Sie sind so hoch verschuldet, dass sie sich kein umfassendes weltweites militärisches Netzwerk mehr leisten können. Alle anderen westlichen Länder haben das Geld erst recht nicht. Es scheint, als seien die Zeiten der großen Kriege vorbei. Rückfälle nicht ausgeschlossen.

Doch China fehlt nicht nur der äußere Feind, sondern auch die eigenen Ambitionen. Erstaunlich, aber wahr: Den Traum von einer Weltherrschaft durch militärische Eroberungen haben Chinas nüchterne Herrscher schon seit Jahrhunderten nicht mehr geträumt. Selbst Admiral Zheng He, dessen gigantische Dschunken zehnmal größer waren als die Schiffe Christopher Kolumbus', reiste bereits im 15. Jahrhundert ohne expansive Ambitionen bis nach Afrika. Nach seinem Tod schaffte Kaiser Zhengtong die Flotte ganz ab. Das große Reich sollte sich nicht verzetteln. Und das gilt bis heute. Auch bei Pekings letzten Kriegen in Korea und Vietnam in der zweiten Hälfte des 20. Jahrhunderts ging es nicht darum, das eigene Territorium zu vergrößern. In Korea wollte man sich die Amerikaner auf Distanz halten, in Vietnam ging es um eine Strafaktion als Antwort auf dessen Besetzung Kambodschas. Inzwischen rüsten die Chinesen ihre Armee zwar langsam, aber stetig auf. Dies dient jedoch vor allem dazu, die Transportwege für ihre Waren und Bodenschätze frei zu halten und wenn nötig die eigenen Landesgrenzen zu verteidigen. Wo die anfangen und aufhören, ist allerdings umstritten, wie man an Auseinandersetzungen um diverse Inseln im Ost- und Südchinesischen Meer sieht. Aber anders als Deutschland und Japan im 20. Jahrhundert wird China kaum auf die Idee kommen, ein Volk ohne Raum zu sein.

Deshalb können die Chinesen es sich wie keine aufsteigende Weltmacht vor ihnen leisten, auf den Erfolg im internationalen wirtschaftlichen Wettbewerb zu setzen. Das jedoch mit aller gebotenen Härte und taktischen Raffinesse. Der Dreh- und Angelpunkt ist dabei die Währungspolitik. Denn sie bestimmt, was die Exportprodukte kosten und wie stabil ihre Preise sind. Sie bestimmt über die Konkurrenzfähigkeit. Mehr noch: Die Währungspolitik entscheidet darüber, wie schnell China nach zwei Jahrhunderten des Chaos und der Krisen wieder zur Weltmacht wird.

Bisher ist dieser Weg erstaunlich erfolgreich gewesen. China ist Exportweltmeister, China ist die Fabrik der Welt. Das Land verfügt über die weltweit höchsten Devisenreserven, die geringsten Auslandsschulden und das höchste Wachstum aller bedeutenden Länder und ist der größte Gläubiger der USA. Fast alles spricht dafür, dass China auf diesem ungewöhnlichen Weg die Weltmacht USA im Laufe der kommenden Dekade als größte Volkswirtschaft der Welt vom Thron stößt. Und selbst dann dürfte das Pro-Kopf-Einkommen der Chinesen erst ein Viertel so hoch sein wie das der Amerikaner, es bestünde also noch viel Entwicklungsspielraum.

In der Geschichte war es immer die stärkste Macht, die zugleich die Weltwährung gestellt hat, weil sie in der Lage war, die globalen Spielregeln festzulegen. Die Briten setzten als Kolonialmacht das Pfund gegen den Silberdollar durch, die Amerikaner lösten mit dem dollarbasierten Bretton-Woods-System das Pfund ab. Kaum etwas spricht dagegen, dass es im Fall Chinas ebenso sein wird. Eine Dauerkarte für ihren Weltmachtstatus haben die Amerikaner nicht. Und der Einfluss der Chinesen auf den US-Dollar ist schon erheblich. Als größter Gläubiger der Amerikaner könnten sie jederzeit den Dollar abstürzen lassen, auch wenn die Kosten für die Chinesen ebenfalls hoch wären. Aber sie wären nicht annähernd so hoch wie bei einer militärischen Auseinandersetzung. Und für die Amerikaner steht mehr auf dem Spiel als für die Chinesen. Sie riskieren nur Geld, einen Teil ihrer Gewinne, die sie als Fabrik der Welt im letzten Jahrzehnt angehäuft haben. Die Amerikaner hingegen wären auf Dauer ihres Geschäftsmodells beraubt, auf Pump zu leben und den Rest der Welt für sich arbeiten zu lassen. Sie hätten ihren Kredit verspielt. Die Chinesen hingegen hätten bei einem Währungskrieg den längeren Atem, sollte er denn kommen. In jedem Fall gilt, die Umstellung von Waffen auf Waren im Kampf um die Vormachtstellung in der Welt ist ein beachtlicher zivilisatorischer Fortschritt. Ein Fortschritt, in dessen Zentrum die Währungspolitik rückt.

Zu Beginn der zweiten Dekade des 21. Jahrhunderts mit der Machtübernahme von Staats- und Parteichef Xi Jinping und Premierminister Li Keqiang im Frühjahr 2013 ist die Lage günstig für China und den Yuan. An historischen Erfahrungen seit dem 19. Jahrhundert, die China aus Schaden klug machen, fehlt es nicht. Die Lernkurve der Chinesen ist erstaunlich.

Sie begann vor rund 200 Jahren – und war mit erheblichem Lehrgeld und schmerzhaften Erfahrungen verbunden. Damals war es den Engländern gelungen, den Chinesen Opium unterzuschieben und sich die Droge in wertvollem Silber bezahlen lassen. China, das bis dahin die Oberhand im Handel mit dem Ausland hatte und den damals alles beherrschenden Silberdollar hortete, und zwar in solchen Mengen, dass die europäischen Staaten zu

Hause in Geldnot gerieten, stürzte ab. China hatte nicht genug Silberdollar, um die Sucht seines Volkes zu finanzieren. Das Opiumgeschäft mündete in eine große Finanzkrise, an der das Land fast zerbrach. Die Kaiser glaubten, die Zwänge der Globalisierung ignorieren zu können. Dabei war die Welt des 19. Jahrhunderts schon erstaunlich vernetzt – nicht nur durch Opium: Napoleons Hegemonialpolitik in Europa zwang Spanien in die Knie, was dazu führte, dass Spaniens Kolonialländer in Südamerika sich selbständig machten und der Silberfluss durch die Unabhängigkeitskriege unterbrochen wurde. China hatte nicht mehr genug Silber, was zu dramatischen Massenaufständen führte.

Es brannte sich in das kollektive Gedächtnis der Chinesen ein, dass falsche Währungspolitik selbst große Weltreiche in die Knie zwingen kann. Die Defensive hielt an, bis Mao die Macht übernahm. Aber auch er konnte Chinas währungspolitische Souveränität nur zu einem hohen Preis garantieren: China schottete sich wirtschaftlich vollkommen ab. Nachdem die Kommunisten die Banken verstaatlicht hatten, ging Chinas Finanz-Know-how fast vollständig verloren. Dabei war Schanghai seit den 1920er-Jahren eines der wichtigsten Finanzzentren der Welt gewesen.

Nach der Öffnung des Landes durch den Reformer Deng Xiaoping mussten die Chinesen Finanzpolitik Schritt für Schritt neu lernen, wie ein Schlaganfallpatient das Laufen. Dabei machten sie in den 1980er-Jahren zunächst viele Fehler. Auf die harte Tour lernten sie, dass man nicht beliebig Geld drucken kann und nicht mehr einkaufen sollte, als man verkauft. Die galoppierende Inflation, und nicht etwa Demokratiebestrebungen, war, was im Westen bis heute unterschätzt wird, Ursache für die Massenproteste 1989 auf dem Platz des Himmlischen Friedens, die Peking nur mit Panzern und unter tragischen Opfern niederschlagen konnte. In der Asienkrise lernten Dengs Nachfolger, dass man sich nicht zu viel Geld im Ausland leihen sollte, weil es die Ausländer womöglich eines Tages plötzlich zurückhaben möchten.

Inzwischen haben die Chinesen auch aus den Fehlern ihrer westlichen Konkurrenten gelernt. Die amerikanische Dotcom-Krise etwa führte in Peking zu der Erkenntnis, dass es nicht schlecht ist, wenn Finanzwirtschaft und Realwirtschaft doch etwas miteinander zu tun haben. In der Weltfinanzkrise 2008 zeigte sich, dass es sich im Unterschied zu den USA auszahlt, Reserven zu haben und in einer Krise mutig, schnell und umfassend zu handeln. Und die chinesische Führung wurde auf einen Konstruktionsfehler der westlichen Demokratien aufmerksam, der ihre Anziehungskraft geringer werden ließ: Besonders die Amerikaner leben auf Kosten ihrer Kinder und Enkel, also derjenigen, die noch keine Stimme haben. Inzwischen sind die Schulden so hoch, dass es ihnen und auch den folgenden Generationen ohne dramatischen internationalen Machtverlust nicht mehr gelingen wird, sie auf ein vernünftiges Maß zu reduzieren. 2008 waren es dann auch die Chinesen, die das Kartenhaus zusammenfallen ließen, weil sie sich öffentlich weigerten, weiterhin amerikanische Immobilienschulden von halbstaatlichen Immobilienfinanzierern zu kaufen. Erstaunlich war, wie lange die Chinesen selbst bei dem kettenbriefartigen Spiel mitgemacht haben, obwohl ihr ehemaliger Zentralbankchef Zhou Xiaochuan schon einige Jahre zuvor offen vor den Risiken gewarnt hatte. Selbst kurz vor dem Crash stieg der chinesische Staatsfonds CIC noch bei der Investmentbank Morgan Stanley ein. Offensichtlich gab es auch in China innerhalb der Führung Kräfte, die der Selbstüberschätzung der Amerikaner auf den Leim gegangen waren.

Je mehr die USA schwächelten, desto deutlicher wurde es andererseits selbst den chinesischen Spitzenpolitikern, welchen Dienst die Amerikaner jahrzehntelang der Welt erwiesen hatten. Es ging den Ländern gut, die sich auf den US-Dollar verlassen hatten. Sie bekamen Sicherheit, Stabilität und Prosperität. Die US-amerikanische Wirtschaft war ein Fels in der Brandung. Je mehr dieser Fels unterspült wurde, desto klarer wurde den Chinesen, was sie tun müssen, damit ihre eigene Währung zu einer Weltwährung aufsteigen kann. Die wichtigsten Bedingungen: Chinas Volkswirtschaft sollte sehr groß sein, am besten die größte der Welt. Ein Markt zudem, der für alle anderen Länder so interessant ist, dass sie bereit sind, Technologie abzugeben, um ihre Produkte in diesem Markt verkaufen zu können. Und das Land sollte eine zentrale Rolle im Welthandel spielen, am besten mehr exportieren als importieren. Die günstigste Mischung aus Preis und Qualität reichte, damit die Made-in-China-Produkte die Welt erobern konnten. Preiskampf statt Nahkampf.

Neben diesen Voraussetzungen müssen, auch das hat die Regierung in Peking inzwischen begriffen, die Bedingungen für die Entwicklung des Yuan stimmen. Jeder muss diese Währung jederzeit in eine andere Währung umtauschen können. Allenfalls der Umtauschkurs kann schwanken. Es müssen ausreichend Anlagemöglichkeiten vorhanden sein. Es muss stets möglich sein, ausländisches Geld in Staatsanleihen, Unternehmensanleihen oder Aktien in Yuan zu tauschen. Am besten sollte der Yuan den größten Anleihenmarkt der Welt im Rücken haben. Und die Beschränkungen beim Umtauschen des Yuan in andere Währungen sollten möglichst gering sein. Anhand dieser Liste lässt sich Chinas Entwicklungsstufe auf dem Weg zu einer Weltwährung ziemlich genau bestimmen. China ist, was die internationalen Bedingungen betrifft, schon überraschend weit gekommen. Zwar ist das Land erst die zweitgrößte Volkswirtschaft der Welt nach den USA, aber sie ist schon die größte Handelsnation und sie wickelt immer mehr Handel in ihrer eigenen Währung ab.

Auf nationaler Ebene bleibt dagegen noch viel zu tun. Nachdem das chinesische Wirtschaftswunder bislang vor allem den Exporterfolgen zu verdanken ist, muss es nun darum gehen, den Konsum im Land selbst zu stärken, nicht zuletzt, um sich unabhängig zu machen von Nachfrageausfällen des kriselnden Westens. Dreh- und Angelpunkt für den Binnenkonsum ist wieder einmal die Währungspolitik. Und da hat China es bislang nur hinbekommen, den Yuan dauerhaft stabil zu halten. Der Yuan ist jedoch noch nicht frei handelbar, und es sind noch entschieden zu wenig Anlagemöglichkeiten vorhanden. Chinas Anleihemärkte sind kaum mehr als ein starr kontrollierter Apparat zur Verteilung von Spareinlagen an Staatsunternehmen. Dies zu ändern wird eine der größten Herausforderungen sein, die die neue Führung unter Staats- und Parteichef Xi bis zum Ende ihrer Amtsperiode 2022 bewältigen muss. Die Geschwindigkeit, mit der der Yuan aufsteigt, hängt nun nicht mehr so sehr von internationalen Erfolgen ab, sondern vor allem davon, wie die unterschiedlichen Fraktionen der chinesischen Spitzenpolitiker sich über den innenpolitischen Weg einigen. Und dabei geht es weniger um die Reformrichtung, sondern vor allem um das Tempo. Die Konservativen im neuen Ständigen Ausschuss des Politbüros betonen, dass ein Fahrrad leicht außer Kontrolle gerät, wenn es zu schnell fährt. Die Reformer halten dagegen, dass ein Fahrrad umfällt, wenn es zu langsam fährt. Diesen Zwiespalt sieht man deutlich in den Formulierungen des 18. Parteitages im Herbst 2012: »Die Gesetze des Marktes müssen mehr geachtet werden, die Kontrollfunktion der Regierung muss besser entfaltet werden.« Auch die Ziele der Kontrolle sind klar definiert: Ein modernes Finanzsystem soll die »makroökonomische Stabilität« fördern und die »Realwirtschaft« unterstützen. Es ist abzusehen, dass es über das Tempo noch viel Streit geben wird. Doch einen effizienteren Weg, den dringend benötigten Binnenkonsum zu stimulieren, als das Finanzsystem zu modernisieren, gibt es nicht.

Nachdem in den vergangenen Jahrzehnten die Führung unter Staats- und Parteichef Hu Jintao eher zögerlich war, was die Öffnung der Finanzmärkte betrifft, wird es im kommenden Jahrzehnt umso wichtiger, in dieser Frage voranzukommen. Präsident Xi und Premier Li ist diese Aufgabe durchaus zuzutrauen. Sie gelten als weltoffen und wirtschaftsorientiert. Und sie räumen offen ein, dass es in China Probleme der »sozialen Ungleichgewichte« gibt und die Politik in Teilen »unkoordiniert« und »nicht nachhaltig ist«. Auch der neue siebenköpfige Ständige Ausschuss des Politbüros ist zwar mit im Schnitt gut 63 Jahren nicht jünger als sein Vorgängergremium zu Beginn der Amtszeit, aber deutlich weltläufiger und damit auch einsichtiger für die Notwendigkeit von Finanzreformen. Insgesamt ist dies ein Machtgefüge, unter dem es sehr wahrscheinlich ist, dass die Öffnung des Yuan schneller vorangeht als bisher gedacht.

Dass der Yuan noch in der laufenden Dekade völlig freigegeben wird, ist dennoch eher unwahrscheinlich, obwohl die Chinesen sich meist schneller entwickelt haben, als man im Westen vermutet hatte. Doch in diesem Fall wäre der plötzliche Druck auf Chinas Exporteure zu groß. Eine langsame, stetige Aufwertung hingegen ist eher im Interesse Chinas. Der Import von Bodenschätzen würde sich verbilligen, die Handelsbilanz wäre ausgeglichener und es wäre nicht mehr nötig, in dem Maße Devisenreserven anzuhäufen, wie bisher. Das spart Geld, das besser für den inneren Umbau Chinas angelegt ist.

Allerdings darf man die politischen Widerstände gegen Reformen nicht unterschätzen. Das stärkste Argument der Gegner ist durchaus überzeugend: China muss stabil bleiben. Gegen diese Widerstände hat sich die Zentralbank allerdings mittlerweile bestens positioniert. Sie führt drei gute Gegenargumente ins Feld. Erstens: Die Internationalisierung des Yuan könnte ein Weg der chinesischen Führung sein, um externen Druck aufzubauen und das Finanzsystem gegen interne Widerstände zu modernisieren. Zweitens: Auch China braucht Geld. Drittens: China muss effizienter werden. All das zusammen diene ebenfalls der Stabilität Chinas. Und auch jedes Argument für sich betrachtet ist einleuchtend.

Der Druck von außen war schon einmal sehr erfolgreich. So hat der damalige Premierminister Zhu Rongji den WTO-Beitritt Chinas benutzt, um die Staatsunternehmen unter Druck zu setzen, endlich international wettbewerbsfähig zu werden. Das hat bei den Staatsbetrieben einigermaßen gut funktioniert. Bei der Reform der Finanzindustrie, die China der Welt mit dem WTO-Beitritt versprochen hatte, lief es nicht ganz so gut. Nun jedoch ist die Zeit gekommen. Ganz nach dem Motto: Seht her, es ist nicht schlecht, wenn Ausländer in Yuan investieren, lasst uns diese zusätzlichen Finanzierungsmöglichkeiten nutzen und auch den Finanzmarkt innerhalb Chinas weiter öffnen. Inzwischen haben die Chinesen die Stadt Wenzhou zu einer Experimentierzone erklärt. Dort sollen private Finanzinstitutionen den etablierten Bankensektor unter Druck setzen, sich endlich zu modernisieren. Ebenfalls zutreffend ist, dass China Geld braucht: Das boomende Reich könnte internationales Kapital sowohl für die Unternehmens- als auch für die Staatsfinanzierung nutzen. Dadurch wird es möglich, einen Teil des finanziellen Risikos auszulagern. Mehr internationales Kapital ist vor allem notwendig, weil die Chinesen selber weniger sparen und mehr konsumieren sollen. Wenn sich China in Maßen und nach klaren Spielregeln verschuldet, besteht kaum eine Gefahr, vom Ausland abhängig zu werden.

Nicht zuletzt: Ja, China muss effizienter werden. Wenn Peking die hohen Wachstumsraten halten will, muss die Wirtschaft erwachsen werden. Die Zeiten, in denen billige Löhne allein ausreichten, sind allmählich vorbei. Der Finanzmarkt ist dabei eine offensichtliche Schwachstelle. Wird daran gearbeitet, kann China sein Kapital besser einsetzen. Davon werden vor allem die Privatunternehmen profitieren, die am Ende sowieso mehr zum Wachstum beitragen als die großen Staatsunternehmen.

Auch die internationale Lage gibt denjenigen in der Führung recht, die sich für einen zügigen Aufbau des Yuan einsetzen: Die USA und die Eurozone haben große Probleme mit ihren eigenen Währungen. Und die Geschichte des britischen Pfundes ebenso wie die des US-Dollar zeigt: Eine neue Weltwährung kann nur dann aufsteigen, wenn die etablierte Weltwährung ins Stolpern gerät. Dies ist beim US-Dollar spätestens seit der Krise 2008 der Fall.

Die chinesische Strategie, den US-Dollar von sich abhängig zu machen und gleichzeitig von dessen Stabilität zu profitieren, ist nicht aufgegangen. Peking sitzt nun auf über drei Billionen US-Dollar Devisenreserven mit mehr als einer Billion in US-Staatsanleihen, von denen keiner weiß, was die nächstes oder übernächstes Jahr noch wert sind. Auch die Strategie, sich mit dem Euro gegen den US-Dollar zu verbünden, ist gescheitert. Der Euro ist inzwischen noch wackliger als der US-Dollar, und die europäischen Politiker sind mit anderen Fragen beschäftigt, als mit den Chinesen gemeinsame Sachen zu machen.

China bleibt also international fast gar nichts anderes übrig, als sich geldpolitisch so schnell wie möglich auf eigene Füße zu stellen, schneller, als sich die Vorsichtigen in der Führung das wünschen.

Die Folgen, die dies für den Euro und den US-Dollar hat, werden in Amerika und Europa unterschätzt. China ist zwar mit einem konvertierbaren Yuan nicht weniger, aber anders auf den Westen angewiesen: Die Chinesen würden sich nicht mehr in dem Maße wie bisher auf Exporte in den Westen und auf westliche Devisen stützen, mit denen sie ihre fest an den US-Dollar gebundene Währung stabilisieren. Gleichzeitig würden sie aber abhängiger von westlichen Finanzinvestoren und den Launen der internationalen Märkte.

Auf die Spielregeln der Märkte werden sie jedoch dann einen viel größeren Einfluss haben und selbstverständlich – wie schon die Engländer und Amerikaner vor ihnen – Spielregeln durchsetzen, die für sie von Vorteil sind. Unsere Zeiten der hemmungslosen Verschuldung dürften spätestens dann zu Ende gehen, wenn China als Käufer wackliger Staatsanleihen wegfällt und sich zudem eine Weltfinanzwelt wünscht, in der es nicht mehr erlaubt ist, sich so zu verschulden, dass die internationale Stabilität gefährdet wird. Womöglich geraten auch die Chinesen eines Tages in die Lage, dass sie sich wie heute die Amerikaner eine Ausnahme genehmigen, sprich sich im Rest der Welt hoch verschulden und ihren Konsum auf Pump finanzieren, aber bis dahin ist es noch weit.

Einstweilen werden die Chinesen eine multipolare Finanzordnung im Blick haben, in der die Risiken auf mehrere Schultern verteilt sind, China jedoch als wichtigste Wirtschaftsmacht der Welt den Vorsitz haben wird. Für die USA bedeutet das: Ihr Einfluss sinkt. Und die Europäer werden enttäuscht feststellen müssen, dass sie den Euro zu übermütig und vor allem zu einem historisch ungünstigen Zeitpunkt geschaffen haben. Zu einer Zeit nämlich, als die Macht der westlichen Minderheit über die Mehrheit der Welt ein für alle Mal an Asien verloren geht. Die gut 400 Jahre Kolonialzeit sind dann endgültig Geschichte.

Für unser tägliches Leben ist dies von entscheidender Bedeutung. Ist der Yuan Leitwährung, sind die Chinesen nicht mehr so darauf angewiesen, ihn künstlich billig zu halten. Damit werden die Made-in-China-Produkte in unseren Geschäften teurer. Sie wären sogar dann nicht mehr darauf angewiesen, unsere Produkte unter hohen Umweltkosten herzustellen, nur weil wir nicht mehr dafür bezahlen würden. Die stonewashed Bluejeans würden dann eben 130 Euro statt 70 Euro kosten, und die Flüsse neben den Fabriken wären nicht mehr blau. Zwar würde dann ein Teil der Produktion in die Nachbarländer Südostasiens oder gar nach Afrika abwandern. Aber eben nur ein Teil, weil die kleineren Länder nicht in der Lage sind, so große Volumen verlässlich abzuwickeln.

Diese partielle Abwanderung der Produktion für den Westen würde die Chinesen auch nur bedingt stören, sofern sie derweil ihren Binnenmarkt weiter erschlossen hätten. Das Geld dazu käme von ausländischen Investoren, die sich in einem offeneren chinesischen Finanzmarkt engagieren, und aus den Mitteln, die frei werden, weil die Zentralbank einen besser handelbaren Yuan nicht mehr mit so vielen Devisenreserven absichern muss. Die Chinesen werden zudem immer mehr in der Lage sein, das, was wir ihnen heute noch teuer verkaufen, selbst herzustellen. Und je mehr Geld Peking in Forschung und Entwicklung sowie die Ausbildung stecken kann, desto mehr schmilzt unser technischer Fortschritt dahin. Bald schon wird es etwa einen chinesischen Mittelklassewagen geben, der mit seinem Preis-Leistungs-Verhältnis international wettbewerbsfähig sein wird.

Bleibt für uns die Hoffnung, dass der Markt in der Volksrepublik so stark wächst, dass auch für westliche Produkte im mittleren Segment noch Platz ist. Denn eines ist klar: Sollte das aus welchen Gründen auch immer nicht der Fall sein, wird die chinesische Regierung natürlich ihre eigenen Produkte bevorzugen. Die Drohung aus dem Westen, im Gegenzug weniger in China zu kaufen, wird dann schon viel kraftloser sein als heute. Die Chinesen produzieren dann eben mehr für sich selbst.

Im schlimmsten Fall könnte eine Lage entstehen, die der in den USA zu ihren besten Zeiten ähnelt: Die Chinesen haben den Yuan und wir haben die Probleme. Ähnlich wie uns die USA die Kosten ihres Wachstums aufgebürdet haben, so können uns die Chinesen die Kosten ihres Wachstums aufbürden. Die Folgen des Aufstiegs der neuen Weltwährung für uns im Westen kann man mit einem Satz zusammenfassen: Die chinesischen Waren werden teurer, weil die Chinesen nicht mehr so auf uns angewiesen sind. Und das kann sehr unangenehm sein in Zeiten, in denen die Kaufkraft im Westen sowieso schon sinkt.

Wir werden uns in der kommenden Dekade also noch mehr anstrengen müssen, um wettbewerbsfähig zu bleiben. China wird in Zukunft noch deutlich mächtiger, als es heute schon ist. Darauf müssen wir gefasst sein. Und deswegen ist es wichtig, dass wir uns mit dem Aufstieg des Yuan beschäftigen. China wird in den kommenden zehn Jahren, wenn es um internationale Spielregeln geht, deutlicher und unerbittlicher seine Position vertreten als je zuvor. Wir im Westen werden weitere Kompromisse machen müssen.

Immerhin haben die Chinesen kein Interesse daran, dass die westliche Wirtschaft dauerhaft schwach bleibt. Anders als im Falle eines Krieges, wo es darum geht, den Feind zu vernichten und sich dessen Land anzueignen, sind die Ziele im wirtschaftlichen Machtkampf komplexer. Der Wettbewerber soll politisch und wirtschaftlich möglichst abhängig sein, aber gleichzeitig noch genug Geld haben, weiterhin Produkte des Siegers zu kaufen. In Bezug auf die USA ist China diesem Ziel schon sehr nahe gekommen. Schon heute ist China eine Geldmacht. Schon jetzt ist sicher, dass der Yuan eine Weltwährung werden wird. Ob und vor allem wann der Yuan dann sogar die Leitwährung wird, ist noch offen. Es kann jedoch schneller gehen, als die meisten im Westen vermuten: Der US-Dollar ist in der Defensive wie noch nie in seiner Geschichte. Und der Euro kommt nicht recht auf die Beine. Chinas Politiker haben es nun in der Hand. Es bietet sich ihnen eine einmalige historische Chance. Diese Chance werden sie sich nicht entgehen lassen.

DANK

Jedes gute Buch braucht Widerstand. Auch dieses. Ohne den Widerstand meines Mitarbeiters Jan Maibom wäre *Geldmacht China* nicht so schnell auf den Punkt gekommen. Mit seiner profunden Sachkenntnis hat er mich immer wieder auf den Pfad der Tugend gebracht, wenn meine Thesen allzu steil wurden oder es darum ging, den wissenschaftlichen Stand zu bestimmten Theorien und Entwicklungen zu ermitteln und diese mit der Wirklichkeit zu vergleichen. Dabei musste er immer komplexe Zusammenhänge knapp und dennoch akkurat zusammenzufassen. Und das ist ihm fast immer gelungen. Nicht weniger intensiv war der Austausch mit meiner Lektorin Sonja Banze, die zu den ganz wenigen deutschen Magazinjournalisten gehört, die auch noch aus dem schlechtesten Text ein schönes Stück machen und dann auch noch Ahnung von Wirtschaft haben. Sie hat mit viel Fingerspitzengefühl den Text feingeschliffen.

Und natürlich wieder Martin Gronemeyer, der schon lange mit mir zusammenarbeitet. Er kennt meine Schwächen längst, bügelt sie zuverlässig aus und hat vor allem zur rechten Zeit die richtige Idee. Auf manche wäre ich gern selbst gekommen. Dr. Katharina Menzel hat wieder ebenso enthusiastisch wie unbestechlich die Kapitel in Nachtarbeit gegengelesen. Als sie grünes Licht gegeben hat, konnte nichts mehr passieren. Und last, but not least: Zhang Wei, der das Team wie stets gekonnt und gelassen koordiniert hat.

Und ich danke all jenen Informanten in China, die es vorgezogen haben, anonym zu bleiben.

Frank Sieren, Januar 2013

LITERATUR

Bücher

Blanchard, Olivier; Illing, Gerhard: Makroökonomie. München 2004.
Chang, Chun; Löchel, Horst: China's Changing Banking Industry. Frankfurt 2012.
Eckert, Daniel D.: Weltkrieg der Währungen. München 2010.
Eichengreen, Barry: Das Ende des Dollarprivilegs. Kulmbach 2012.
Ferguson, Niall: Der Aufstieg des Geldes. Berlin 2011.
Gischer, Horst; Herz, Bernhard; Menkhoff, Lukas: Geld, Kredit und Banken. Heidelberg 2005.
Guo, Yong: Banking reforms and monetary policy in the People's Republic of China: Is the Chinese central banking system ready for joining the WTO? Houndmills 2002.
Lewis, Michael: The Big Short: Inside the Doomsday Machine. London 2011.
Lin, Manhong: China Upside Down: Currency, Society, and Ideologies, 1808–1856. Cambridge (Massachusetts) 2006.
Rickards, James: Currency Wars: The Making of the Next Global Crisis. New York 2011.
Subramanian, Arvind: Eclipse: Living in the Shadow of Chinese Economic Dominance. Washington 2011.
Walter, Carl E.; Howie, Fraser J. T.: Red Capitalism: The Fragile Financial Foundation of China's Extraordinary Rise. Singapur 2012.

Studien und Zeitschriftenaufsätze

Chen, Dongq; Zhang, Anyuan; Wang, Yuan: »Exchange Rate Reform: Progress, Challenges and Prospects«. China Economist (Mai/Juni 2009).

Chen, Xiaoli; Cheung, Yin-Wong: »Renminbi Going Global«. HKIMR Working Paper Nr. 8/2011.

Chung, Connie Wee-Wee; Tongzon, Jose L.: »A paradigm shift for China's central banking system«. Journal of Post Keynesian Economics (Herbst 2004).

Goodfriend, Marvin; Prasad, Eswar: »A Framework for Independent Monetary Policy in China«. CESifo Economic Studies Nr. 1/2007.

Maibom, Jan C.: »Der Nutzen einer unterbewerteten Währung für das Wirtschaftswachstum am Beispiel China«. Diplomarbeit Freiburg im Breisgau (Dezember 2010).

Ogawa, Eiji; Sakane, Michiru: »Chinese Yuan after Chinese Exchange Rate System Reform«. China and World Economy Nr. 6/2006.

Park, Yung Chul: »RMB Internationalization and Its Implications for Financial and Monetary Cooperation in East Asia«. China and World Economy Nr. 2/2010.

Prasad, Eswar; Ye, Lei: »The Renminbi's Role in the Global Monetary System«. Global Economy and Development at Brookings (Februar 2012).

Stiglitz, Joseph: »Report of the Commission of Experts of the President of the United Nations General Assembly on Reforms of the International Monetary and Financial System«. UN Interim Report (Juni 2009).

Sun, Jie: »Retrospect of the Chinese Exchange Rate Regime after Reform: Stylized Facts during the Period from 2005 to 2010«. China and World Economy Nr. 6/2010.

Wang, Yuanlong: »A Geological and Functional ‚Three-Step Strategy' for Renminbi's Internationalization«. China Economist Nr. 23/2009.

Wu, Friedrich; Pan, Rongfang; Wang, Di: »Renminbi's Potential to Become a Global Currency«. China and World Economy Nr. 1/2010.

REGISTER

A

Administrative Measures on Renminbi Settlement Accounts Opened by Overseas Entities *175*
Afghanistankrieg *96, 264*
Agricultural Bank of China *126, 191*
Agricultural Development Bank of China *144*
Aldi *26*
Amerikanischer Bürgerkrieg *87*
Amherst, William Pitt *59, 64*
Apple *37, 202*
Argentinien *43*
Asiatische Entwicklungsbank (ADB) *182*
Asienkrise *34, 49, 149, 150, 151, 152, 153, 154, 155, 156, 157, 158, 159, 160, 161, 162, 173, 250, 267*
Australien *173*

B

Bancor *103, 239, 240, 244*
Bank of China *127, 146*
Bank of England *78, 85, 90, 92, 100, 114, 120, 237*
Banque de France *92, 116*
Bear Stearns *206*
Bentley *85*
Bernanke, Ben *207, 209, 210, 238*
Bo Xilai *15*
Bretton Woods *20, 98, 99, 103, 104, 105, 106, 107, 108, 109, 110, 112, 113, 114, 115, 116, 117, 118, 236, 237, 239, 240, 241, 266*
Britische Ostindien-Kompanie *55, 57, 64*
Brown, Gordon *237*
Bush, George W. *260*

C

Chiang Kai-shek *16*
China
– Aktienmarkt *184, 188, 189, 190, 191, 192, 193, 194, 252, 253, 269*
– ausländische Banken *162*
– Auslandsinvestitionen *226, 228*
– Bildung *28*
– Binnenkonsum *47, 169, 246, 247, 248, 249*
– Binnenmarkt *26*
– BIP *244*

- Devisenreserven *39, 40*
- Inflation *31*
- Infrastruktur *28*
- Kreditwesen *184, 185, 186, 253*
- Sparrate *28, 207*
- Staatsanleihen *144, 178, 179, 180, 181, 182, 251, 252, 253, 269*
- Unternehmensanleihen *177, 182, 253, 255, 269*

China Construction Bank *127*
China Development Bank *174*
China Mobile *191*
China Overseas Engineering Group (Covec) *226*
Chinesische Volksbank *35, 39, 40, 41, 124, 125, 127, 130, 133, 134, 143, 144, 163, 168, 169, 172, 208, 242, 260*
Churchill, Winston *85, 86, 97, 98*
CIC *268*
Citibank *206*
Clinton, Bill *97*
Commerzbank *160*
Connally, John *114*
Corporate Bonds *182*
Cosco Pacific *227*
Currency Swaps *172, 173, 174, 180, 197*

D

Dagong *225*
Deflation *209, 210, 223*
Deng Xiaoping *31, 71, 122, 126, 127, 130, 134, 135, 136, 137, 138, 139, 140, 141, 148, 149, 156, 184, 196, 267*
Deutsche Bank *175*
Deutsche Bundesbank *116, 117, 125, 212, 220*
Deutsche Reichsbank *92*
Deutschland *43, 44, 45*
- Reparationen *95, 96*
- Sparrate *207*
Dim-Sum-Anleihen *181, 182, 183*
Direktinvestitionen *155, 177, 185*
D-Mark *44, 82, 99, 104, 106, 212, 219*
- Weltwährung *117*
Dongfeng Motor *191, 192*
Dresdner Bank *160*

E

England *56, 57, 58, 59, 60, 64, 67, 68*
Erster Weltkrieg *83, 84, 85, 86, 93, 94, 95, 96, 97*
Euro *76, 118, 199, 212, 213, 214, 215, 219, 273*
- Rettung des *221, 222, 223, 224, 225*
Eurokrise *200, 215, 216, 217, 218, 219, 220, 225*
Europäische Finanzstabilisierungsfazilität (EFSF) *221*
Europäischer Stabilitätsmechanismus (ESM) *221, 222*
Europäischer Wechselkursverbund *118*
Europäisches Währungssystem (EWS) *118*
Europäische Union (EU) *212*
- BIP *213*
- Weltimport/-export *213*
Europäische Zentralbank (EZB) *218, 220, 221, 224, 234, 235, 240*
Export-Import Bank of China *143, 227*

F

Facebook *192*
Fannie Mae *120, 208*
Federal Reserve (Fed) *92, 93, 105, 109, 110, 111, 116, 118, 152, 168, 169, 202, 203, 207, 208, 209, 210, 211, 234, 235, 236, 238, 240, 260*
Finanzkrise *166, 167, 169, 172, 201, 202, 203, 204, 205, 206, 207, 208, 209, 210, 212, 268*
Finanzmarktreform *176, 177, 178, 179, 180, 181, 182, 184, 185, 186, 187, 188, 189, 190, 191, 192, 193, 194, 255, 256, 257*
Flint, James *57*
Ford *86*
Foreign Exchange Certificate (FEC) *145, 146, 147*
Freddie Mac *120, 208*
Fremdengeld *145*

G

Gaulle, Charles de *111*
Geldpolitik *31, 32, 128, 130, 141, 143, 144, 157, 238*
Georg III., König *57, 58*
Giscard d'Estaing, Valéry *108*
Globalisierung *53, 54, 63, 66, 267*
Gold *78, 79, 80, 81, 82, 88, 89, 105, 236, 238, 239, 244*
Goldautomatismus *82*
Goldman Sachs *191, 205, 206*
Goldstandard *81, 82, 83, 88, 95, 97, 100, 101, 102, 103, 238, 239*
Great Wall Motors *226*
Greenspan, Alan *152*
Griechenland *215, 216, 217, 219, 220, 221, 228*
Großbritannien *56*
– Leistungsbilanzdefizit *100*
– Münzprägeakt *80*
– Staatsverschuldung *83, 94, 95*
Guangdong *158, 159, 160*
Guangdong Enterprise *159*
Guangdong International Trust and Investment Corporation (Gitic) *159*

H

Hamilton, Alexander *90*
Hollande, François *223*
Hongkong *68, 75, 150, 158, 170, 181, 183, 184, 191, 192, 196, 258*
Hongkong and Shanghai Banking Corporation (HSBC) *19, 175*
Hong Xiuquan *69*
Hubler, Howie *206*
Hu Jintao *11, 12, 13, 14, 18, 270*
Hu Shuli *229, 231*
Huta Stola Wola *226*
Hu Yaobang *136, 137*

I

Indien *43, 190*
Indonesien *49, 150, 151, 153, 157*
Industrial and Commercial Bank of China (ICBC) *127, 192*

Inflation *40, 42, 43, 47, 48, 84, 90, 96, 110, 128, 129, 130, 132, 133, 134, 135, 136, 137, 138, 141, 142, 144, 147, 157, 161, 168, 220, 224, 233, 234, 235, 236, 237, 243*
– importierte *169*
International Clearing Union (ICU) *240*
Internationale Bank für Wiederaufbau und Entwicklung (IBRD) *105, 107*
Internationaler Währungsfonds (IWF) *45, 46, 47, 48, 49, 50, 105, 106, 107, 120, 150, 151, 161, 166, 167, 173, 208, 209, 213, 227, 230, 231, 233, 235, 239, 240, 241, 242, 243, 244, 260*
Irakkrieg *96, 264*
Iran *173*
Italien *219, 228*

J

Jackson, Andrew *91*
Jaguar *85*
Japan *30, 41, 43, 44, 45, 71, 170, 180, 190, 197, 198, 210*
Jelaši, Radovan *227*
Jiang Qing *16*
Jiang Zemin *12, 17, 148*
Johnson, Lyndon B. *113, 260*
JPMorgan *206*

K

Kangxi, Kaiser *55*
Keynes, John Maynard *20, 103, 239, 240, 243*
KfW *182*
Kolumbus, Christopher *264*
Koreakrieg *110, 112, 264*
Korruption *131, 133, 136, 137, 147, 187*
Krugman, Paul *158*

L

Lehman Brothers *206*
Leitwährung *76, 77, 260*

Leitzins *32*
Li Keqiang *15, 249, 256, 266, 271*
Lin Zexu *67*
Li Peng *137, 138*
Liquiditätsfalle *210*
LiuGong Machinery *226*
Liu Yunshan *17*
Lohndumping *25*
Lyons, William *86*

M

Macartney, George *57, 58, 59*
Malaysia *151, 153, 157*
Mao Zedong *15, 16, 30, 31, 71, 90, 122, 124, 125, 126, 137, 148, 149, 177, 196, 267*
Marx, Karl *121*
McDonald's *182*
Merkel, Angela *221, 228, 229, 231*
Merrill Lynch *206*
Monobankensystem *122, 125, 126, 177*
Moody's *203*
Morgan, J. P. *92*
Morgan Stanley *160, 205, 268*

N

Napoleon, Kaiser *63, 64, 65, 77, 80, 83, 267*
Nasser, Gamal Abdel *120*
Newton, Isaac *79*
Nigeria *180*
Ningbo *28*
Nissan *191*
Nixon, Richard *114, 115, 260*
No-Bailout-Klausel *216*

O

Obama, Barack *14, 260, 264*
Opium *64, 65, 67, 68, 70, 72, 80, 266, 267*
Opiumkrieg *66, 67, 68, 69, 71, 72*

P

Papiergeld *77, 78, 80, 81*
Peg *151*
Pfund Sterling *76, 77, 80, 81, 82, 83, 84, 85, 86, 93, 95, 97, 99, 100, 104, 106, 112, 265*
Platz des Himmlischen Friedens *130, 136, 137, 138, 139, 190, 267*
Plaza-Abkommen *44, 45*
Putin, Wladimir *198*

Q

Qianhai Shenzhen-Hong Kong Modern Service Industry Cooperation Zone *196*
Qianlong, Kaiser *55, 57, 58, 59*
Qian Qichen *150*
Qin-Dynastie *60*
Qingdao *28*
Qing-Dynastie *30, 60, 61, 68, 69, 70*
Quantitative Easing *109, 210*

R

Reagan, Ronald *118, 237*
Renminbi *124*
RMB Trade Settlement Scheme *175*
Roosevelt, Franklin D. *101*

S

Sanyo Securities *151*
Saturn *26*
Schanghai *28, 136, 144, 170, 177, 187, 188, 190, 191, 192, 198, 267*
Schmidt, Helmut *127*
Schröder, Gerhard *219*
Schumacher, Ernst Friedrich *240*
Schumpeter, Joseph Alois *239*
Schweizer Franken *76*
Senger, Harro von *29*
Shanghai Stock Exchange *188, 190*
Shenzhen *140, 177, 189, 190, 192, 196, 197*

Shenzhen Development Bank (SDB) *189*
Shenzhen Stock Exchange *190*
Silber *54, 57, 59, 60, 61, 62, 63, 64, 65, 66, 70, 72, 78, 79, 80, 81, 82, 88, 89, 90, 267*
Silberdollar *30, 53, 54, 57, 60, 61, 62, 63, 77, 78, 87, 90, 265, 267*
Society for Worldwide Interbank Financial Telecommunication (SWIFT) *213*
Sonderfinanzzone *196*
Sonderwirtschaftszone *140, 196*
Sonderziehungsrechte (SZR) *239, 240, 241, 242, 243, 244*
Song-Dynastie *60, 236*
Spanien *63, 64, 77, 217, 218, 228, 267*
Staatsanleihen *179, 182, 214, 220, 229, 230, 231, 274*
Staatsunternehmen *253, 254, 258*
Stabilitätspakt *219*
Standard & Poor's *204*
State Development Bank *143*
Südkorea *49, 151, 153, 157, 158, 172, 173, 208*
Suezkrise *120*
Suharto, Haji Mohamed *157*

T

Taiping-Aufstand *30, 69, 70, 71*
Tanpai-System *142*
Thailand *49, 150, 151, 153, 157*
Tian'anmen-Massaker *130, 136, 137, 138, 139, 190, 267*
Tianjin *28*
Triffin, Robert *110, 111, 240*

U

UBS *184*
USA *190*
- BIP *213, 244*
- Deindustrialisierung *36, 201*
- Immobilienkrise *165, 166, 167, 203, 204, 205, 206, 207, 208, 268*
- Inflation *113*
- Krise der *200, 201, 203, 204, 205, 206, 207, 208, 209, 210, 212*
- Leistungsbilanzdefizit *38*
- Sparrate *207, 211*
- Staatsanleihen *38, 40, 163, 167, 168, 178, 179, 208, 230, 248, 273*
- Staatsschulden *233*
- Weltimport/-export *213*
- Zentralbank *90, 91, 92*
US-Dollar *76, 86, 87, 88, 89, 90, 92, 93, 94, 95, 96, 98, 101, 104, 266, 268*
- Leitwährung *104, 107, 116, 117, 118*

V

Versailles *96*
Vietnamkrieg *112, 113, 116, 264*
Volcker, Paul *118, 237*
Volkswagen *85, 132, 182*

W

Währungspolitik *23, 24, 25, 30, 71*
Wal-Mart *201*
Wang Qishan *15, 160*
Wechselkurs *32, 33, 46*
- fester *32, 34, 35, 38, 39, 41, 42, 43, 44, 46, 48, 82, 104, 105, 106, 107, 116, 144, 155, 170*
Wells Fargo *205*
Weltbank *105, 107, 151, 230, 242*
Welthandelsorganisation (WTO) *45, 162, 166, 253, 272*
Weltwährung *75, 76, 77, 104, 199, 213, 214, 249*
Weltwirtschaftskrise *98, 99, 100, 101, 102*
Wen Jiabao *11, 16, 226, 228, 229, 231*
Wenzhou *184, 185, 186, 187, 258*
Werner, Pierre *118*
Wu Ying *186*

X

Xi Jinping *14, 176, 187, 256, 266, 270, 271*

Y

Yang Shangkun *139*
Yen *44, 45, 76*
Yuan *76, 124*
- Abwertung *156*
- Aufwertung *24, 38, 41, 42, 45, 46, 47, 48, 107, 195*
- Handelswährung *170, 171, 172, 173, 174, 175, 176, 249, 258*
- Kreditwährung *170*
- Reservewährung *51, 170, 179, 250, 258*
- Wechselkurs *32, 34, 35, 36, 38, 39, 41, 48, 144, 170, 195, 197, 198, 248*
- Wechselkursschwankung *50, 195*
Yu Zhengshen *16*

Z

Zentralbank *122, 127, 128, 129*
- chinesische *30*
Zhang Dejiang *15*
Zhang Gaoli *16, 17*
Zhang Jie *135*
Zhang Xiaqiang *197*
Zhao Ziyang *138*
Zheng He *264*
Zhengtong, Kaiser *264*
Zhou Xiaochuan *166, 208, 229, 230, 231, 242, 268*
Zhu Min *105*
Zhu Rongji *16, 122, 141, 142, 143, 147, 148, 149, 156, 158, 159, 187, 253, 272*
Zweiter Weltkrieg *30, 71, 98, 101, 103, 104*